Joachim Behnke, Florian Grotz, Christof Hartmann
Wahlen und Wahlsysteme

Joachim Behnke, Florian Grotz,
Christof Hartmann

Wahlen und Wahlsysteme

—

DE GRUYTER
OLDENBOURG

ISBN 978-3-486-71738-9
e-ISBN (PDF) 978-3-486-85540-1
e-ISBN (EPUB) 978-3-11-039885-4

Library of Congress Cataloging-in-Publication Data
A CIP catalog record for this book has been applied for at the Library of Congress.

Bibliografische Information der Deutschen Nationalbibliothek
Die Deutsche Nationalbibliothek verzeichnet diese Publikation in der Deutschen
Nationalbibliografie; detaillierte bibliografische Daten sind im Internet über
http://dnb.dnb.de abrufbar.

© 2017 Walter de Gruyter GmbH, Berlin/Boston
Einbandabbildung: AndreySt/iStock/Thinkstock
Druck und Bindung: CPI books GmbH, Leck
♾ Gedruckt auf säurefreiem Papier
Printed in Germany

www.degruyter.com

Inhalt

Einleitung —— 1

1   Wahlen und politische Regime —— 5
1.1   Begriff und Bedeutung der Wahl —— 5
1.2   Wer wird gewählt? —— 7
1.3   Funktionen von Wahlen —— 10
1.3.1   Regimetypen und der Kompetivitätsgrad von Wahlen —— 10
1.3.2   Funktionen demokratischer Wahlen —— 13
1.3.3   Spezifische Funktionen von Wahlen in autoritären Regimen —— 17

2   Wahlrecht und Demokratie —— 22
2.1   Wahlrechtsgrundsätze —— 22
2.2   Wahlrechtsentwicklungen in vergleichender Perspektive —— 28
2.3   Aktuelle Reformdiskussionen —— 32

3   Organisation und Qualität kompetitiver Wahlen —— 38
3.1   Standards einer „guten" Wahl —— 38
3.1.1   Wahlbeobachtung —— 38
3.1.2   Internationale Rechtsstandards —— 42
3.2   Die Qualität kompetitiver Wahlen —— 43
3.2.1   Wie lässt sich die Qualität von Wahlen erfassen? —— 43
3.2.2   Die Qualität des Wahlprozesses —— 45
3.2.3   Positive Konzepte —— 47
3.2.4   Negative Konzepte —— 48
3.2.5   Wahlorganisatorische Problemfelder —— 50

4   Normative Grundlagen: Wie können Wahlsysteme bewertet werden? —— 57
4.1   Wahlsysteme: Begriff und Bedeutung —— 57
4.2   Bewertungskriterien —— 62
4.2.1   Repräsentation —— 63
4.2.2   Regierbarkeit —— 63
4.2.3   Personalisierung —— 64
4.2.4   Verständlichkeit —— 65
4.2.5   Legitimität —— 65
4.2.6   Herausforderungen einer kontextbezogenen Bewertung —— 66

5   Technische Elemente: Wie sind Wahlsysteme aufgebaut? —— 70
5.1   Wahlkreiseinteilung —— 71
5.2   Kandidatur- und Stimmgebungsformen —— 76

5.3   Verrechnungsverfahren —— **79**
5.4   Die systematische Beschreibung von Wahlsystemen —— **85**

6   **Analytische Konzepte: Wie können Wahlsysteme klassifiziert werden? —— 88**
6.1   Idealtypische Prinzipien: Mehrheitswahl und Verhältniswahl —— **88**
6.2   Wahlsystemtypologien —— **93**
6.3   Metrische Wahlsystemkonzepte —— **99**
6.4   Analysekonzepte im Vergleich —— **101**

7   **Die Wirkungen von Wahlsystemen —— 105**
7.1   Mechanische und psychologische Effekte —— **105**
7.2   Proportionalität —— **108**
7.2.1   Die Messung von Disproportionalität —— **109**
7.2.2   Der Einfluss von verschiedenen Wahlsystemelementen auf die Disproportionalität zwischen Stimmen und Mandaten —— **111**
7.3   Der Einfluss des Wahlsystems auf die Repräsentation von Frauen und ethnischen Minderheiten —— **121**
7.4   Der Effekt des Wahlsystems auf das Parteiensystem —— **127**
7.4.1   Die Konzentration des Parteiensystems —— **127**
7.4.2   Die Effektive Parteienzahl —— **129**
7.5   Strategisches Wählen —— **134**
7.5.1   Das Konzept strategischen Wählens —— **135**
7.5.2   Die Verhinderung von „wasted votes" als Motiv strategischen Wählens —— **137**
7.5.3   Begünstigung einer bestimmten Koalitionsbildung als Motiv strategischen Wählens —— **140**
7.5.4   Die normative Bewertung strategischer Anreize —— **143**

8   **Genese und Reform von Wahlsystemen —— 148**
8.1   Wahlsysteme als abhängige Variable —— **148**
8.2   Interessenbasierte Erklärungsansätze —— **153**
8.3   Wertbezogene Erklärungsansätze —— **160**
8.4   Evolutorische Erklärungsansätze —— **166**
8.5   Fallbeispiel Deutschland: die Reform des Bundestagswahlsystems (1990–2013) —— **169**

Anhang: ausgewählte Fälle —— **180**
    Großbritannien —— **180**
    Frankreich —— **180**
    Mexiko —— **181**
    Deutschland —— **183**
    Polen —— **184**
    Südafrika —— **185**

Literaturverzeichnis —— **187**

Index —— **200**

Einleitung

Wahlen sind ein konstitutives Element der repräsentativen Demokratie. Die vielen Bestimmungen über ihre Organisation sowie die Regeln des Wahlsystems konkretisieren nicht nur zentrale Prinzipien des demokratischen Verfassungsstaats. Sie entscheiden vielmehr auch über die Zuweisung von Herrschaft und damit über die politischen Machtverhältnisse, und viele vermeintlich nur technische Details des Wahlrechts und der Wahlorganisation können dabei von entscheidender Bedeutung sein.

Das Bundesverfassungsgericht hat in den letzten zehn Jahren das Wahlsystem zum Deutschen Bundestag gleich zweimal – 2008 und 2012 – für verfassungswidrig erklärt. Im Juli 2016 hat der österreichische Verfassungsgerichtshof sogar beschlossen, die Stichwahl um das Amt des Bundespräsidenten aufgrund von prozeduralen Fehlern bei der Auszählung der Briefwahlstimmen zu annullieren und neu anzusetzen. Die beiden Beispiele zeigen, wie problematisch das Wahlrecht und seine Anwendung in etablierten Demokratien bisweilen sein können. Blickt man darüber hinaus auf die diversen politischen Regime Osteuropas und des globalen Südens, so tritt die Bedeutung von Wahlen und Wahlsystemen für die politische Entwicklung noch deutlicher hervor.

Wahlen und Wahlsysteme sind daher ein zentraler Gegenstand der politikwissenschaftlichen Systemlehre und der empirischen Demokratieforschung. Zugleich eignen sie sich sehr gut für eine problemorientierte Einführung in die Vergleichende Politikwissenschaft. An der Struktur und Funktionsweise von Wahlsystemen kann man die Herausforderungen, Möglichkeiten und Grenzen einer historisch und international vergleichenden Politikforschung besonders anschaulich darstellen. Dazu zählen insbesondere die konzeptionelle Erfassung empirischer Vielfalt, das Wechselverhältnis von politischen Institutionen (im Englischen: *polity*) und Akteuren im politischen Prozess (*politics*) sowie das Spannungsverhältnis von Generalisierung und Kontextualisierung im Hinblick auf theoretische Erklärungen.

Das vorliegende Buch bietet einen einführenden Überblick über die institutionellen Grundlagen, unter denen Wahlen in unterschiedlichen politischen Systemen abgehalten werden. Dazu gehen wir im ersten Teil allgemein auf die Institution *Wahlen* ein. Konkret wird aufgezeigt, welche Typen von Wahlen es gibt, welche Funktionen sie in demokratischen und autoritären Regimen erfüllen und wie ihre organisatorischen Rahmenbedingungen aussehen. Erst im zweiten Teil betrachten wir dann die Struktur, Funktionsweise und Reform von *Wahlsystemen*. Dabei wird auch das Wählerverhalten insofern berücksichtigt, als es mit den Regelungen des Wahlsystems in Zusammenhang steht. Jedes Wahlsystem lässt sich nur dann sinnvoll beurteilen, wenn man die politischen Konsequenzen betrachtet, die es hervorbringt. Da das Wahlsystem nicht nur die Mandatsverteilung im Parlament, sondern auch das Wählerverhalten beeinflusst, muss dieser spezielle Aspekt in einer Einführung zum Themenbereich behandelt werden. Die allgemeine Theorie und Empirie des

DOI 10.1515/9783486855401-001

Wählerverhaltens ist dagegen ein zentraler Gegenstand der politischen Soziologie und wird daher in anderen Überblickswerken ausführlich erläutert (vgl. u. a. Falter/ Schoen 2014; Roth, D. 2008).

Das Buch ist in insgesamt acht Kapitel aufgeteilt. Zunächst wird nach den normativen und empirischen Bedingungen demokratischer Wahlen gefragt. Vor dem Hintergrund, dass Wahlen unter Beteiligung unterschiedlicher Parteien und Kandidaten in allen Arten von politischen Regimen stattfinden, wird in *Kapitel 1* geklärt, was demokratische Wahlen ausmacht. Damit wir von demokratischen Wahlen sprechen können, müssen zum einen bestimmte Wahlrechtsgrundsätze erfüllt sein, die Gegenstand von *Kapitel 2* sind. Zum anderen müssen die wahlorganisatorischen Rahmenbedingungen so ausgestaltet sein, dass ein unverfälschter politischer Wettbewerb stattfinden kann. Historisch wie geografisch sind „freie und faire" Wahlen keineswegs selbstverständlich; ihre Organisation bildet in vielen Ländern nach wie vor eine große Herausforderung. Auf die stetig wachsende Literatur, die sich mit *electoral governance* und der Qualität von Wahlen befasst, geht *Kapitel 3* näher ein.

Kapitel 4 bis 6 erläutern die konzeptionell-theoretischen Grundlagen der politikwissenschaftlichen Wahlsystemlehre. *Kapitel 4* hebt zunächst die wissenschaftliche und politische Relevanz von Wahlsystemen hervor und präsentiert normative Kriterien, anhand derer ihre Auswirkungen beurteilt werden können. *Kapitel 5* stellt dann die wichtigsten technischen Komponenten von Wahlsystemen vor (Wahlkreiseinteilung; Kandidatur- und Stimmgebungsformen; Verfahren der Stimmenverrechnung) und erklärt ihre Funktionsweise und Wechselwirkungen. Auf dieser Basis zeigt *Kapitel 6*, wie normative Ziele und technische Elemente verknüpft werden können, indem es unterschiedliche Möglichkeiten präsentiert, Wahlsysteme zu klassifizieren.

Kapitel 7 behandelt die Wirkungen von Wahlsystemen. Hier wird zunächst entsprechend der berühmten Unterscheidung von Duverger zwischen mechanischen und psychologischen Effekten differenziert. Auf dieser Basis werden dann die Effekte des Wahlsystems auf die Proportionalität zwischen Stimmen- und Mandatsanteilen sowie auf die Repräsentation bestimmter gesellschaftlicher Gruppen in empirisch-vergleichender Perspektive erläutert. Daraufhin geht es um die Auswirkungen des Wahlsystems auf die Struktur des Parteiensystems, ehe sich der letzte Abschnitt mit den strategischen Anreizen auf das Wählerverhalten beschäftigt, die vom Wahlsystem ausgehen.

Kapitel 8 befasst sich mit der Genese und Reform von Wahlsystemen. Hier werden die wichtigsten Motive herausgearbeitet, die politische Akteure dazu bewegen, die institutionelle Struktur des Wahlsystems zu verändern. Dazu zählen machtpolitische Eigeninteressen, aber auch demokratietheoretisch begründete Normen und Werte, mit denen das bisherige Wahlsystem nicht bzw. nicht mehr übereinstimmt. Diese intrinsischen Motive politischer Akteure können dann ihrerseits mit externen Faktoren verknüpft werden, wie z. B. Verfassungsgerichtsurteilen, die eine Wahlsystemreform erforderlich machen. Wie diese einzelnen Faktoren miteinander interagieren, wird abschließend am Beispiel der jüngsten Reform des Bundestagswahlsystems gezeigt.

Das Buch richtet sich an Studierende der Politik- und Sozialwissenschaften, aber auch an alle Interessierten, die einen theoretisch und empirisch fundierten Überblick über Wahlen und Wahlsysteme gewinnen wollen. Zudem sollte es einen geeigneten Ausgangspunkt darstellen, um eine typische universitäre Lehrveranstaltung mit 12 bis 14 Sitzungen zu konzipieren. Zwar umfasst es nur acht Kapitel, doch bieten insbesondere Kapitel 7 (Auswirkungen von Wahlsystemen) und Kapitel 8 (Reform von Wahlsystemen) jeweils genügend Stoff, um ihn auf zwei oder drei Sitzungen zu verteilen. Auch wer das Buch zur selbständigen Erarbeitung der Materie nutzt, sollte sich bei der Lektüre an der hier vorgesehenen Reihenfolge orientieren, da die Kapitel inhaltlich aufeinander aufbauen. Insbesondere die Ausführungen zu den Effekten und zur Reform von Wahlsystemen dürften erst in Kenntnis der konzeptionell-theoretischen Grundlagen, die zuvor dargestellt werden, mit vollem Gewinn zu lesen sein.

In unserem Verständnis sind Wahlen ein wesentlicher Bestandteil von Politik weltweit. Dies hat zur Konsequenz, dass wir uns im Folgenden nicht nur mit Deutschland und einzelnen etablierten Demokratien beschäftigen, sondern Grundwissen vermitteln, das für alle politischen Regime und für sämtliche politischen Systemebenen relevant ist, wo Wahlen abgehalten bzw. Wahlsysteme angewendet werden. Zugleich können und sollen die Leserinnen und Leser[1] einer Einführung nicht mit allen kontextbedingten Spezialproblemen und institutionellen Detailfragen konfrontiert werden, die sich aus der historischen und geografischen Vielfalt von Wahlen und Wahlsystemen ergeben.

Vor diesem Hintergrund haben wir uns für einen Mittelweg zwischen einer breitestmöglichen empirischen Illustration und einer abstrakt-theoretischen Darstellung entschieden – ein Vorgehen, das uns auch in didaktischer Hinsicht als sinnvoll erscheint. Konkret haben wir sechs Länder ausgewählt, anhand derer sich die in den einzelnen Kapiteln angesprochenen Sachverhalte besonders gut veranschaulichen lassen. *Deutschland*, *Frankreich*, *Großbritannien*, *Mexiko*, *Polen* und *Südafrika* repräsentieren nicht nur verschiedene historisch-politische Kontexte, was die Erfahrung mit demokratischen Wahlen bzw. Wahlen unter autoritären Bedingungen anbelangt. Vielmehr stehen die sechs Fälle auch für jene Wahlsystemtypen, die gegenwärtig im weltweiten Vergleich am häufigsten zur Anwendung kommen: Großbritannien und Frankreich für relative bzw. absolute Mehrheitswahl; Polen und Südafrika für Verhältniswahl in mehreren Wahlkreisen bzw. einem einzigen Wahlkreis; sowie Deutschland und Mexiko für die wichtigsten Typen kombinierter Wahlsysteme, in Form der personalisierten Verhältniswahl (Deutschland) und des Grabensystems (Mexiko).

Die genannten Fallbeispiele werden nicht in gesonderten Abschnitten behandelt, sondern ziehen sich wie ein rotes Band durch das gesamte Buch. Dazu haben wir Grundinformationen zum Wahlrecht und Wahlsystem in den sechs Ländern jeweils kompakt

---

[1] Aus Gründen der Lesbarkeit verwenden wir im Folgenden nur noch männliche Formen, meinen aber ausdrücklich beide Geschlechter.

zusammengefasst; auf diese *fact sheets*, die im Anhang zu finden sind, nehmen wir in den einzelnen Kapiteln immer wieder Bezug. Außerdem haben wir am Ende jedes Kapitels für jedes der sechs Länder einen fachwissenschaftlichen Text angegeben und dazu weiterführende Fragen formuliert. Auf diese Weise können die Studierenden die zentralen Lerninhalte anhand konkreter Fallbeispiele eigenständig vertiefen.

Diese Art der fallbezogenen Textarbeit hat aus unserer Sicht mehrere Vorteile. Einzelne Länder werden nicht als „ganze" nacheinander abgehandelt, sondern können systematisch in allen thematischen Blöcken einer Lehrveranstaltung wieder aufgegriffen werden. Außerdem können Studierende fallbezogene Arbeitsgruppen bilden und somit nicht nur ihr allgemeines Verständnis von Wahlen und Wahlsystemen schrittweise erweitern, sondern sich auch eine politikwissenschaftlich fundierte Länderexpertise aneignen. Dieses Kontextwissen der verschiedenen Arbeitsgruppen kann dann im Seminar zusammenführt werden und dort die Grundlage einer tatsächlich ländervergleichenden Diskussion bilden. Darüber hinaus ermöglichen die weiterführenden Aufgaben eine selbständige Auseinandersetzung mit dem in der Politikwissenschaft wichtigsten Typ akademischer Textproduktion: dem Aufsatz in Fachzeitschriften und Sammelbänden. Aufgrund des forschungsorientierten Charakters verfolgt jeder dieser Aufsätze notwendigerweise seine eigene, spezifische Fragestellung und kann daher niemals alle relevanten Inhalte abdecken, die im jeweiligen Kapitel dargestellt wurden. Stattdessen vertiefen die einzelnen Aufsätze ausgewählte Argumente oder Problembereiche und eröffnen damit auch in konzeptionell-theoretischer Hinsicht Möglichkeiten einer weitergehenden Reflektion.

Auch für Dozenten bietet das fallorientierte Lernkonzept erhebliche Variationsmöglichkeiten. Da sich die inhaltliche Argumentation auch ohne vertieftes Studium bestimmter Fälle vollständig erschließt, kann die Anzahl der diskutierten Länder je nach Seminargröße angepasst werden, also z. B. von sechs auf drei oder vier reduziert werden. Umgekehrt können andere Fälle mit entsprechenden Materialien hinzugenommen werden, wenn etwa Wahlen und Wahlsysteme in einer bestimmten Weltregion untersucht werden sollen. Es ist sicherlich nicht einfach, zu allen hier behandelten Aspekten länderspezifische Texte zu finden, doch gibt es etliche weitere Fälle (wie z. B. Australien, Indien, Israel, Italien, Japan, Neuseeland, Spanien und Ungarn), zu denen sich eine intensive Auseinandersetzung mit Wahlen und Wahlsystemen in vergleichender Perspektive lohnt.

Das Buch wurde von drei Autoren verfasst, die mit ihrer unterschiedlichen Expertise auch deutlich machen, wie breit und vielfältig die Forschung zu Wahlen und Wahlsystemen in theoretischer, methodischer und empirischer Hinsicht aufgestellt ist. In diesem Sinne zeichnet jeder Autor für einzelne Teile primär verantwortlich, und zwar Christof Hartmann für die Kapitel 1 bis 3, Florian Grotz für die Kapitel 4 bis 6 und Joachim Behnke für die Kapitel 7 und 8. Zugleich haben wir die Konzeption und inhaltliche Ausgestaltung der einzelnen Kapitel gemeinsam erarbeitet, diskutiert und aufeinander abgestimmt, um eine Gesamtdarstellung „aus einem Guss" zu ermöglichen.

1 Wahlen und politische Regime

1.1 Begriff und Bedeutung der Wahl

In Deutschland werden die Bürger regelmäßig zu den Wahlurnen gerufen, um über die Zusammensetzung von Parlamenten und damit letztlich auch von Regierungen zu entscheiden. Dass die Entscheidung über den Zugang zur politischen Herrschaft durch Volkswahl erfolgt und nicht etwa durch Los, Bestechung, Erbfolge oder Gewalt (z. B. einen Militärputsch), erscheint uns heute als selbstverständlich. Auch überall dort, wo außerhalb des politischen Bereichs Ämter zu bestellen sind, z. B. in Vereinen, Schülervertretungen, Schulelternbeiräten oder Kirchengemeinden, wird ebenfalls auf Wahlen zurückgegriffen, auch wenn sich die einzelnen Verfahren stark voneinander unterscheiden.

Im alltäglichen Sprachgebrauch verbindet sich mit dem Begriff der Wahl die Möglichkeit der Auswahl und freien Entscheidung zwischen mehreren inhaltlichen und personellen Alternativen. Wie noch zu zeigen sein wird, gibt es jedoch auch Wahlen, bei denen Auswahl und Entscheidungsfreiheit entweder vollständig fehlen oder stark eingeschränkt sind (Hermet 1978). Daher spricht man von *kompetitiven* Wahlen überall dort, wo das Prinzip des Wettbewerbs zwischen unterschiedlichen Angeboten und der freien Wahlentscheidung zwischen diesen Angeboten gilt. Wahlen, bei denen diese Prinzipien gar nicht oder nur partiell gelten, werden dagegen als *nicht-kompetitiv* bzw. *semi-kompetitiv* bezeichnet (Nohlen 2014: 25).

In der kompetitiven Wahl manifestieren sich zwei demokratische Kernprinzipien: einerseits die umfassende und gleichberechtigte Beteiligung aller Mitglieder einer Gemeinschaft und andererseits der freie Wettbewerb zwischen unterschiedlichen Ideen oder Personen bei der Übernahme von Führungspositionen. Eine in diesem Sinne demokratische Wahl ist daher auch zum Standard in unterschiedlichsten Organisationen und Lebensbereichen einer modernen Gesellschaft geworden.

Obwohl sich eine Demokratie nicht in der Beteiligung an Wahlen erschöpft, ist sie ohne kompetitive Wahlen nicht denkbar. Unabhängig von allen anderen Reformen des politischen Systems wird beispielsweise die Volksrepublik China so lange nicht als Demokratie angesehen werden, wie sie keine freien Wahlen auf nationaler Ebene zulässt (auf lokaler Ebene werden Wahlen seit den 1990er-Jahren abgehalten). Kompetitive Wahlen sind damit das konstitutive Element einer demokratischen Ordnung schlechthin. Diese Bedeutung resultiert aus den unterschiedlichen *normativen Zielvorstellungen*, die mit Wahlen verbunden werden. Erstens verkörpern sie die Idee der Volkssouveränität. Denn nur durch regelmäßige Wahlen können die vielfältigen Interessen in einer Gesellschaft gebündelt und repräsentative Organe bestimmt werden, in denen Mehrheiten für die Regierungsbildung und politische Entscheidungsfindung zustande kommen, die dem Volkswillen entsprechen bzw. diesem gegenüber verantwortlich („responsiv") sind. Zweitens sind Wahlen ein wesentliches Instrument

DOI 10.1515/9783486855401-002

aktiver Bürgerbeteiligung. Zwar gibt es gerade in etablierten Demokratien viele andere Möglichkeiten zur politischen Partizipation (z. B. Bürgerinitiativen oder Demonstrationen), aber Wahlen erlauben den Einzelnen, sich in unterschiedlichen Rollen (als Wähler, Kandidat, Wahlkämpfer oder Wahlhelfer in den Wahllokalen) und in regelmäßigen Abständen aktiv in den politischen Prozess einzubringen. Wahlen verkörpern drittens das Ideal demokratischer Gleichheit, insofern alle Bürger jeweils die gleiche Anzahl von Stimmen haben und daher den Präferenzen jedes Einzelnen grundsätzlich die gleiche Bedeutung im Entscheidungsprozess zukommt (Dahl 1971). Während es in einer Gesellschaft meist große Unterschiede hinsichtlich Einkommen, Bildung und sozialen Status gibt, spielen diese Formen der Ungleichheit beim Zugang zu einer demokratischen Wahl grundsätzlich keine Rolle. Im Vergleich zu anderen Partizipationsformen sind Wahlen nicht zuletzt die egalitärste Form der politischen Beteiligung, weil sie relativ wenig Zeitaufwand und wenig spezifische Vorkenntnisse erfordern.

Je nach Demokratieverständnis sind mit Wahlen noch weitere Zielvorstellungen verbunden. Für liberale und pluralistische Demokratietheoretiker stellen Wahlen eine institutionelle Garantie von politischen Rechten und des Minderheitenschutzes dar (Dahl 1971; Lijphart 1977). Da davon ausgegangen wird, dass politische Eliten eine Wiederwahl anstreben, können die Regierenden die Interessen und politischen Rechte der Bürger auch nach ihrem Amtsantritt nicht grundsätzlich ignorieren. Für kommunitaristische Demokratietheoretiker spielt dagegen der deliberative Aspekt von Wahlen eine zentrale Rolle (Barber 1994). Der Nachvollzug und die Teilnahme an der politischen Auseinandersetzung im Wahlkampf ermöglichen demnach eine intensive öffentliche Debatte zwischen unterschiedlichen Positionen und größtmögliche Partizipation aller. Vor diesem Hintergrund ist eine Wahlenthaltung keine legitime Entscheidung des Einzelnen, sondern eine potenzielle Gefahr für die Substanz der gemeinsam gelebten Demokratie. Da sich Demokratie letztlich sehr unterschiedlich definieren lässt bzw. mit unterschiedlichen normativen Erwartungen assoziiert wird, schwanken auch die Zielvorstellungen, die sowohl demokratischen Wahlen allgemein als auch ihrer rechtlichen Ausgestaltung zugeschrieben werden (Katz 1997).

Auch wenn es noch Staaten gibt, in denen über den Herrschaftszugang durch Erbfolge oder Militärputsch entschieden wird, sind Volkswahlen weltweit zur gängigsten Methode der Bestellung politischer Ämter geworden. Die „Demokratisierungswelle", die seit Ende der 1980er-Jahre praktisch alle Weltregionen erfasst hat (Berg-Schlosser 2009), bedeutete vor allem einen Siegeszug des Wahlprinzips. Jedenfalls auf nationaler Ebene werden seitdem nahezu alle Parlamente und zahlreiche Staatspräsidenten direkt vom Volk gewählt. Viele dieser Wahlen erfüllen jedoch nicht die beiden demokratischen Kernprinzipien von umfassenden und gleichen Beteiligungsrechten einerseits und eines freien und fairen Wettbewerbs zwischen unterschiedlichen Kandidaten bzw. Parteien andererseits. Auch in der Geschichte der westlichen Demokratien wurden Wahlen abgehalten, lange bevor ein gleiches Wahlrecht für alle Mitglieder der politischen Gemeinschaft durchgesetzt war. Wahlen sind also nicht automatisch demokratische Wahlen, sondern können je nach Kontext unterschiedlich organisiert sein und unterschiedliche Funktionen für die Stabilisierung und Legitimität von politischer Herrschaft einnehmen. Bevor wir uns aber dieser Frage nach den Funktionen von Wahlen zuwenden, soll geklärt werden, welche politischen Ämter in einem Regierungssystem durch Volkswahlen „bestellt" werden.

1.2 Wer wird gewählt?

Im Mittelpunkt der politikwissenschaftlichen Wahlforschung steht traditionell die Bestellung des Parlaments als Gesetzgeber, das im parlamentarischen System zugleich das Organ bildet, aus dem die Regierung hervorgeht (Grotz 2013). Parlamentswahlen haben in einem solchen Regierungssystem eine Schlüsselstellung inne. Die meisten theoretischen Annahmen über unterschiedliche Funktionen von Wahlen und Wahlsystemen und ihren Effekten z. B. auf das Parteiensystem beziehen sich fast ausschließlich auf Parlamentswahlen (siehe Kapitel 4 bis 6).

Auch wenn das Parlament in allen demokratischen Regierungssystemen direkt gewählt wird, erscheint im weltweiten Vergleich die Direktwahl von Staatspräsidenten als empirisch nicht weniger relevant (Blais et al. 1997). Während die westlichen Demokratien von wenigen Ausnahmen abgesehen (z. B. USA) parlamentarische Regierungssysteme haben, dominieren in Lateinamerika und Afrika präsidentielle bzw. semi-präsidentielle Regierungssysteme. In Asien halten sich parlamentarische und (semi-)präsidentielle Demokratien in etwa die Waage. Im präsidentiellen System (wie in Mexiko) fungiert ein direkt gewählter Präsident als Staats- und Regierungschef; Parlament und Regierung verfügen daher beide über eine eigenständige Legitimation durch Wahlen. In einem semi-präsidentiellen System (wie in Frankreich, aber auch in Polen)[2] ernennt der direkt gewählte Präsident als Staatsoberhaupt einen Regierungschef, der zugleich die politische Unterstützung der Parlamentsmehrheit benötigt und mit dem er sich die Kompetenz für die Regierungsarbeit teilt. Auch in einem semi-präsidentiellen System sind damit Präsidentschafts- und Parlamentswahlen von ähnlich großer Bedeutung für den politischen Prozess.

In vielen präsidentiellen Systemen werden Präsidentschafts- und Parlamentswahlen am gleichen Tag abgehalten. Gerade in Entwicklungsländern werden hierdurch Kosten für die Durchführung der Wahlen eingespart. Überall dort, wo sich die Amtsperioden von Präsident und Parlament unterscheiden, kommt es zwangsläufig zu separaten Wahlen. Ob Parlaments- und Präsidentschaftswahlen zusammen oder getrennt durchgeführt werden, ist jedoch nicht nur unter dem Gesichtspunkt

---

2 Polen repräsentiert eine stärker parlamentarische Ausprägung eines semi-präsidentiellen Systems als Frankreich. Auf die vielen institutionellen Detailfragen der einzelnen Regierungssysteme können wir im Rahmen dieses Buchs nicht eingehen (zu Mittel- und Osteuropa vgl. etwa Grotz/Müller-Rommel 2011).

der administrativen Effizienz von Bedeutung. Finden beide Wahlen simultan statt, ergeben sich auch stärkere Wechselwirkungen im Wählerverhalten. Zudem könnten unterschiedliche Parteien bei zeitgleich anberaumten Wahlen eher geneigt sein, politische Allianzen zu bilden, um einem gemeinsamen Kandidaten für die Präsidentschaft zum Sieg zu verhelfen und zugleich die Mehrheit im Parlament zu erringen. Die gleichzeitige oder getrennte Durchführung der beiden Wahlen hat daher spezifische Effekte auf das Parteiensystem, und zwar zunächst ganz unabhängig davon, welches Wahlsystem bei den Parlamentswahlen zum Einsatz kommt (zu Effekten von Wahlsystemen auf das Parteiensystem siehe Kapitel 7).

Parlaments- und Präsidentschaftswahlen unterscheiden sich in einigen wenigen, aber wichtigen Aspekten. Bei Parlamentswahlen gibt es eine große institutionelle Vielfalt unterschiedlicher Wahlsysteme, die in späteren Kapiteln des Buches systematisch dargestellt wird (Kapitel 4 bis 6). Die wahlsystematischen Optionen bei Präsidentschaftswahlen sind hingegen deutlich begrenzter, da grundsätzlich nur eine Person gewählt wird. Präsidentschaftswahlen können nur nach der Mehrheitsformel abgehalten werden und schließen daher *a priori* alle Verhältniswahlsysteme (oder Systeme, die beide Entscheidungsregeln kombinieren) aus. Demnach verbleiben für Präsidentschaftswahlen zwei verschiedene Mehrheitsformeln: die einfache und die qualifizierte Mehrheit. Einfache oder relative Mehrheit (*plurality*) bedeutet, dass der Kandidat mit den meisten Stimmen gewinnt, unabhängig davon, welchen Anteil an den gültigen Stimmen oder registrierten Wählern er auf sich vereinigt (siehe Fallbeschreibung Mexiko im Anhang).

Von einer qualifizierten Mehrheit (*qualified majority*) lässt sich hingegen sprechen, wenn der siegreiche Kandidat neben der relativen Stimmenmehrheit zusätzliche Bedingungen erfüllen muss. Die geläufigste Form ist die absolute Mehrheitswahl, der zufolge der Sieger 50 % +1 der gültigen Stimmen erreichen muss (dieses System gilt z. B. in Frankreich und Polen). Denkbar sind aber auch andere Quoren, etwa 45 % oder 55 % der gültigen Stimmen oder (zusätzlich) eine Mindestanzahl der Stimmberechtigten. Da bei allen Formen der qualifizierten Mehrheitswahl mit der Möglichkeit gerechnet werden muss, dass der erste Wahlgang keine Entscheidung bringt, bleibt zudem die Frage offen, nach welchen Regeln in diesem Fall weiter verfahren wird. Hier besteht die gängigste Lösung in einem zweiten Wahlgang, an dem nur bestimmte Kandidaten aus dem ersten Wahlgang teilnehmen dürfen (z. B. gebunden an einen Mindeststimmenanteil oder Stichwahl zwischen den zwei Bestplatzierten). Möglich sind aber auch andere Optionen, wie eine Entscheidung zwischen den bestplatzierten Kandidaten durch ein repräsentatives Organ (z. B. das Parlament oder einen eigens dafür gebildeten Wahlkörper).

Im internationalen Vergleich hat sich die qualifizierte Mehrheit als häufigste Entscheidungsregel bei Präsidentschaftswahlen durchgesetzt. Dies gilt insbesondere für die präsidentiellen Regierungssysteme in ethnisch heterogenen Gesellschaften des globalen Südens, bei denen es von besonderer Wichtigkeit ist, dass der Präsident auf die Unterstützung von mehr als der Hälfte der Wählerschaft zählen kann.

In diesem Zusammenhang hat die vergleichende Wahlsystemforschung unterschiedliche Reformoptionen diskutiert, um die Repräsentativität im Rahmen einer Personenwahl zu maximieren. Einmal gibt es die Möglichkeit, das Mehrheitserfordernis über die absolute Mehrheit hinaus weiter heraufzuschrauben (entsprechend den erschwerten Mehrheitserfordernissen, wie sie etwa bei Verfassungsänderungen gelten). Zum zweiten kann man, wie in Sri Lanka, ein *Alternative-Vote*-Verfahren einführen, d. h. ein System, bei dem die Wähler auch ihre Zweitpräferenzen zum Ausdruck bringen können und diese dann, wenn aufgrund der Erstpräferenzen keine absolute Mehrheit erreicht wird, mitberücksichtigt werden (Horowitz 1991; siehe auch Kapitel 5.2). Drittens kann man den Vizepräsidenten auf einem „gemeinsamen Ticket" zusammen mit dem Präsidenten wählen und dabei festlegen, dass dieser einer anderen Volksgruppe als der Präsident angehören muss. Schließlich kann das Erfordernis einer absoluten oder relativen Stimmenmehrheit auf nationaler Ebene mit einem bestimmten Stimmenanteil kombiniert werden, der in einer Mehrheit von Teilstaaten, Regionen oder Wahlkreisen zu erreichen ist. Solche institutionellen Lösungen kommen u. a. in Kenia und Nigeria zum Einsatz (Hartmann 1999).

Während die wahlsystematischen Optionen bei Präsidentschaftswahlen eingeschränkter sind, gibt es dort bei anderen institutionellen Fragen einen größeren Regelungsbedarf (und damit auch eine größere empirische Varianz). So hat in vielen jungen Demokratien Lateinamerikas, Asiens und Afrikas seit den 1990er-Jahren die Frage verfassungsrechtlicher Amtszeit- und Wiederwahlbeschränkungen von Präsidenten heftige politische Kontroversen ausgelöst (oder wie in Burundi 2015 einen Bürgerkrieg neu entfacht). In den etablierten Demokratien dürfen Staatspräsidenten höchstens für zwei aufeinander folgende Amtsperioden wiedergewählt werden, wodurch z. B. ein Präsident in den USA nur maximal acht Jahre im Amt bleiben kann. In Ländern mit schwächer institutionalisierten demokratischen Institutionen wurden solche Begrenzungen entweder gar nicht eingeführt, oder die jeweiligen Staatspräsidenten haben sie durch Verfassungsänderung wieder abgeschafft, um ihre Amtszeit zu verlängern bzw. weiterhin bei Präsidentschaftswahlen antreten zu können. Angesichts der großen Vorteile, über die Amtsinhaber in vielen jungen Demokratien im Wahlkampf verfügen (siehe hierzu Kapitel 3), gelten Beschränkungen der Wiederwahl für viele Oppositionsbewegungen als wichtiges Instrument, um einen Machtwechsel herbeizuführen. Empirisch lässt sich zeigen, dass die Wahrscheinlichkeit eines oppositionellen Wahlsiegs signifikant steigt, wenn der bisherige Präsident bei den Wahlen nicht mehr antritt. Strikte Wiederwahlverbote begünstigen die Konsolidierung der demokratischen Institutionen in einem präsidentiellen Regierungssystem. Unter den Staaten mit einer unbegrenzten Wiederwahlmöglichkeit finden sich daher ausnahmslos autoritäre Regime (Hartmann 2006).

Neben nationalen Präsidentschafts- und Parlamentswahlen finden noch weitere Wahlen im politischen Mehrebenensystem statt. So wird auf supranationaler Ebene das Europäische Parlament direkt gewählt. Auf subnationaler Ebene werden repräsentative Organe, also z. B. im deutschen Regierungssystem Landtage, Kreistage,

Stadt- und Gemeinderäte, ebenfalls meist direkt gewählt. Dies bedeutet, dass dort ähnliche Wahlsysteme zur Anwendung kommen wie bei nationalen Parlamenten und sich auch vergleichbare Effekte des Wahlsystems (z. B. auf die Struktur des Parteiensystems) beobachten lassen. Auch wenn die politische Bedeutung von Wahlen und die wahlorganisatorischen Rahmenbedingungen auf substaatlicher Ebene stark variieren, z. B. weil die dort gewählten Organe geringere Kompetenzen haben als nationale Parlamente, folgen Regional- bzw. Kommunalwahlen einer grundsätzlich ähnlichen Funktionslogik, d. h. die Wähler bestimmen eine Gruppe von Repräsentanten, denen für eine bestimmte Zeit Macht und Verantwortung übertragen werden. Auch politische Parteien spielen bei der Formierung des Wählerwillens und der Aggregation von Interessen eine zentrale Rolle; ebenso wird die politische Willensbildung und Entscheidung in subnationalen Parlamenten und Räten maßgeblich durch die Interaktionen von Parteien geprägt. Nur in kleinen Gemeinden ist die Parteizugehörigkeit der Ratsmitglieder meist von untergeordneter Bedeutung (Holtmann/Rademacher 2015). Schließlich gibt es auch auf subnationaler Ebene Direktwahlen von Exekutivämtern, wie bei Bürgermeistern und Landräten in Deutschland (Kost/Wehling 2010) oder den Gouverneuren in den US-amerikanischen Staaten.

1.3 Funktionen von Wahlen

Wahlen sind konstitutiv für die Demokratie und erfüllen unterschiedliche Funktionen für ihre Aufrechterhaltung. Allerdings halten auch die Regierungen vieler autoritärer Staaten regelmäßig Wahlen ab, die zwar nicht vollständig kompetitiv sind, aber dennoch eine offensichtliche Funktion für die Stabilität dieser Systeme haben. Im Folgenden werden zunächst die wesentlichen Differenzen zwischen diesen unterschiedlichen Herrschaftsformen herausgearbeitet. In einem zweiten Schritt werden dann fünf grundlegende Funktionen dargestellt, die Wahlen in einem demokratischen Regime haben, die aber auch für autoritäre Regime in bestimmter Weise bedeutsam sind. Schließlich wird diskutiert, inwiefern Wahlen spezifische Funktionen in autoritären Kontexten aufweisen, die sie so in demokratischen Kontexten nicht haben (können).

1.3.1 Regimetypen und der Kompetivitätsgrad von Wahlen

Einer der klassischen Gegenstände der Vergleichenden Regierungslehre ist die Unterscheidung von Herrschaftsformen oder Regimen. Grundlegend ist dabei die Abgrenzung zwischen Demokratie und Diktatur. Im Kontext des Ost-West-Konflikts wurde dabei zwischen autoritären und totalitären Regimen als Typen von Diktatur unterschieden. Nach der klassischen Definition von Linz (2000) gibt es in totalitären Regimen, wie sie z. B. im nationalsozialistischen Deutschland und der UdSSR unter Stalin bestanden, keinerlei Pluralismus, eine zur Wahrheit erhobene Ideologie, eine hohe gesellschaftliche Mobilisierung und eine umfassende Kontrolle des Einzelnen, während autoritäre Systeme in ihren unterschiedlichen Varianten gewisse gesellschaftliche Freiheiten gewähren und einen begrenzten politischen Pluralismus zulassen. Wahlen spielen für die Definition der genannten Regimetypen eine zentrale Rolle. Totalitären und autoritären Systemen ist gemeinsam, dass Herrschaftszugang und -ausübung nicht durch Wahlergebnisse bestimmt werden. Zugleich unterscheiden sich die Formen der Wahl in beiden Diktaturen: Während es im totalitären Staat Wahlen nur als Plebiszit für die herrschende Führung und Ideologie geben kann, sind Wahlen mit begrenztem Wettbewerb zumindest für einige Typen autoritärer Herrschaft charakteristisch.

Nach dem Ende des Ost-West-Konflikts und dem Zusammenbruch des Sowjetsystems gingen die normative Begründung und empirische Evidenz für totalitäre Regime weitgehend verloren (von Sonderfällen wie Nordkorea abgesehen). Die Vergleichende Politikwissenschaft wandte infolgedessen ihre Aufmerksamkeit stärker der Abgrenzung von Demokratien und autoritären Regimen zu. Denn seit den frühen 1990er-Jahren fanden nicht nur in Mittel- und Osteuropa, sondern auch in vielen Staaten Afrikas, Asiens und Lateinamerikas politische Reformen statt, die oft vorschnell als Demokratisierung bezeichnet wurden, weil Präsidenten und Parlamente erstmals durch Wahlen mit mehreren Kandidaten bzw. Parteien besetzt wurden. Während es in einer erstaunlich großen Zahl dieser Länder zu einer Institutionalisierung demokratischer Verfahren kam, blieb der Demokratisierungsprozess in anderen unvollständig, oder die Reformen wurden durch zivile oder militärische Staatsstreiche rückgängig gemacht. Vor diesem Hintergrund wurde vorgeschlagen, entweder von „hybriden Regimen" zu sprechen, die Merkmale eines demokratischen und eines autoritären Systems miteinander kombinieren, oder aber die Unterscheidungskriterien zwischen den Regimetypen weiter zu präzisieren (Bendel et al. 2002).

Wahlen und ihr „Kompetivitätsgrad", d. h. das Ausmaß, in dem sie einen wirklichen Wettbewerb zwischen unterschiedlichen politischen Akteuren und Positionen garantieren, spielten dabei erneut eine zentrale Rolle. Mehrere Autoren haben die Existenz von „freien und fairen" Wahlen zum entscheidenden Kriterium für die Abgrenzung der Regimetypen gemacht. In diesem Zusammenhang hat Schedler (2002) den Begriff des „elektoralen Autoritarismus" in die Debatte eingeführt. Damit bezeichnet er ein Regime, in dem bestimmte Elemente des politischen Wettbewerbs formal garantiert sind, aber zugleich die Grundsätze der freien und fairen Wahl in der Praxis so weit eingeschränkt werden, dass Wahlen ein Instrument zur Stabilisierung autoritärer Herrschaft bleiben. Innerhalb dieses Grundtyps wiederum unterscheidet Schedler zwischen einem „kompetitiven" Subtyp, bei dem Wahlen ein tatsächlicher Schauplatz des Kampfes um Macht sind, und einem „hegemonialen" Subtyp, bei dem sie kaum mehr als eine Inszenierung politischen Wettbewerbs darstellen.

Levitsky und Way (2010) haben den ähnlichen Begriff des „kompetitiven Autoritarismus" geprägt. Damit charakterisieren sie Formen politischer Herrschaft, bei denen

Wahlen regelmäßig stattfinden und auch als wesentliches Instrument des Zugangs zur Herrschaft akzeptiert werden, in denen aber die Amtsinhaber die staatlichen Ressourcen dazu nutzen, sich einen unfairen Vorteil im Wahlprozess zu verschaffen. Oppositionsparteien sind in einem solchen Regime erlaubt und nehmen regelmäßig an Wahlen teil. Es gibt einen tatsächlichen Wettbewerb um die Macht, bei dem aber ein unabhängiger Schiedsrichter fehlt, oder um es mit den Worten von Levitsky und Way (2010: 5) zu sagen: *„the playing field is heavily skewed in favor of incumbents"*. In solchen Ländern besteht folglich weniger ein Problem mit der Garantie von freien Wahlen oder der grundsätzlichen Einhaltung von Bürgerrechten, sondern mit der Neutralität des Staates im Wahlprozess. Drei Faktoren werden in diesem Zusammenhang von den Autoren für besonders kritisch gehalten: die transparente und egalitäre Zuweisung staatlicher Ressourcen im Wahlkampf, der gleichberechtigte Zugang zu den Medien sowie eine unabhängige Justiz, die effektive Möglichkeiten zur Ahndung von Wahlrechtsverstößen bietet. Ob also Wahlen „kompetitiv" sind, hängt maßgeblich von den wahlorganisatorischen Rahmenbedingungen ab, die wir in Kapitel 3 ausführlicher behandeln. Levitsky und Way halten daher die Herstellung eines *„even playing field"* für eine notwendige Bedingung der Demokratisierung politischer Regime.

Für Schedler wie für Levitsky und Way sind Wahlen, die formal kompetitiv sind, auch im Rahmen eines autoritären Systems möglich. Allerdings ist dort der politische Wettbewerb aus den genannten Gründen eben nicht vollständig, und wir können daher nur von „eingeschränkt kompetitiven" oder „semi-kompetitiven" Wahlen sprechen. Erst unter den Bedingungen eines vollständigen Wettbewerbs können Wahlen ihre Funktionen für die Stabilität und Legitimität einer Demokratie entfalten. Einen „perfekten" politischen Wettbewerb hielt jedoch bereits Dahl (1971) eher für ein Ideal als für gelebte Praxis. Kompetitivität von Wahlen ist also eine relative Größe. Die empirische Messung des Kompetitivitätsgrads und die Bestimmung von Schwellenwerten, ab wann eine Wahl als semi-kompetitiv zu bezeichnen ist, ist mit vielen methodischen Herausforderungen verbunden (siehe Kapitel 3). Sie wird zusätzlich durch den Umstand erschwert, dass auch etablierte Demokratien gewisse Einschränkungen des freien Wettbewerbs vorsehen, um die Funktionalität ihres Regierungssystems zu gewährleisten (z. B. ein Verbot verfassungsfeindlicher Parteien oder eine staatliche Finanzierung etablierter Parteien).

Umgekehrt sollte man politischen Wettbewerb allein noch nicht mit Demokratie gleichsetzen. Demokratie mag ohne kompetitive Wahlen undenkbar sein, aber kompetitive Wahlen allein erschaffen noch keine Demokratie. Beispielsweise hatte Südafrika während der Apartheid (1945–1994) ein politisches System mit vollständigem Wettbewerb und fairen und freien Wahlen, allerdings nur für die weiße Bevölkerung. Da der überwiegenden Mehrheit der Bevölkerung alle politischen Rechte verweigert wurden, kann ein solches Regime, ungeachtet der vollständigen Wahlfreiheit für die weiße Minderheit, nicht als demokratisch eingestuft werden, da die für Demokratie zentrale Dimension des allgemeinen Wahlrechts bzw. einer inklusiven Partizipation gefehlt hat (siehe Kapitel 2).

1.3.2 Funktionen demokratischer Wahlen

In der Literatur gibt es unterschiedliche Kataloge, welche Funktionen Wahlen in der Demokratie erfüllen sollen (vgl. u. a. Katz 2000, Nohlen 2014). Wir beschränken uns hier auf *fünf zentrale Funktionen*:

1. die Zuweisung von Herrschaft,
2. die politische Repräsentation gesellschaftlicher Interessen,
3. die Rekrutierung politischer Eliten,
4. die Einhegung von Gewaltkonflikten und
5. die Legitimierung des politischen Systems.

Im Folgenden werden wir zunächst verdeutlichen, inwiefern die jeweilige Funktion im demokratischen Kontext bedeutsam ist, und dann aufzeigen, inwieweit die einzelnen Funktionen auch für Wahlen in autoritären Systemen von Bedeutung sein können.

An erster Stelle steht die Rolle, die Wahlen bei der *Zuweisung von Herrschaft* spielen, d. h. bei der Besetzung der wichtigsten öffentlichen Ämter, vor allem in der Regierung eines Staates. Damit Wahlen diese Funktion erfüllen können, muss es unterschiedliche Kandidaten bzw. Parteien geben, die bei Wahlen antreten. In einem demokratischen Regime ist dies der Fall, d. h. durch den Wahlakt überträgt der *demos* für einen festgelegten Zeitraum den gewählten Vertretern einen Auftrag zur Herrschaft. Die Möglichkeit zur Abwahl der Regierung bzw. der Regierungsparteien verkörpert die urdemokratische Idee der *accountability* oder Rechenschaftspflicht, der die herrschenden Eliten in einer Demokratie unterworfen sind. Die Abwahl von langjährigen Diktatoren oder vormaligen Einheitsparteien gehört für die Beteiligten zu den bewegenden und für die Forschung zu den anschaulichsten Manifestationen der Volkssouveränität; in vielen Ländern markierte sie den Beginn eines Demokratisierungsprozesses. Mit der Zuweisung von Herrschaft durch Wahlen ist auch die Idee verbunden, dass die Bürger über ihr Wählervotum tatsächlichen Einfluss auf die Politikgestaltung gewinnen.

In einem autoritären Regime können zwar ebenfalls regelmäßige Wahlen stattfinden, sie entscheiden aber nicht über die Frage, wer herrscht. Autoritäre Machthaber sind typischerweise durch Erbfolge, die Entscheidungen der Elite einer Einheitspartei oder Gewalt (z. B. Militärputsch oder Sieg einer Rebellenarmee) ins Amt gekommen. Ihre Macht soll nicht durch Wahlen infrage gestellt werden. Sofern der Wettbewerb um politische Herrschaft nicht wirklich kompetitiv ist, können Wahlen daher die Funktion der Zuweisung von Herrschaftspositionen auch nur partiell erfüllen. Es gibt zudem das Szenario, in dem ein autoritäres Regime mehr Wettbewerb bei Parlaments- oder Lokalwahlen zulässt, als dies bei Präsidentschaftswahlen der Fall ist, weil die wichtigsten Entscheidungen eben nicht im Parlament oder auf der kommunalen Ebene gefällt werden, d. h. Herrschaft auf diesen Ebenen nicht wirklich zugewiesen wird.

Verliert jedoch ein autoritäres Regime an gesellschaftlicher Unterstützung, können Wahlen, die ein Mindestmaß an Wettbewerb ermöglichen, eine von den herrschenden Eliten nicht vorhersehbare Dynamik gewinnen und somit zu einem dramatischen Legitimitätsverlust oder gar zu einem Machtwechsel führen. Auch wenn Wahlen in solchen Fällen nicht mit dem Ziel organisiert wurden, über die Zuweisung von Herrschaftspositionen zu entscheiden, lässt sich der politische Wettbewerb, selbst wenn er nur sehr begrenzt zugelassen wurde, kaum noch kontrollieren (Schedler 2002). Das Ende eines autoritären Regimes resultiert dann nicht aus einer bewussten Entscheidung für einen demokratischen Systemwechsel, sondern aus einem missglückten Versuch, das bisherige Regime kontrolliert zu öffnen und damit zu stabilisieren. Die semi-kompetitiven Parlamentswahlen 1989 in Polen, aber auch der Wahlsieg von Corazon Aquino auf den Philippinen 1986 sind hierfür anschauliche Beispiele (Grotz 2000a: 102–107; Hartmann et al. 2001).

Eine zweite wichtige Funktion von Wahlen besteht in der *Repräsentation gesellschaftlicher Interessen* im Regierungssystem. In der Demokratie geht es dabei um das Ausmaß, in dem Wahlen zu einer politischen Repräsentation beitragen, die die in einer Gesellschaft vorhandenen ideologischen Positionen, aber auch ethnisch-religiösen oder sonstigen Identitäten in ihrer jeweiligen Bedeutung widerspiegelt. In Gesellschaften mit großer kultureller oder religiöser Heterogenität (und insbesondere dort, wo diese Unterschiede verfestigt sind und in der Vergangenheit zu gewaltsamen Konflikten geführt haben) spielt diese repräsentative Funktion von Wahlen eine zentrale Rolle. Dabei geht es zunächst nicht um den gleichberechtigten Einfluss aller Gruppierungen auf die Regierungsbildung, sondern vor allem um die Möglichkeit, durch Repräsentanten gruppenbezogene Anliegen in den legislativen Willensbildungs- und Entscheidungsprozess einbringen zu können. Spezifische Wahlsysteme können entweder die Vielfalt von Interessen besonders proportional abbilden (unter der Maßgabe, dass es politische Parteien gibt, die diese Interessen artikulieren) bzw. zur Bildung gruppenübergreifender Parteien und Regierungen beitragen (siehe Kapitel 7).

Gerade unter den Bedingungen eines eingeschränkten Parteienwettbewerbs, wie er in etlichen autoritären Regimen besteht, können Wahlergebnisse die soziale und ethnische Heterogenität von Gesellschaften in formaler Hinsicht gut abbilden, weil hegemoniale Parteien Angehörige aller relevanten Gruppen auf ihre (Einheits-) Listen setzen können. So erklärt sich auch, warum Frauen gerade in den Parlamenten einiger autoritärer Staaten spektakulär gut vertreten sind. Eine allein durch Quoten generierte „deskriptive" Repräsentation sozialer Gruppen in einem autoritären System führt jedoch kaum zu einer „effektiven" Repräsentation der Gruppenmitglieder, weil nur diejenigen inhaltlichen Positionen im politischen Willensbildungs- und Entscheidungsprozess berücksichtigt werden, die von den Machthabern akzeptiert bzw. geduldet werden.

Eine Funktion, die Wahlen in demokratischen und nicht-demokratischen Regimen grundsätzlich eint, ist die der *Rekrutierung politischer Eliten*, auch wenn diese Funktion in Demokratien von wesentlich größerer Bedeutung ist, weil dort alle in Ämtern befindlichen Politiker mit der Möglichkeit der Abwahl konfrontiert sind. Wahlen entscheiden über individuelle Politikerkarrieren und sind gleichermaßen ein Indiz für die Popularität der siegreichen Kandidaten wie für die geringere politische Eignung der Wahlverlierer. Diesen Mechanismus findet man auch in einigen autoritären Regimen. In der Volksrepublik China werden Wahlen nur auf lokaler Ebene abgehalten, aber diese Wahlen erlauben es der Parteiführung dennoch, den Leistungsausweis und die Popularität der einzelnen Kader und ihr Potenzial für eine weitere politische Karriere zu prüfen, jedenfalls nachdem die Parteiführung die schlimmsten Formen von Stimmenkauf seit den 1990er-Jahren einzuschränken wusste (Pastor/Tan 2000). In ähnlicher Weise haben Einheitsparteien in verschiedenen Teilen der Welt einen begrenzten Wettbewerb bei Parlamentswahlen zugelassen, d. h. die Wähler konnten sich zwischen verschiedenen Kandidaten der Einheitspartei entscheiden. Ein solches System kam seit den 1970er-Jahren in den afrikanischen Staaten Côte d'Ivoire, Sambia, Kenia oder Tansania zum Einsatz. Im Gegensatz zu den lang amtierenden Präsidenten, die bei ihrer periodischen Wiederwahl keinen Wettbewerb fürchten mussten, kam es dadurch zu einer signifikanten Verjüngung der Kader innerhalb der jeweiligen Einheitspartei (Barkan/Okumu 1978).

In Demokratien sollen Wahlen weiterhin eine Hauptrolle bei der *friedlichen Einhegung von Konflikten* spielen, gerade weil sie sowohl eine effektive Repräsentation aller wesentlichen Interessen im politischen System als auch einen friedlichen Machtwechsel ermöglichen. Zur Demokratie gehört auch die Kontrolle der gewählten Regierung über die Sicherheitskräfte. Bei demokratischen Wahlen entscheiden *ballots* und nicht *bullets* über die Machtverteilung. Anders dagegen in autoritären Systemen: Indem diese den politischen Wettbewerb einschränken und dabei Autonomiebewegungen oder ethnischen und religiösen Minderheiten die Mitsprache verweigern, werden durch „unfaire" Wahlen gesellschaftliche Konflikte eher weiter geschürt als dazu genutzt, die jeweiligen Konfliktursachen im politischen Prozess konstruktiv zu bearbeiten.

Angesichts solcher „aufgestauten" Konflikte kommt es gelegentlich bei den ersten freien Wahlen im Kontext von Demokratisierungsprozessen zum Ausbruch politischer Gewalt, wie etwa in Kenia (2007), der Côte d'Ivoire (2010/2011) oder Ägypten (2012). Zwei Gründe sind hier von entscheidender Bedeutung: Einerseits fehlt es Gesellschaften ohne demokratische Traditionen an positiven Erfahrungen mit der friedlichen Regelung von Konflikten. Andererseits erscheint angesichts fehlender rechtsstaatlicher Sanktionen der Einsatz von Gewalt als rationale Strategie, um Oppositionskandidaten und ihre Wähler einzuschüchtern (Collier 2011), oder die herrschenden Eliten mobilisieren die Sicherheitskräfte, um eine drohende Wahlniederlage durch einen Putsch rückgängig zu machen.

Grundsätzlich sind demokratische Wahlen ein naheliegendes Instrument zur Beendigung von Gewaltkonflikten und zur Schaffung einer friedlichen Nachkriegsordnung. Wenn Wahlen tatsächlich über den Herrschaftszugang entscheiden, sind auch Rebellenbewegungen gezwungen, sich als politische Parteien neu zu erfinden und mit ihren Führern bei Präsidentschaftswahlen anzutreten, so z. B. in Afghanistan oder Liberia. Zugleich können Wahlen allein das Gewaltpotenzial nicht einhegen, das durch einen (oft langjährigen) bewaffneten Konflikt besteht. Hierfür bedarf es in der Regel umfassenderer Strategien, die den Aufbau rechtsstaatlicher Institutionen und weitere Strukturreformen in Staat und Wirtschaft zum Ziel haben. Ob Wahlen den Gewaltaustrag beenden oder befördern, hängt also von einer Reihe weiterer Faktoren ab, nicht zuletzt von der in diesem Buch diskutierten institutionellen Ausgestaltung der Wahlorganisation und des Wahlsystems.

Schließlich weisen Wahlen der Regierung und dem politischen System *Legitimität* zu. In einer Demokratie ist es Aufgabe von Wahlen, die Ausübung von Herrschaft zu legitimieren und einen durch das Votum der Bürger herbeigeführten Machtwechsel zu ermöglichen. Aufgrund dieser politischen Sanktionsmöglichkeit befördern Wahlen die Akzeptanz des demokratischen Systems insgesamt, d. h. sie erzeugen im Zeitverlauf eine Zustimmung nicht nur zu den aktuell gewählten Entscheidungsträgern, sondern auch zu den demokratischen Institutionen und der Idee der Demokratie, was wiederum das politische System auch unter den Bedingungen gesellschaftlicher oder wirtschaftlicher Krisen stabilisiert (Powell 2000). Diese Legitimierung hat zudem eine symbolisch-zeremonielle Dimension, die auch und gerade in jungen Demokratien deutlich zum Ausdruck kommt. Mit dem feierlichen Wahlakt, der in Entwicklungsländern oft mit einem stundenlangen Schlangestehen vor dem Wahllokal einhergeht, ist eine Willenserklärung der Zugehörigkeit zur politischen Gemeinschaft verbunden.

Auch Wahlen in einem nicht-demokratischen System können grundsätzlich legitimitätsstiftend wirken. Wählervoten mit einer Zustimmungsrate von 99 % für die herrschende Partei bzw. den politischen Führer sind heute die Ausnahme. Gerade in sozialistischen Staaten, wie sie in der DDR und Osteuropa zwischen 1945/1949 und 1989/1990 bestanden, sollten solche Wahlergebnisse die Einheit und Geschlossenheit der Bevölkerung sowie deren einmütige Unterstützung für das bestehende Regime zum Ausdruck bringen. Ob diese offiziellen Zustimmungsraten den Tatsachen entsprachen, ist dabei weniger bedeutsam als die Funktion, die Wahlen in solchen Kontexten zukam, nämlich die Mobilisierung der gesellschaftlichen Kräfte (also der Wählerschaft) zur formalen Legitimierung des politischen Systems sowie der Herrschaft einer Partei bzw. eines Führers. Eine hohe Beteiligung bei einer solchen „Wahl ohne Auswahl" galt daher in den sozialistischen Ländern als Popularitätsbeweis für das Regime, Wahlenthaltung oder die Abgabe ungültiger Stimmen dagegen als existenzielle Herausforderung. Entsprechend stark waren die Anreize und Zwangsmaßnahmen, die die sozialistischen Systeme vorsahen, um sämtliche Wähler an die Urne zu bringen und sie zu veranlassen, die „richtige" Stimme abzugeben. In etablierten Demokratien bedeutet eine geringe Wahlbeteiligung dagegen noch keine unmittelbare Gefahr für ihr Überleben, kann aber auch dort ein Indiz für eine sinkende gesellschaftliche Akzeptanz der politischen Institutionen sein.

Während Wahlen in der Demokratie primär der internen Legitimierung des Regimes dienen, ist für autoritäre Regime gerade in der jüngeren Vergangenheit der Legitimitätsgewinn im internationalen System zu einem zentralen Beweggrund geworden, Wahlen abzuhalten. Denn für die eigene Bevölkerung und insbesondere die Regimeopposition ist der eingeschränkte Wettbewerbscharakter von Wahlen zumeist leicht zu durchschauen und alle Versuche, die Legitimität der Regierung bei der eigenen Bevölkerung durch Wahlen zu erhöhen, sind vermutlich eher erfolglos (Nohlen 2014: 36). Dagegen lässt sich das Ausland, das in vielen betreffenden Ländern für die Ressourcenzufuhr (Entwicklungshilfe, diplomatische Anerkennung, Waffenlieferungen etc.) von Bedeutung ist, durch semi-kompetitive Wahlen eher beeindrucken. Zudem ist die Abhaltung regelmäßiger Wahlen eine Voraussetzung für die Mitgliedschaft in bestimmten Regionalorganisationen, wie der Organisation für Sicherheit und Zusammenarbeit in Europa (OSZE). Auch Wahlen ohne vollständigen Wettbewerb können daher der Legitimierung eines Systems im internationalen Umfeld dienen, zumal Instrumente zur Überprüfung des Wettbewerbscharakters wie Wahlbeobachtung selbst manipuliert werden können (siehe hierzu Kapitel 3).

1.3.3 Spezifische Funktionen von Wahlen in autoritären Regimen

Abschließend werden nun einige Funktionen diskutiert, die Wahlen nur in nicht-demokratischen Kontexten erfüllen sollen. Für autoritäre Regierungen bieten Wahlen häufig eine gute Gelegenheit, *Informationen* über ihre gesellschaftliche Unterstützung *zu sammeln*, d. h. ihre eigenen Hochburgen bzw. jene oppositioneller Parteien genauer zu identifizieren und ihre Kooptations- bzw. Repressionsstrategien entsprechend anzupassen. Eine solche „Auswertung" von Wahlergebnissen kann wiederum im Nachgang zu Sanktionsmaßnahmen, z. B. einem Entzug öffentlicher Investitionen, einer gezielteren Einschüchterung regionaler Gegeneliten oder auch zu Kooptationsversuchen oppositioneller Spitzenpolitiker führen (Brownlee 2011; Magaloni 2006).

Semi-kompetitive Parlamentswahlen erlauben auf diese Weise auch eine *Teilintegration der Opposition* durch Einbindung systemkonformer Parteien einerseits und Ausgrenzung systemgefährdender Kräfte andererseits – eine Herrschaftsstrategie, die etwa in Zentralamerika lange üblich war (Krennerich 1996). Das autoritäre Regime kann dabei durch geschickte Ausgestaltung der Kandidaturregeln (z. B. Ausschluss wegen politischer Straftaten) ernsthafte Konkurrenten gezielt von der Wahlteilnahme abhalten, ohne den Wettbewerb generell einzuschränken. Die Mitwirkung in einer solchen Wahl stellt die Regimeopposition häufig vor schwierige strategische Entscheidungen, weil einige Teile der Opposition größere Chancen für sich sehen, wenn sie an den Wahlen teilnehmen, selbst wenn die Herrschaft der führenden Partei oder des Präsidenten nicht zur Disposition steht, während andere Teile aus prinzipiellen Überlegungen der Wahl fernbleiben. Selbst unter Oppositionsparteien, die an Wahlen teilnehmen, kann es dann zu Konflikten über die Bildung von Wahlallianzen oder die Opportunität einer Anerkennung der offiziellen Wahlergebnisse kommen (Gandhi/Lust-Okar 2009).

Die neuere Forschung zu autoritären Systemen hat noch auf eine weitere mögliche Funktion semi-kompetitiver Wahlen hingewiesen, die mit dem Begriff des *„kompetitiven Klientelismus"* umschrieben wird (Gandhi/Lust-Okar 2009; Brownlee 2011). Demnach finden Wahlen in autoritären Regimen nicht primär statt, um einen Wettbewerb um politische Inhalte oder die personelle Besetzung von Ämtern zu simulieren, sondern sie sind ein Mechanismus, über den die Verteilung staatlicher Ressourcen organisiert wird. In der repräsentativen Demokratie ist dazu die Konkurrenz zwischen programmatisch unterschiedlichen Parteien unverzichtbar; es gibt allerdings auch bei semi-kompetitiven Wahlen einen durchaus realen Wettbewerb zwischen Kandidaten, die als gewählte Abgeordnete zu „Vermittlern" bei der klientelistischen Verteilung staatlicher Güter und Dienstleistungen werden. Der Gewinn eines öffentlichen Amtes und der damit verbundene Zugriff auf staatliche Ressourcen hängen aus der Perspektive der Kandidaten dann davon ab, wie es ihnen gelingt, die Unterstützung von Wählern zu mobilisieren (oder zu kaufen). Aus Sicht einer autoritären Regierung sind solche Wahlen in mehrfacher Hinsicht vorteilhaft, weil sie sicherstellen, dass populäre Politiker als Klienten des Staatschefs oder der Zentralregierung in das Regime eingebunden bleiben und zugleich aufgrund des Wettbewerbs mit anderen potenziellen Klienten unter einem andauernden Erfolgsdruck stehen. Diese Effekte lassen sich besonders deutlich in den autoritären Systemen des Nahen Ostens beobachten, wo Parteien schwach organisiert sind (Lust-Okar 2009), aber auch in den langen Jahrzehnten der Herrschaft des *Partido Revolucionario Institucional* (PRI) in Mexiko, wo die klientelistischen Abhängigkeitsmechanismen noch durch Amtszeitbegrenzungen für Parlamentsabgeordnete verstärkt wurden (Magaloni 2006). Sicherlich ringen auch Abgeordnete in Demokratien um eine Verteilung staatlicher Güter, die ihre spezielle Wählerklientel begünstigt. Solche Entscheidungen müssen jedoch immer vor dem gesamten Parlament bzw. vor der Öffentlichkeit gerechtfertigt werden.

Insgesamt hat die neuere Forschung deutlich gemacht, dass wir Wahlen in autoritären Systemen nicht durchweg als Abweichung von demokratischen Normen verstehen können. Neben einigen bedeutsamen Unterschieden, insbesondere bei der Zuweisung von Herrschaft und der effektiven Repräsentation gesellschaftlicher Interessen, haben Wahlen in demokratischen und autoritären Kontexten auch einige grundlegende Gemeinsamkeiten (siehe Tabelle 1.1). Zugleich folgen Wahlen in autoritären Systemen einer Eigenlogik, die mit der spezifischen Ausprägung des jeweiligen Regimes zu tun hat. Wie sehr von einem autoritären Regime bestimmte Wahlfunktionen angestrebt bzw. erfüllt werden, hängt nicht zuletzt von den unterschiedlichen Dimensionen der institutionellen Ausgestaltung ab, die in den folgenden Kapiteln des Buches ausführlich vorgestellt werden: dem individuellen Wahlrecht, der administrativen Rahmung des Wahlprozesses und dem Wahlsystem.

Tabelle 1.1: Funktionen von Wahlen in Demokratien und Autokratien.[3]

	Demokratie	Autokratie
Zuweisung von Herrschaft	Möglichkeit der Abwahl der Regierung; Einfluss auf Politikgestaltung	–
Repräsentation	Pluralistische Vertretung gesellschaftlicher Interessen im politischen System	Abbildung gesellschaftlicher Heterogenität (falls vom Regime gewünscht)
Elitenrekrutierung	Wahlen als zentrale Entscheidung über Karrieren von (Spitzen-) Politikern	Austausch unpopulärer Regimeeliten (unterhalb der Spitzenebene)
Einhegung von Konflikten	Wahlen als gewaltfreies Instrument der Konfliktbearbeitung	(Wahlen als potenzieller Verstärker von Konflikten und Auslöser von politischer Gewalt)
Legitimität	Wählen als Ausdruck der Zugehörigkeit zur politischen Gemeinschaft und der Unterstützung des politischen Systems	Wahlen als externe Legitimierung des Regimes auf internationaler Ebene
Kooptation von Opposition	–	Schwächung der Opposition und Kooptation systemkonformer Akteure
Kompetitiver Klientelismus	–	Anpassung der klientelistischen Verteilung staatlicher Ressourcen

---

Weiterführende Aufgaben

Deutschland

Anderson, M. L. (2000). Conclusions, in: Anderson, M.L. (Hrsg.): *Practicing Democracy. Elections and Political Culture in Imperial Germany.* Princeton: Princeton University Press, 399–437.

Andersons Studie untersucht die Funktionsweise und politischen Konsequenzen der Parlamentswahlen im Deutschen Kaiserreich.
1. Welche Funktionen sollte die Einführung direkter Parlamentswahlen aus Sicht der autoritären Bismarck-Regierung erfüllen?
2. Welche kurz- und mittelfristigen Auswirkungen hatte die Abhaltung der Reichstagswahlen auf die politische Opposition und die politische Kultur in Deutschland?

Großbritannien

Caramani, D. (2003). The End of Silent Elections: The Birth of Electoral Competition, 1832–1915. *Party Politics* 9(4): 411–443.

---

3 Quelle: Eigene Darstellung.

Der Aufsatz rekonstruiert die Herausbildung eines nationalen Parteienwettbewerbs in Großbritannien und anderen westeuropäischen Ländern in der zweiten Hälfte des 19. Jahrhunderts.
1. Was bedeutet „Stille Wahlen"? Wie stark war dieses Phänomen in Großbritannien Mitte des 19. Jahrhunderts verbreitet?
2. Was waren die wichtigsten Gründe für den Übergang vom „territorialen" zum „funktionalen" Wettbewerb? Welche Rolle spielten institutionelle Regelungen bei dieser Transformation der politischen Wettbewerbsstrukturen?

Frankreich

Laver, M./Benoit, K./Sauger, N. (2006). Policy Competition in the 2002 French Legislative and Presidential Elections. *European Journal of Political Research* 45(4): 667–697.

Der Zeitschriftenbeitrag untersucht die Ergebnisse der französischen Präsidentschaftswahlen von 2002. Zwei Jahre zuvor war die Amtszeit des Präsidenten von sieben auf fünf Jahre verkürzt worden. Ein Ziel dieser Verfassungsreform bestand darin, die Wahlperioden von Präsident und Parlament stärker zu synchronisieren und somit die Wahrscheinlichkeit deckungsgleicher parteipolitischer (Mehrheits-)Verhältnisse im höchsten Exekutivamt und in der Legislative zu erhöhen.
1. Was war das zentrale Ergebnis der Präsidentschaftswahlen von 2002 und inwiefern widersprach es den vorhergehenden Erwartungen?
2. Wie erklärt sich das Abschneiden der wichtigsten linken und rechten Präsidentschaftskandidaten? Kann man daraus ableiten, ob die Verfassungsreform von 2000 ihr Ziel erreicht hat?

Polen

Olson, D. M. (1993). Compartmentalized Competition: The Managed Transitional Election System of Poland. *The Journal of Politics* 55(2): 415–441.

Der Aufsatz befasst sich mit den rechtlichen Grundlagen, dem Verlauf und den politischen Konsequenzen der semi-kompetitiven „Übergangswahlen" in Polen vom Juni 1989.
1. Was waren die wichtigsten institutionellen Regelungen der polnischen Übergangswahlen und welche Zielsetzungen verfolgten die kommunistischen Machthaber damit?
2. Wie kam es dazu, dass diese ursprünglichen Zielsetzungen vollständig konterkariert wurden? Welche Ergebnisse stellten sich stattdessen ein?

Mexiko

Magaloni, B. (2006). *Voting for Autocracy. Hegemonic Party Survival and its Demise in Mexico.* Cambridge: Cambridge University Press, 257–271.

In der Zusammenfassung ihres Buches über die langwährende Stabilität autoritärer Herrschaft in Mexiko diskutiert Magaloni insbesondere die Rolle von Wahlen.
1. Welche Funktionen hatten Wahlen für die Aufrechterhaltung und Stabilität des autoritären PRI-Regimes?
2. Welche Faktoren führten dennoch zur demokratischen Transition mit den Wahlen von 2000?

Südafrika

Klopp, J. M./Zuern, E. (2007). The Politics of Violence in Democratization. Lessons from Kenya and South Africa. *Comparative Politics 39*(2): 127–146.

Der Aufsatz vergleicht die Gewalttätigkeit der Demokratisierungsprozesse in Kenia und Südafrika.

1. Welche drei Mechanismen erzeugen Gewalt in Transitionsprozessen und welche Rolle spielen Wahlen dabei?
2. Welche Faktoren führten letztlich zum Ende der Gewalt in Südafrika?

2 Wahlrecht und Demokratie

In der wissenschaftlichen und politischen Debatte wird der Begriff des Wahlrechts unterschiedlich verwendet. In einem weiteren Sinne werden darunter alle formalen Regelungen verstanden, die im Zusammenhang mit Wahlen von Bedeutung sind (engl.: *electoral law*). Das Wahlrecht umfasst danach eine Vielzahl von Bestimmungen, die in den unterschiedlichen Kapiteln dieses Buches eine Rolle spielen, wie das Recht zur Teilnahme an Wahlen als Wähler und Kandidat, Regelungen zur administrativen Organisation des Wahlprozesses wie auch zur Verrechnung von Stimmen in Mandate. In einem engeren Sinne bezeichnet Wahlrecht hingegen die individualrechtliche Garantie zur Teilnahme an Wahlen. Mit diesem engeren Begriff des Wahlrechts – im Englischen *suffrage* bzw. *franchise* – befasst sich das folgende Kapitel.

2.1 Wahlrechtsgrundsätze

Nicht nur in den etablierten Demokratien des Westens, sondern auch in den meisten Ländern der Welt, in denen gewählt wird, ist die Geltung von *vier Wahlrechtsgrundsätzen* heute unumstritten. Fast überall, wo Wahlen stattfinden, dürfen alle erwachsenen Bürger daran teilnehmen. Wahlen sind demnach *allgemein*, d. h. sie stehen allen offen. Zudem sollen sie *gleich* sein, d. h. dass jede Stimme gleich viel zählt (*one man, one vote*). Die Stimmabgabe soll weiterhin *geheim* sein, und schließlich sollen die Wähler ihre politischen Vertreter *direkt* bzw. unmittelbar bestimmen. Diese Grundsätze haben in vielen Ländern Verfassungsrang und werden kaum in dieser allgemeinen Form infrage gestellt; strittig ist eher, was genau darunter zu verstehen ist. Allerdings ist die Durchsetzung der Wahlrechtsprinzipien, wie noch zu zeigen sein wird, zumindest in den westlichen Demokratien erst in einem langen historischen Prozess erfolgt.

Der Grundsatz der allgemeinen Wahl bedeutet, dass alle Staatsbürger an Wahlen teilnehmen dürfen. Ein Ausschluss aufgrund von Geschlecht, Rasse, ethnischer Zugehörigkeit, Sprache, Bildung, Besitz oder Einkommen, Beruf, Konfession oder politischer Überzeugung ist danach nicht zulässig. Die lange Liste unerlaubter Ausschlusskriterien ergibt sich aus dem Umstand, dass historisch aus all diesen Gründen einem Teil der Bevölkerung das Wahlrecht vorenthalten wurde. Bis heute gibt es noch gewisse Einschränkungen des allgemeinen Wahlrechts, die trotz aller Regelungsdifferenzen im Detail als grundsätzlich legitim angesehen werden. Diese Restriktionen beziehen sich entweder auf unterschiedliche Definitionen der Zugehörigkeit zur politischen Gemeinschaft (*demos*) oder auf unterschiedliche als notwendig angesehene Minimalkompetenzen für die Teilnahme an Wahlen (Katz 1997; Blais et al. 2001).

Zur politischen Gemeinschaft in diesem Sinne könnten z. B. all diejenigen nicht gezählt werden, die zwar Staatsbürger sind, aber dauerhaft im Ausland leben (und folglich auch im Ausland Steuern zahlen) oder keinen festen Wohnsitz im Inland

DOI 10.1515/9783486855401-003

haben und denen aus diesem Grund das Wahlrecht entzogen wird. Aus der politischen Gemeinschaft der Wähler werden oft auch Einwanderer ausgeschlossen, die nicht eingebürgert wurden oder werden konnten. In diesen Fällen gelten also sowohl Staatsbürgerschaft (*citizenship*) als auch dauerhafter Wohnsitz (*residency*) als formale Voraussetzungen für das individuelle Wahlrecht. Die Frage, welche Rolle Staatsbürgerschaft oder Besteuerung für das Verhältnis von politischer Gemeinschaft und Wahlrecht spielen soll, wird allerdings zunehmend kontrovers diskutiert; dementsprechend ist das Wahlrecht in vielen Staaten erweitert worden (siehe hierzu Kapitel 2.3). In einigen Staaten des globalen Südens dürfen schließlich auch aktive Soldaten (z. B. in Mexiko) oder Geistliche bestimmter Religionsgemeinschaften (z. B. buddhistische Mönche in Thailand) nicht an Wahlen teilnehmen. Im Kontext der westlichen Demokratien ist dagegen die Frage bedeutsamer, ob Strafgefangene wählen dürfen. In einigen Staaten wird ihnen dies mit dem Argument verwehrt, sie hätten ihre bürgerlichen Ehrenrechte verwirkt und sollten daher dauerhaft (wie in vielen US-Bundesstaaten) oder temporär, d. h. bis zu ihrer Resozialisierung, keinen Einfluss auf die Gestaltung des Gemeinwesens nehmen. In Deutschland dürfen Straftäter zwar grundsätzlich ihr aktives Wahlrecht ausüben, es darf ihnen aber bei politischen Vergehen aufgrund richterlichen Beschlusses auch für einen längeren Zeitraum entzogen werden – eine Regelung, die freilich kaum angewendet wird. Der Europäische Gerichtshof für Menschenrechte urteilte 2005, dass die Verweigerung des Wahlrechts für Strafgefangene in Großbritannien gegen die Europäische Menschenrechtskonvention verstößt. Großbritannien hat sich jedoch bislang geweigert, seine Gesetzgebung entsprechend abzuändern.

Darüber hinaus gibt es einige Einschränkungen des allgemeinen Wahlrechts, die mit für die Wahlteilnahme als notwendig angesehenen Kompetenzen begründet werden. Im 19. Jahrhundert hat man diese Befähigung nur Männern zuerkannt, außerdem in vielen Ländern nur solchen, die über ein bestimmtes Einkommen und einen bestimmten Bildungsgrad verfügten. Geschlechtsbezogene und sozioökonomische Wahlrechtsbeschränkungen sind heute überholt, auch wenn z. T. Registrierungserfordernisse für Menschen ohne formale Bildung, und darunter insbesondere für Analphabeten, eine faktische Hürde darstellen, von ihrem Wahlrecht Gebrauch zu machen (siehe hierzu Kapitel 3). Auch sind in einzelnen Staaten der arabischen Welt Frauen von der Wahlteilnahme ausgeschlossen. Dies sind meistens Länder, in denen Frauen auch andere Rechte vorenthalten werden. In vielen anderen Staaten wird dagegen eher eine Herausforderung darin gesehen, wie die Repräsentation von Frauen mithilfe des Wahlsystemdesigns verbessert werden kann (siehe Kapitel 7).

Bei Diskussionen über Wahlrechtsgrundsätze geht es zunächst um die Geltung rechtlicher Standards, nicht um administrative Verfahren, die die Inanspruchnahme dieser Prinzipien ermöglichen. Es gibt in Gegenwart und Vergangenheit genügend Beispiele für Regierungen, die das Wahlrecht bestimmter Bevölkerungsgruppen durch die organisatorische Ausgestaltung des Wahlprozesses faktisch eingeschränkt haben, ohne dass dadurch der Grundsatz der allgemeinen Wahl aufgehoben worden wäre. Ein historisches Beispiel sind die Versuche in den Südstaaten der USA, die schwarze Bevölkerung durch unterschiedliche administrative Schikanen von einer Wahlteilnahme abzuhalten – eine Praxis, die erst durch den *Voting Rights Act* von 1965 weitgehend beseitigt wurde (Lawson 1976).

Heute sind es noch zwei Bevölkerungsgruppen, denen nach allgemeiner Auffassung die Kompetenz zur Teilnahme an Wahlen abgesprochen wird: Kindern, die nicht als politisch mündig gelten, sowie Personen, die nicht im Vollbesitz ihrer geistigen Kräfte sind. Weltweit ist das Wahlrecht Personen vorbehalten, die ein gewisses Alter erreicht haben, das gegenwärtig (von wenigen Ausnahmen abgesehen) bei 18 Jahren liegt. Dieses Mindestalter gilt heute für alle Wähler. Historisch wurde in einigen Ländern zwischen dem Wahlalter von Männern und Frauen unterschieden. So durften im Ungarn der 1920er-Jahre Männer schon mit 24 Jahren wählen, Frauen dagegen erst ab 30. Auch in anderer Hinsicht wurde differenziert. Gerade in lateinamerikanischen Ländern war es bis weit in das 20. Jahrhundert hinein üblich (z. B. in Mexiko bis 1969), zwischen verheirateten und unverheirateten Personen zu unterscheiden, wobei Verheiratete bereits früher wählen durften.

Das Wahlalter hat immer mit den jeweiligen Bestimmungen zur Volljährigkeit und damit der Inanspruchnahme voller Bürgerrechte korrespondiert. Mit der Volljährigkeit galten die für Wahlen notwendige politische Mündigkeit und Urteilskraft als erreicht. In den meisten europäischen Staaten wurde die Volljährigkeit in den 1960er- bzw. 1970er-Jahren von 21 auf 18 Jahre abgesenkt. In der Folge wurde auch das Wahlalter entsprechend angepasst. Nur in wenigen Fällen liegt das Wahlalter unter der Volljährigkeit, so etwa bei Landtagswahlen in einigen deutschen Ländern (Bremen, Brandenburg, Hamburg und Schleswig-Holstein) oder in Österreich, wo seit 2007 alle Bürger ab 16 Jahren auch auf nationaler Ebene wählen dürfen.

Der Grundsatz der gleichen Wahl bedeutet, dass die Stimmen aller Wahlberechtigten gleich viel zählen, d. h. nicht nach sozialen Merkmalen unterschiedlich gewichtet werden. Alle Wahlbeteiligten sollen die gleichen Einflusschancen auf die Zusammensetzung von Parlamenten und die Besetzung öffentlicher Ämter haben. Für Abweichungen von diesem demokratischen Kernprinzip gibt es ebenfalls eine Vielzahl historischer Beispiele. Im sog. Kurienwahlrecht, wie es z. B. in Preußen im 19. Jahrhundert galt, wurde die Bevölkerung in unterschiedliche Stände oder Klassen unterteilt, die je ein festgelegtes Kontingent von Sitzen hatten, wobei die zahlenmäßig in der Minderheit befindlichen aristokratischen bzw. wohlhabenden Klassen die gleiche oder eine jedenfalls überproportionale Anzahl von Abgeordneten entsenden durften; die große Masse musste sich dagegen mit einem Sitzanteil begnügen, der in keinem Verhältnis zu ihrem Anteil an der Gesamtbevölkerung stand. Ein zweites Modell bestand im sog. Pluralwahlrecht, bei dem bestimmte Wählergruppen (z. B. Grundeigentümer, Akademiker, Geistliche oder Familienväter) Zusatzstimmen erhielten. Solche Regelungen wurden besonders im 19. Jahrhundert eingeführt, etwa in Belgien und Österreich, um die politischen Effekte der Ausweitung des allgemeinen Wahlrechts auszugleichen.

Im Unterschied zur Allgemeinheit konnte die Gleichheit der Wahl seit Beginn des 20. Jahrhunderts in den meisten Fällen ohne größere Kontroversen realisiert werden. Zu offensichtlich verkörpert sie ein elementares demokratisches Grundprinzip. Zwei wesentliche Herausforderungen bleiben jedoch weiterhin bestehen.

Zum einen kann der Gleichheitsgrundsatz durch die Wahlkreiseinteilung und andere technische Elemente von Wahlsystemen verletzt werden. Werden etwa die Abgeordneten in unterschiedlichen Wahlkreisen von einer stark differierenden Anzahl von Stimmberechtigten gewählt, wird das Prinzip der Zählwertgleichheit verletzt (siehe auch Kapitel 5.1). Gewisse Abweichungen gelten dabei als tolerabel, die etwa durch die unterschiedliche Bevölkerungsverteilung in ländlichen und urbanen Räumen zustande kommen, zumal häufig administrative Gebietseinheiten (Landkreise, Provinzen, etc.) zum Ausgangspunkt der Wahlkreiseinteilung gemacht werden. Es bleibt daher Aufgabe von Wahlbehörden oder speziell dafür eingerichteten Kommissionen, einen einheitlichen Repräsentationsschlüssel für die einzelnen Wahlkreise zu garantieren. Eine gewisse Abweichungshöchstgrenze ist in vielen Wahlgesetzen festgeschrieben. Zudem haben sich internationale Organisationen bemüht, die effektive Gleichheit des Wahlrechts durch Präzisierung entsprechender Standards zu gewährleisten. So hat der Europarat in seinem *Code of Good Practice in Electoral Matters* von 2002 festgeschrieben, dass die Wahlkreiseinteilung und Zuweisung von Sitzen (in Mehrpersonenwahlkreisen) aufgrund transparenter und nachvollziehbarer Kriterien (insbesondere Bevölkerungszahl bzw. Zahl der registrierten Wähler) erfolgen muss, dass Abweichungen vom Repräsentationsschlüssel 10 % nicht überschreiten dürfen und dass die Wahlkreiseinteilung mindestens alle zehn Jahre überprüft werden muss (Venice Commission 2002).

Die zweite Herausforderung besteht in einem potenziellen Spannungsverhältnis von Minderheitenschutz und Zählwertgleichheit. So kann das Prinzip der individuellen Repräsentationsgleichheit mit gruppenbezogenen Repräsentationsansprüchen von Minderheiten in Konflikt geraten. Festgelegte Quoten, die nationalen Minderheiten eine Repräsentation im Parlament erlauben sollen (ggf. auch Ausnahmeregelungen bei Sperrklauseln, wie im Fall der dänischen Minderheit in Schleswig-Holstein), können zu einer faktischen Überrepräsentation dieser Gruppen führen. Selbst der *Code of Good Practice in Electoral Matters* des Europarats (2002) lässt in solchen Fällen des Schutzes einer territorial konzentrierten Minderheit stärkere Abweichungen von der Zählwertgleichheit zu. Noch problematischer wird es, wenn alle Mitglieder des Parlaments einzelne Volksgruppen repräsentieren bzw. für jede Volksgruppe ein bestimmtes Mandatskontingent reserviert ist, wie im Libanon und auf den Fidschi-Inseln (Bird 2014). Im letztgenannten Fall kam es zu einer strukturellen Bevorzugung einzelner Volksgruppen, wodurch das Prinzip der Zählwertgleichheit erheblich beeinträchtigt wurde. Durch massive Zuwanderung von indischstämmiger Bevölkerung seit Ende des 19. Jahrhunderts sah sich die indigene Bevölkerung auf Fidschi zunehmend in ihren Vorrechten bedroht und reservierte in den 1990er-Jahren schließlich eine Mehrheit der Sitze für ihre Repräsentanten, unabhängig von deren tatsächlichem Bevölkerungsanteil. Als die Aufhebung dieser Klausel bei Wahlen zum Sieg eines nicht-indigenen Premierministers führte, putschte das Militär, das sich als Sachwalter der indigenen Bevölkerung sah, und es folgte eine langjährige autoritäre Herrschaft ohne jegliche Wahlen (Hartmann 2001).

Der Grundsatz der geheimen Wahl besagt, dass die Wahlentscheidung bei der Stimmabgabe für andere nicht erkennbar ist. Geheime Wahl bedeutet also, dass der Staat die Voraussetzungen für eine geheime Stimmabgabe schafft, nicht dass die Wähler dieses Geheimnis für sich behalten müssen. Historisch war die geheime Stimmabgabe vor allem für Frauen eine zentrale Voraussetzung der faktischen Wahlfreiheit, da sie in dieser Hinsicht nicht von den (männlichen) Familienoberhäuptern kontrolliert werden konnten. Die grundsätzliche Garantie einer geheimen Wahl ist heute allgemein anerkannt, und unterschiedliche Formen der öffentlichen Stimmabgabe (per Handzeichen, Zuruf oder durch Aufstellen hinter dem präferierten Kandidaten) kommen nicht mehr zur Anwendung. In Einparteiregimen war das Prinzip der geheimen Wahl zwar ebenfalls in der Verfassung verankert, doch war es dort üblich, seine Stimme „offen" abzugeben. Wo es Wahlkabinen gab, wurde ihre Nutzung automatisch als Kritik am Regime interpretiert, denn Zustimmung zur herrschenden Partei hätte man ja nicht „verbergen" müssen.

Die Realisierung der geheimen Wahl bleibt in der politischen Praxis zuweilen eine Herausforderung. Sie ist abhängig vom jeweiligen Modus der Stimmabgabe (z. B. Stimmzettel oder elektronisch), aber auch vom Ausmaß der Kompetitivität der Wahlen, das ein Regime zulässt. Bestimmte Verfahren, wie z. B. die in einigen lateinamerikanischen und afrikanischen Staaten (aber auch in den USA bis Ende des 19. Jahrhunderts) geübte Praxis, getrennte und oft unterschiedlich farbig markierte Wahlzettel für jede Partei bzw. jeden Kandidat zu verwenden, sind mit einem strikt verstandenen Geheimniserfordernis kaum zu vereinbaren. Da hier letztlich nur einer von mehreren Wahlzetteln verwendet wird, kann der Wähler durch Rückgabe der unbenutzten Wahlzettel eine „unkorrekte" Stimmabgabe gegenüber seinen Familienmitgliedern oder einflussreichen Personen nicht verbergen.

Eine Wahl ist schließlich direkt, wenn die Wähler die Mandatsträger durch ihren Wahlakt selbst bestimmen. Im Gegensatz hierzu steht die indirekte Wahl von Gremien, die dann die „eigentliche" Wahl der Amtsträger vornehmen. Der Grundsatz der direkten Wahl bezieht sich primär auf Parlamentsabgeordnete. Bei Exekutivämtern muss diesbezüglich nach der Struktur des jeweiligen Regierungssystems unterschieden werden. Wie in Kapitel 1.2 ausgeführt, basiert die Funktionslogik eines parlamentarischen Regierungssystems auf der indirekten Wahl des Regierungschefs durch die Mehrheit des Parlaments. Dagegen wird in präsidentiellen Regierungssystemen die Exekutivspitze direkt gewählt. Einen Sonderfall bilden die USA, wo der Präsident über ein Wahlmännergremium gewählt wird. Funktional handelt es sich aber auch dort um eine Quasi-Direktwahl, weil die Wahlmänner an das Votum der „Urwahl" durch das Volk gebunden sind (bei der der Name des Präsidentschaftskandidaten meist schon auf dem Wahlzettel steht). Bei der Bestimmung weiterer Exekutivämter kann es auch in parlamentarischen Demokratien zu indirekten Wahlen kommen, bei denen die Elektoren in ihrer Entscheidung nicht gebunden sind. So wird in Deutschland der Bundespräsident durch die Bundesversammlung gewählt, die je zur Hälfte aus den Mitgliedern des Deutschen Bundestages und aus von den Länderparlamenten entsandten Mitgliedern besteht. Beide Gruppen sind in ihrer Wahlentscheidung grundsätzlich unabhängig. Indirekte Formen der Wahl kamen auch bei Präsident-schaftswahlen in nicht-kompetitiven oder semi-kompetitiven Kontexten zum Einsatz, wie etwa in Indonesien unter Staatschef Suharto (1965–1998) oder in Taiwan (1948–1996), sind aber auch dort heute kaum mehr anzutreffen.

Im deutschen Grundgesetz ist schließlich auch der Grundsatz einer freien Wahl verankert. Er bringt zum Ausdruck, dass „der Akt der Stimmabgabe frei von Zwang und unzulässigem Druck bleibt" (BVerfGE 44: 125), wie das Bundesverfassungsge-richt in seinem Urteil von 1977 zur Öffentlichkeitsarbeit der Bundesregierung im Bun-destagswahlkampf konkretisiert hat. Nohlen (2014: 43) zufolge ist es strittig, „ob der Grundsatz noch mehr zum Ausdruck bringt als die anderen Prinzipien schon bein-halten". Der Europarat hat in seinem Wahlrechtskodex von 2002 dem Grundsatz der freien Wahl große Bedeutung eingeräumt, und darunter insbesondere die Verpflich-tung staatlicher Behörden zur absoluten Neutralität im Wahlkampf und am Wahltag verstanden, also den Verzicht auf Verwendung öffentlicher Gelder bei der Wahlwer-bung (ähnlich dem deutschen Verfassungsgerichtsurteil von 1977), den Respekt der Vereinigungsfreiheit und eine unabhängige Berichterstattung in den öffentlichen Medien. Auch in der Konkretisierung des Europarats handelt es sich aber eher um Regeln, die die Aufrechterhaltung eines fairen Wettbewerbs zwischen Kandidaten und Parteien garantieren sollen (siehe hierzu Kapitel 3), und weniger um das Recht von Wahlbürgern, das individuell zu- bzw. aberkannt werden kann.

Ganz unabhängig davon, ob man die freie Wahl als Wahlrechtsgrundsatz oder als Merkmal eines demokratischen Wahlprozesses ansieht, steht sie nicht im Wider-spruch zur sog. Wahlpflicht. Hierunter versteht man einen verfassungsrechtlichen oder gesetzlichen Zwang zur Teilnahme an Wahlen, der zum Teil auch sanktions-bewehrt ist, d. h. bei Nichtbefolgung unterschiedliche Strafen, wie Geldbußen oder den Verlust des passiven Wahlrechts, nach sich ziehen kann. Die Wahlpflicht greift nicht in die freie Entscheidung von Wählern ein, sondern verpflichtet diese lediglich dazu, ins Wahllokal zu gehen. Die Abgabe einer ungültigen Stimme ist folglich auch bei Wahlpflicht möglich. Anders als in Deutschland, wo es keine Wahlpflicht gibt, wird diese in mehr als 20 Staaten weltweit praktiziert. Darunter finden sich einige westliche Demokratien, wie Australien, Belgien, Italien und Luxemburg, wo die Wahlpflicht seit Jahrzehnten eine große gesellschaftliche Unterstützung erfährt, aber auch viele lateinamerikanische Länder (Birch 2009). Vor dem Hintergrund einer kon-tinuierlich sinkenden Wahlbeteiligung haben sich auch in Deutschland die Stimmen in Politik und Wissenschaft gemehrt, die die Einführung einer Wahlpflicht fordern, weil sie sich davon eine steigende Wahlbeteiligung und folglich eine bessere Reprä-sentation aller Bevölkerungsschichten versprechen (z. B. Schäfer 2015). Ob es hierfür tatsächlich politische Mehrheiten und eine ausreichende gesellschaftliche Akzeptanz gibt, ist jedoch ungewiss (Klein et al. 2014).

2.2 Wahlrechtsentwicklungen in vergleichender Perspektive

Auch wenn heutzutage das allgemeine, gleiche, geheime und direkte Wahlrecht ein weltweit akzeptierter Standard für die Abhaltung von Volkswahlen ist, lohnt sich eine kurze Betrachtung seiner historischen Durchsetzung, die regional unterschiedlich verlief. Während in den westlichen Demokratien zunächst das allgemeine, dann das direkte und schließlich das geheime und gleiche Wahlrecht nacheinander verankert wurden und somit die Erweiterung des Wahlrechts ein wichtiges Merkmal der Demokratisierung der politischen Systeme war, lässt sich dies für andere Teile der Welt weit weniger konstatieren. Das allgemeine Wahlrecht resultierte dort nur zum Teil aus dem politischen Kampf gesellschaftlicher Gruppen um Mitbestimmung, sondern symbolisierte vielmehr das Prinzip der Volksherrschaft, das mit der Unabhängigkeit von Kolonialherrschaft erreicht wurde.

In den meisten europäischen Staaten erfolgte die Durchsetzung des allgemeinen Wahlrechts ab Mitte des 19. Jahrhunderts im Kontext der Industrialisierung, wobei vor allem die Arbeiterbewegung die inklusive und gleichberechtigte Teilnahme an Wahlen als Schlüssel für die Transformation von Politik und Gesellschaft ansah. Darüber hinaus fußte die zeitgleiche Gründung europäischer Nationalstaaten auf der Idee einer politischen Gemeinschaft, deren Mitglieder nicht nur für das Vaterland in den Krieg ziehen und Steuerlasten tragen, sondern auch durch (begrenzte) Formen politischer Partizipation eingebunden werden sollten. Die Durchsetzung des allgemeinen Wahlrechts war somit eine wesentliche Dimension der Demokratisierung der europäischen Regierungssysteme, indem politische Partizipationsrechte von einem zunächst in Anzahl und sozialstruktureller Zusammensetzung sehr überschaubaren Personenkreis auf die gesamte erwachsene Bevölkerung ausgedehnt wurden (Nohlen 2014: 39).

Frankreich und Großbritannien können prototypisch für unterschiedliche Entwicklungswege bei dieser Erweiterung des Wahlrechts angesehen werden. Frankreich hatte das allgemeine Männerwahlrecht bereits 1793 erstmals proklamiert und 1848 eingeführt. Im Verlauf des 19. Jahrhunderts kam es dann zu mehreren Regimewechseln, die auch mit wechselnden, teils drastischen Einschränkungen des Wahlrechts verbunden waren (hinsichtlich Mindestalter und Besitz), sodass zeitweise weniger als 1 % der Bevölkerung tatsächlich wählen durfte. Auch im Deutschen Reich erfolgte die Einführung des Männerwahlrechts 1869/1871 früher als in den meisten anderen europäischen Staaten; allerdings ging sie hier der Parlamentarisierung des politischen Systems voraus. Aus Sicht der autoritären Eliten im Kaiserreich diente die Erweiterung des Wahlrechts also der Legitimierung ihrer Herrschaft, da die Mitwirkungs- und Kontrollrechte des Reichstags beschränkt waren.

Vom allgemeinen (Männer-)Wahlrecht profitierten im Deutschen Reich zunächst die agrarisch-konservativen Interessen, auch wenn es mittelfristig wesentlich zum Aufstieg von Arbeiterparteien beitrug.

Großbritannien führte hingegen als eines der letzten europäischen Staaten erst 1918 das allgemeine Männerwahlrecht ein, lange nachdem die parlamentarische Verantwortlichkeit der Regierung erstritten worden war. Der graduelle Prozess der Wahlrechtserweiterung reflektierte einerseits den liberalen Charakter des britischen Systems, bei dem, anders als z. B. im Deutschen Reich, Veränderungen des *demos* unmittelbare Auswirkungen auf Regierungsbildung und Regierungstätigkeit haben konnten, andererseits aber auch die zögerliche Transformation der sozialen Ungleichheit in der britischen Gesellschaft.

Tabelle 2.1: Einführung des allgemeinen Wahlrechts.[4]

Land	Allgemeines Männerwahlrecht	Allgemeines Wahlrecht
Großbritannien	1918	1928
Deutschland	1869/1871	1919
Frankreich	1848	1944
USA	1870	1920
Schweiz	1848/1879	1971
Polen	1918	1918
Südafrika	1994	1994
Mexiko	1912	1954

Die Durchsetzung des Wahlrechts für Frauen folgte einer anderen Logik. Im Unterschied zum allgemeinen Männerwahlrecht ging es nicht um eine Reaktion herrschender Eliten auf Arbeiterbewegung und Kriegsmobilisierung; das Frauenwahlrecht begünstigte auch nicht den Aufstieg spezifischer Parteien. Während es in der ersten Hälfte des 19. Jahrhunderts noch undenkbar schien, Frauen das Wahlrecht zu verleihen (wobei diese Exklusion meist mit dem Verweis auf ihre fehlende gesellschaftliche und ökonomische Unabhängigkeit gerechtfertigt wurde), war es spätestens nach der Verabschiedung der Allgemeinen Menschenrechtserklärung 1948 kaum noch möglich, Frauen die gleichen politischen Rechte vorzuenthalten. Das Beispiel der Schweiz zeigt allerdings, dass es auch innerhalb Europas noch länger dauern konnte, bis das Frauenwahlrecht durchgesetzt war (siehe Tabelle 2.1). Seit Beginn des 20. Jahrhunderts waren folglich neben den politischen Veränderungen, die der Erste Weltkrieg in vielen europäischen Ländern auslöste, primär die transnationale Mobilisierung von Frauenverbänden verantwortlich für die Einführung des Frauenwahlrechts, auch wenn der genaue Zeitpunkt zumeist von den Erwartungen der

---

4 Quelle: Eigene Zusammenstellung auf Grundlage von Katz (1997) und Nohlen (2014).

jeweils regierenden Parteien über das Wahlverhalten von Frauen abhing (Przeworski 2009). Einige skandinavische Länder führten es zu Beginn des 20. Jahrhunderts ein, danach folgten Deutschland (1919) und Großbritannien (1928), während Frankreich (wie viele andere katholische Länder) erst später (1944) nachzog. Allerdings war das Frauenwahlrecht bis nach dem Zweiten Wahlkrieg zunächst oft mit restriktiveren Zulassungsvoraussetzungen verbunden (z. B. höheres Mindestalter).

Die Einführung des allgemeinen Wahlrechts in den Entwicklungsländern variierte nach Kontinenten, Typen der Kolonialherrschaft und dem Zeitpunkt der Dekolonisation.

Die Länder Lateinamerikas, die bereits in der ersten Hälfte des 19. Jahrhunderts unabhängig geworden waren, folgten am stärksten dem oben beschriebenen europäischen Muster. Einige Staaten wie Uruguay, Argentinien und Kolumbien führten das allgemeine Männerwahlrecht bereits kurz nach der Unabhängigkeit ein, andere erst im Lauf des 20. Jahrhunderts. Allerdings war es an hohe Einkommensgrenzen und an Bildungsstatus geknüpft, sodass nur einem relativ kleinen Teil der Bevölkerung tatsächlich die Teilnahme an Wahlen offenstand. Auch nach Abschaffung der wichtigsten Einkommensgrenzen wurden z. B. in Brasilien noch abhängig Beschäftigte, Bettler und Rekruten vom Wahlrecht ausgeschlossen. Vom Bildungszensus waren in besonderer Weise indigene Gruppen betroffen (die etwa in Bolivien bis zu 60 % der Bevölkerung ausmachten). Während Frauen in Brasilien bereits seit 1932 wählen durften, wurde der Bildungszensus, der Analphabeten vom Wahlrecht ausschloss, erst mit der Redemokratisierung 1988 abgeschafft. Dadurch erhielt ungefähr ein Fünftel der brasilianischen Bevölkerung das Wahlrecht (Kellam 2013). Dies gilt in ähnlicher Weise für viele andere lateinamerikanische Länder, nicht aber für Mexiko, wo es keinen Bildungszensus bei Wahlen gab. In der mexikanischen Verfassung von 1857 war bereits ein allgemeines, aber indirektes Wahlrecht verankert worden. Seit 1912 wurden Präsident und Parlament in direkter Wahl bestimmt. 1954 wurde schließlich das Frauenwahlrecht eingeführt.

Auf den anderen Kontinenten des globalen Südens, wo die Entkolonialisierung später erfolgte, wurde das allgemeine Wahlrecht fast immer in einem einzigen Schritt – meist kurz vor der Unabhängigkeit – eingeführt, und zwar gleichermaßen für Männer wie Frauen, und ohne zusätzliche Einschränkungen bei Einkommen und Bildungsstand. Dies gilt für große Teile Asiens und Sub-Sahara Afrikas, den Südpazifik und die englischsprachige Karibik. Eine Ausnahme bilden Teile der arabischen Welt, in denen Monarchien ohne Volkswahlen fortbestanden und -bestehen, oder Frauen das Wahlrecht erst mit starker zeitlicher Verzögerung eingeräumt wurde (Jordanien 1984, Kuwait 2005). Die zweite Ausnahme waren die ehemaligen Siedlerkolonien im südlichen Afrika, in denen der schwarzen Bevölkerungsmehrheit das Wahlrecht über viele Jahre vorenthalten wurde. Erst nach Überwindung der Apartheid in Namibia (1989) und Südafrika (1994) wurde dort das allgemeine Wahlrecht eingeführt. In Zimbabwe galt in den ersten Jahren nach der Unabhängigkeit (1980) ein ungleiches Wahlrecht, bei dem der weiße Bevölkerungsteil einen stark überproportionalen Anteil von 20 %

der Sitze im Parlament wählen durfte. Erst seit 1990 gilt auch dort das allgemeine und gleiche Wahlrecht.

In Mittel- und Osteuropa war die Wahlrechtsentwicklung durch andere historische Besonderheiten geprägt. Viele dieser Länder erlangten nach dem Ersten Weltkrieg die Unabhängigkeit und führten zu diesem Zeitpunkt auch das allgemeine Wahlrecht ein, in einigen Fällen, wie in Polen, Ungarn und den baltischen Staaten, auch für Frauen. Nach dem Zweiten Weltkrieg galt dann in der sowjetischen Einflusssphäre das allgemeine Wahlrecht für Männer und Frauen, wobei der anfängliche Ausschluss bestimmter Gruppen (z. B. deutsche Minderheiten oder Angehörige der politischen Opposition) bald wegfiel. Trotz des allgemeinen Wahlrechts wurden in den sozialistischen Systemen Mittel- und Osteuropas bis 1989 allerdings nur nichtkompetitive bzw. semi-kompetitive Wahlen abgehalten.

Dieser kursorische Überblick zeigt, dass es unterschiedliche Pfade der Wahlrechtserweiterung gegeben hat und die Einführung des allgemeinen Wahlrechts keineswegs überall eine hinreichende Bedingung für Demokratisierung bildete, wie dies in Westeuropa der Fall war. Zwar gleicht die Entwicklung in einigen lateinamerikanischen Staaten dem europäischen Muster, bei dem die herrschenden Eliten vor dem Hintergrund gesellschaftlicher und ökonomischer Veränderungen eher widerwillig und in mehreren Etappen einer Erweiterung des Wahlrechts zustimmten. In Lateinamerika blieb diese formale Vergrößerung der Wahlbevölkerung aber über Jahrzehnte hinweg quantitativ unbedeutend und führte in den meisten Fällen weder zum Aufstieg von Arbeiterparteien noch zu einer Demokratisierung der politischen Regime, sondern trug vielmehr über lange Zeit zur Stabilisierung von Militärherrschaft und zivil-autoritären Regierungen bei. Zugleich blieb die sozioökonomische Entwicklung vieler lateinamerikanischer Staaten von der Persistenz klientelistischer Strukturen geprägt, durch die die soziale Ungleichheit zementiert und die Ausübung des Wahlrechts durch breitere Bevölkerungsteile konterkariert wurde. Am ehesten wäre in Lateinamerika noch ein Zusammenhang zwischen der Redemokratisierung seit den frühen 1980er-Jahren und der Erweiterung des Wahlrechts auf Analphabeten zu sehen. Dass etwa in Bolivien 2005 mit Evo Morales ein Mitglied der indigenen Bevölkerung zum Präsident gewählt werden konnte, wäre ohne die formale Vervollständigung des allgemeinen Wahlrechts unmöglich gewesen.

In großen Teilen Asiens und Afrikas war die Einführung des allgemeinen Wahlrechts dagegen primär ein Symbol für die Dekolonisation und die Realisierung der Volksherrschaft, daher wurde es auch ohne Einschränkungen gewährt. Der Kolonialismus hatte Willkürherrschaft etabliert, und Traditionen der Gewaltenteilung und der Rechtsstaatlichkeit konnten folglich kaum entstehen. Anfänge eines Parteienpluralismus entwickelten sich zumeist erst in der Endphase der Kolonialherrschaft. Die mehr oder minder gleichzeitige Etablierung verfassungsstaatlicher Prinzipien und des allgemeinen Wahlrechts stellte daher eine grundlegend andere Ausgangssituation dar als in Europa, was wiederum für die Demokratisierung der jeweiligen

Regierungssysteme mit großen Herausforderungen verbunden war. Das allgemeine Wahlrecht wurde daher in vielen der neuen Staaten ohne eingespielte Strukturen des politischen Wettbewerbs und intermediäre Organisationen schnell zu einem plebiszitären Instrument in der Hand der Herrschenden und vermochte keine Impulse für eine dauerhafte Demokratisierung der politischen Systeme zu setzen. Sofern sich die Regime später demokratisierten, hing dies, vom Sonderfall Südafrika einmal abgesehen, nicht mit einem mehr oder weniger inklusiven Wahlrecht zusammen. Auch in den sozialistischen Staaten war das allgemeine Wahlrecht bis 1989 gleichsam perfekt institutionalisiert, ohne dass die Regime dadurch demokratisch geworden wären.

2.3 Aktuelle Reformdiskussionen

Auch wenn formale Einschränkungen des allgemeinen Wahlrechts weltweit immer seltener sind, ist seine tatsächliche Inanspruchnahme in manchen Ländern des globalen Südens mit diversen wahlorganisatorischen Problemen verbunden, auf die im nächsten Kapitel näher eingegangen wird. Aber auch in den etablierten Demokratien bleibt das individuelle Wahlrecht ein politisches Thema. Vor dem Hintergrund eines andauernden sozialen Wandels über Gesellschaftsgrenzen hinweg wird im Bemühen, die Qualität der Demokratie zu verbessern, auch über Erweiterungen des Wahlrechts kontrovers diskutiert. Im Mittelpunkt steht dabei zum einen die Senkung des Wahlalters und zum anderen die Verleihung des Wahlrechts an Migranten und im Ausland lebende Staatsbürger.

Hinsichtlich des Wahlalters gibt es immer wieder Forderungen nach einer weiteren Absenkung, wie dies in Deutschland bei Kommunal- und Landtagswahlen schon teilweise der Fall ist (siehe Tabelle 2.2). In Österreich wurde 2007 das Wahlalter auch für die Bundesebene von 19 auf 16 Jahre verringert. Das Hauptargument dafür ist, dass sich die politische Urteilsfähigkeit von Jugendlichen verändert hat und diese ab einem bestimmten Alter auch in anderen Lebensbereichen Erwachsenen gleichgestellt sind, also einem Beruf nachgehen, Steuern zahlen und bei Vergehen strafrechtlich belangt werden. Daneben spielen politische Kalküle „progressiver" Parteien eine Rolle, die sich überdurchschnittlichen Zuspruch bei Jugendlichen erhoffen; in Deutschland sind dies insbesondere Bündnis 90/Grüne und die Piratenpartei, aber auch die SPD. Bei anderen Parteien trifft die Herabsetzung des Wahlalters auf mehr oder minder große Skepsis. So wurde ein Antrag von SPD und Grünen im Deutschen Bundestag, das Wahlalter bei Bundestags- und Europawahlen auf 16 Jahre zu senken, im Juli 2013 abgelehnt. Die Einführung des Wahlrechts für Jugendliche in Hessen, das die dortige rot-grüne Regierung 1998 beschlossen hatte, wurde direkt nach dem Machtwechsel 1999 von der CDU-FDP-Regierung wieder rückgängig gemacht.

Tabelle 2.2: Einführung des Wahlrechts für 16-Jährige in den deutschen Ländern.[5]

Land	Landtagswahlen	Kommunalwahlen
Baden-Württemberg	–	2013
Bayern	–	–
Berlin	–	2005
Brandenburg	2012	2011
Bremen	2011	2007
Hamburg	2013	2013
Hessen	(1998–1999)	–
Mecklenburg-Vorpommern	–	1999
Niedersachsen	–	1996
Nordrhein-Westfalen	–	1999
Rheinland-Pfalz	–	–
Saarland	–	–
Sachsen	–	–
Sachsen-Anhalt	–	1998
Schleswig-Holstein	2013	1998
Thüringen	–	–

Ein weiteres Argument für eine Absenkung des Wahlalters lautet, dass der demografische Wandel zu einer Situation führt, in der immer mehr ältere Menschen einen übergroßen Einfluss auf politische Entscheidungen haben (es gibt ja kein „Maximalalter" für eine Wahlteilnahme); dies gelte es durch eine Wahlrechtserweiterung für ältere Jugendliche auszugleichen. Auch sei durch die frühe Sensibilisierung und politische Aktivierung bereits im Schulalter eine dauerhafte Steigerung der Wahlbeteiligung zu erreichen. Angesichts der Altersstruktur in Deutschland würde die Wahlbevölkerung durch eine Absenkung des Wahlalters auf 16 Jahre allerdings nur um ca. 3 % ansteigen. Wenn man diesen Gedanken konsequent weiterverfolgt, würde es darauf hinauslaufen, auch ein Wahlrecht für Kinder zu fordern. Mit dieser Frage hat sich der Deutsche Bundestag ebenfalls schon befasst. Ein fraktionsübergreifender Antrag auf Einführung des Kinderwahlrechts wurde 2008 mit großer Mehrheit abgelehnt. In dieser Debatte werden unterschiedliche institutionelle Modelle diskutiert. Entweder sollten Eltern das Wahlrecht für ihre Kinder mitausüben (was allerdings dem Verfassungsgrundsatz der direkten Wahl widersprechen würde). Alternativ könnten Kinder altersabhängig ein Teilstimmrecht erhalten (also mit zwölf Jahren z. B. 1/7), das sich bis zum 18. Lebensjahr auf eine ganze Stimme vervollständigt, oder sie könnten in jedem Jahrgang in einem landesweiten Wahlbezirk einen oder mehrere Kinder-Abgeordnete wählen (Rehfeld 2011).

In historisch und international vergleichender Perspektive hatte eine Absenkung des Mindestalters unter die Schwelle der Volljährigkeit indes nicht immer den Zweck,

---

5 Quelle: Eigene Zusammenstellung.

durch inklusivere Partizipation auch demokratisierend zu wirken. Unterschiedliche
autoritäre Regime haben in der z. T. radikalen Herabsetzung des Wahlalters ein Mittel
gesehen, die politische Partizipation und damit auch Legitimitätszufuhr für ihre Herrschaft zu erhöhen. Dies galt für viele sozialistische Systeme (z. B. Nordkorea, Nicaragua oder Kuba), aber auch für die Philippinen, wo Präsident Marcos nach seiner
Machtübernahme 1973 das Wahlalter von 21 Jahren auf 15 Jahre absenkte und damit
die Zahl der registrierten Wähler fast verdoppelte. Mit der Rückkehr zur Demokratie
und einer neuen Verfassung wurde das Wahlalter 1987 wieder auf 18 Jahre erhöht.
Ausgangspunkt solcher Senkungen des Wahlalters war gerade nicht die Idee einer
früher einsetzenden politischen Mündigkeit, sondern die einfachere Beeinflussbar-
keit der jugendlichen Wähler bzw. deren mehrheitliche Begeisterung für revolutionäre
Bewegungen. Aus ähnlichen Motiven wurde im Iran nach der islamischen Revolution
1979 das Wahlalter von 20 auf 15 Jahre gesenkt; seit 1999 dürfen dort alle Bürger ab 16
Jahren an nationalen Wahlen teilnehmen.

Neben der Diskussion um das Wahlalter, in der es um veränderte Wahrnehmungen
der für eine Teilnahme an Wahlen notwendigen Kompetenzen geht, sind unterschiedliche Vorstellungen von politischer Gemeinschaft Ausgangspunkt für Debatten um ein
Wahlrecht für Einwanderer bzw. für Auslandsbürger. In den letzten Jahrzehnten hat
weltweit die Zahl von Migranten zugenommen, die sich dauerhaft in einem anderen
Staat niederlassen, aber dennoch ihre ursprüngliche Staatsbürgerschaft behalten. Für
das Wahlrecht ergibt sich daraus eine doppelte Herausforderung (Bauböck 2005). Zum
einen stellt sich die Frage, ob Einwanderer in ihrer neuen Heimat, in der sie dauerhaft
leben, arbeiten und Steuern zahlen, auch einen Anspruch auf Mitwirkung an der politischen Entscheidungsfindung haben sollten, unabhängig von ihrer Staatsangehörigkeit. Diese Frage betrifft hauptsächlich die Zielländer von Migration. Zum anderen
muss entschieden werden, ob die gleichen Einwanderer in ihrer alten Heimat, deren
Staatsbürger sie bleiben, das Wahlrecht behalten sollen, und wenn ja, unter welchen
Bedingungen. Diese Frage betrifft also hauptsächlich die Entsendeländer.

Das Wahlrecht für „ausländische Mitbürger" bleibt insgesamt eine große Ausnahme. Es besteht seit 1992 innerhalb der Europäischen Union bei kommunalen
Wahlen für alle Bürger anderer EU-Staaten. Bei nationalen Wahlen existiert ein solches
Wahlrecht weltweit nur in wenigen Sonderfällen (z. B. Neuseeland). Allerdings stellt
sich gerade für Staaten, in denen die Einbürgerung erschwert ist, durchaus die Frage,
mit welchen Argumenten den seit vielen Jahren im Land lebenden Ausländern die
Mitwirkung an Wahlen verwehrt wird. Vor diesem Hintergrund haben einige europäische Länder auch Nicht-EU-Ausländern das Wahlrecht bei Kommunalwahlen zugestanden, allerdings mit z. T. recht langen Übergangsfristen. In der deutschen Debatte
haben Grüne und SPD wiederholt ein Wahlrecht für alle Ausländer gefordert, die mindestens seit fünf Jahren in Deutschland leben. Entsprechende Forderungen wurden
jedoch bereits 1989 vom Bundesverfassungsgericht gestoppt.

Das Wahlrecht für im Ausland lebende Staatsbürger ist erst in den letzten beiden
Jahrzehnten in den Mittelpunkt der politischen Debatte gerückt. Ausgangspunkt war

entweder der Wunsch der Auslandsbürger bzw. ihrer Lobby-Gruppen, durch Wahlen weiterhin am politischen Leben ihrer Heimat zu partizipieren, oder das Anliegen der Heimatregierungen, die Verbindung zu der Diaspora aufrechtzuerhalten und deren Loyalität und Verbundenheit mit dem Heimatland durch entsprechende politische Mitwirkungsrechte zu stärken. Gerade die Regierungen armer Länder sehen in Migranten, die sich in wohlhabenderen Ländern niedergelassen haben, auch eine bedeutsame ökonomische Ressource. Das Wahlrecht für Auslandsbürger wäre demnach Bestandteil einer gezielten Diasporapolitik (Caramani/Grotz 2015; Hartmann 2015).

Beim Wahlrecht für Auslandsbürger sind viele normative, aber auch technische Fragen zu klären. Dies betrifft insbesondere die organisatorischen Modalitäten, unter denen das Wahlrecht wahrgenommen werden kann (z. B. durch Briefwahl oder Stimmabgabe in Botschaften), das dabei zur Anwendung kommende Wahlsystem (z. B. Zuordnung der Auslandsbürger zu inländischen Wahlkreisen) sowie die Frage, an welchen Wahlen Auslandsbürger teilnehmen dürfen (z. B. nur an Präsidentschaftswahlen oder an allen nationalen und subnationalen Wahlen). Für Staaten, die relativ viele im Ausland lebende Bürger haben, stellt sich zusätzlich das Problem, wie das Gewicht der „ausländischen" Stimmen im Vergleich zu den auf dem Staatsgebiet abgegebenen Stimmen kontrolliert werden kann. Denn wenn das Votum der Auslandsbürger das „inländische" Wahlergebnis entscheidend beeinflusst oder gar auf den Kopf stellt, könnte dies die gesellschaftliche Akzeptanz demokratischer Wahlen untergraben. Eine Möglichkeit zur Lösung dieses Problems, die etwa in Frankreich genutzt wird (siehe die Fallbeschreibung im Anhang), besteht in der Einrichtung einer begrenzten Anzahl von Parlamentssitzen, die ausschließlich von Auslandsbürgern gewählt werden. Dadurch werden die speziellen Interessen von im Ausland lebenden Bürgern institutionell hervorgehoben und tendenziell verstärkt, zugleich aber auch der Einfluss, den ihre Stimmen auf den „internen" Wahlausgang nehmen können, von vornherein begrenzt.

Weiterführende Aufgaben

Deutschland

Vehrkamp, R./Im Winkel, N./Konzelmann, L. (2015). *Wählen ab 16. Ein Beitrag zur nachhaltigen Steigerung der Wahlbeteiligung*. Gütersloh: Bertelsmann Stiftung, insbesondere 12–51 (http://www.ljrberlin.de/sites/default/files/Studie_Waehlen_ab_16_2015.pdf (letzter Aufruf: 02.03.2016)).

Die Studie der Bertelsmann Stiftung untersucht sowohl unter Verweis auf die Erfahrungen in Österreich und einzelnen Bundesländern als auch unter Verwendung von Simulationsrechnungen mögliche Effekte einer Absenkung des Wahlalters auf die zukünftige Wahlbeteiligung in Deutschland.

1. Warum ist nach Ansicht der Autoren eine Absenkung des Wahlalters zentral für die Stabilisierung der Wahlbeteiligung auf dem bisherigen Niveau?
2. Unter welchen Rahmenbedingungen kann die Absenkung des Wahlalters die Wahlbeteiligung erhöhen?

Großbritannien

Nuscheler, F. (1969). Großbritannien, in: Sternberger, D./Vogel, B. (Hrsg.): *Die Wahl der Parlamente.*
Bd. I: Europa. Berlin/New York: de Gruyter, 605–650.

Der erste Teil des Handbuchbeitrags gibt einen komprimierten Überblick über die Wahlrechtsentwicklung im Vereinigten Königreich bis Mitte der 1960er-Jahre.

1. Was waren die zentralen Wegmarken bzw. Entwicklungsphasen der britischen Wahlrechtsentwicklung?
2. Was waren die wichtigsten Gründe dafür, das Wahlrecht sukzessiv auf alle erwachsenen Bürger zu erweitern?

Frankreich

Collard, S. (2013). The Expatriate Vote in the French Presidential and Legislative Elections of 2012:
A Case of Unintended Consequences. *Parliamentary Affairs* 66(1): 213–233.

Am Beispiel der gleichzeitig durchgeführten Präsidentschafts- und Parlamentswahlen in Frankreich diskutiert der Text die Erwartungen der politischen Parteien sowie das tatsächliche Wahlverhalten der Auslandsfranzosen.

1. Unter welchen institutionellen Rahmenbedingungen nahmen Auslandsfranzosen an den Parlamentswahlen teil?
2. Wie erklärt der Aufsatz die Dynamik des Wahlverhaltens der Auslandsfranzosen? Welche Herausforderungen ergeben sich daraus für zukünftige Wahlen?

Polen

Klokočka, V./Ziemer, K. (1986). Wahlen, in: Ziemer, K. (Hrsg.): *Sozialistische Systeme. Politik –
Wirtschaft – Gesellschaft* (= Wörterbuch zur Politik Bd. 4). München: Piper, 531–538.

Der Handbuchbeitrag stellt die rechtlichen und politischen Grundlagen von Wahlen im sozialistischen Ostblock bis Mitte der 1980er-Jahre dar.

1. Welche Funktionen hatten Wahlen für die sozialistischen Regierungssysteme und wie war dort das Wahlrecht ausgestaltet?
2. Inwiefern nahm hier Polen im Vergleich zu den anderen sozialistischen Systemen eine Sonderstellung ein?

Mexiko

Lafleur, J.-M. (2013). *Transnational Politics and the State. The External Voting Rights of Diasporas.*
London: Routledge, 50–73 und 133–148.

In seinem Buch untersucht Lafleur die Ursachen und politische Bedeutung des Wahlrechts für Auslandsbürger in Mexiko und Italien.

1. Welche Ursachen lagen der Erweiterung des Wahlrechts in Mexiko zugrunde?
2. Welches Gewicht hatte das Auslandswahlrecht für den politischen Prozess und parteipolitischen Wettbewerb in Mexiko?

Südafrika

Nugent, P. (2004). *Africa Since Independence*. Houndmills/New York: Palgrave, 294–318 und 430–433.

Nugent diskutiert zunächst die Genese und Funktionsweise des Apartheidsystems und skizziert in dem zweiten kurzen Abschnitt deren Überwindung, die 1994 in die ersten demokratischen Wahlen in Südafrika mündete.

1. Welche Rolle spielte die Verweigerung des Wahlrechts für die nicht-weiße Bevölkerung für die Funktionsweise des Apartheid-Staats?
2. Welche Konsequenzen könnte die langjährige Praxis der Apartheid für die Ausübung des Wahlrechts in Südafrika nach 1994 haben?

3 Organisation und Qualität kompetitiver Wahlen

Das wissenschaftliche wie politische Interesse für die administrativen Rahmenbedingungen der Durchführung von Wahlen ist noch relativ jung. Sein Ursprung lässt sich relativ genau auf das Ende des Ost-West-Konflikts und die frühen 1990er-Jahre datieren. Damals kam es sowohl zu einem deutlichen Anstieg *internationaler Wahlbeobachtungsmissionen* als auch zur *Herausbildung internationaler Normen*, mit denen einerseits die Präsenz internationaler Wahlbeobachter legitimiert und andererseits Standards für die Beobachtung und Bewertung von Wahlen begründet wurden (Kapitel 3.1). Erst mit einiger Verzögerung setzte eine wissenschaftliche Diskussion über die administrativen Rahmenbedingungen und deren Relevanz für die *„demokratische Qualität" von Wahlen* ein (Kapitel 3.2). Im nun folgenden Kapitel werden diese unterschiedlichen, aber miteinander verknüpften Dimensionen einer „guten" Wahl erörtert.

3.1 Standards einer „guten" Wahl

3.1.1 Wahlbeobachtung

Dass Wahlen durch internationale Organisationen beobachtet werden, ist eine Entwicklung der jüngeren Zeit. Vor dem Ende des Ost-West-Konflikts gab es zwar immer wieder einzelne Regierungen, die sich gerade im Vorfeld von umstrittenen Wahlen bei den Vereinten Nationen (UN) oder der Organisation Amerikanischer Staaten (OAS) meldeten und um Entsendung einer Beobachtermission baten. Während die UN diese Anfragen unter Verweis auf fehlende Kapazitäten und die Souveränität der Mitgliedstaaten grundsätzlich ablehnten, engagierte sich die OAS seit den 1960er-Jahren in einigen Ländern (Hyde 2011: 18). Erst seit Ende der 1980er-Jahre stieg die Anzahl der Wahlbeobachtungsmissionen deutlich an, insbesondere in vielen Staaten Lateinamerikas, Asiens, Osteuropas und Afrikas, die gerade ihre autoritären Regime geöffnet hatten, wobei Wahlen eine Schlüsselrolle zukam. Waren bis 1989 nur ungefähr 10 % aller Wahlen in diesen Ländern von internationalen Organisationen beobachtet worden, stieg dieser Anteil binnen weniger Jahre auf mehr als 50 % und bis 2010 auf 85 % (Kelley 2012: 17).

Die neuen Demokratien standen von Anfang an im Mittelpunkt des Interesses der Wahlbeobachter, denn in den etablierten Demokratien waren die Modalitäten der Durchführung von Wahlen seit Jahrzehnten auch ohne ausländische Beobachtung nicht angezweifelt worden, und in den Autokratien lohnte sich die detaillierte Beobachtung von Wahlen nicht, weil ihnen dort keine zentrale Bedeutung zukam. Ende der 1980er-Jahre begannen jedenfalls unterschiedliche internationale Organisationen damit, Expertise in diesem Bereich aufzubauen, d. h. rechtliche und

DOI 10.1515/9783486855401-004

institutionelle Voraussetzungen für die Entsendung von Wahlbeobachtern zu schaffen. Hierzu gehörte die Konferenz für Sicherheit und Zusammenarbeit in Europa (KSZE), die im Oktober 1989 die Möglichkeit von Wahlbeobachtung beschloss und deren Mitgliedsländer sich seit Juni 1990 verpflichteten, bei ihren nationalen Wahlen internationale Beobachter grundsätzlich zu akzeptieren. Im November 1990 richtete die KSZE ein „Büro für freie Wahlen" ein. Ein Jahr zuvor hatte die OAS offiziell beschlossen, Wahlbeobachtungsmissionen in diejenigen Mitgliedsländer zu senden, die dies wünschten, und auch in dieser Organisation wurde bald eine Unterabteilung für Demokratieförderung geschaffen. Anders als bei der KSZE, die sich 1995 in Organisation für Sicherheit und Zusammenarbeit in Europa (OSZE) umbenannte, erfolgte hier keine Selbstverpflichtung zur Einladung von Wahlbeobachtern, weil eine Reihe lateinamerikanischer Staaten fürchtete, Wahlbeobachtung könnte als Vorwand für militärische Interventionen (der USA) dienen (Kelley 2012: 19).

Beobachtung und Überprüfung von Wahlen kamen und kommen nur zustande, wenn die Regierung des Landes, in dem Wahlen abgehalten werden, der Durchführung einer Mission ausdrücklich zustimmt, d. h. eine Einladung ausspricht, und wenn es Organisationen gibt, die auch bereit sind, die Wahl zu beobachten. Diese Bereitschaft könnte beispielsweise nicht vorhanden sein, wenn die Voraussetzungen für eine freie und faire Wahl fehlen und die Beobachter nur eine offensichtliche Manipulation feststellen könnten und damit in Gefahr geraten, von der gastgebenden Regierung politisch instrumentalisiert zu werden.

Die Modalitäten der internationalen Wahlbeobachtung variieren stark. Internationale Organisationen beobachten in aller Regel Wahlen in ihren Mitgliedstaaten (allein die EU entsendet ihre Beobachtermissionen nur in Drittstaaten), während nicht-staatliche Organisationen einen regionalen oder universalen Aktionsradius haben (wie z. B. die *International Foundation for Electoral Systems*, IFES). Bei insgesamt erheblicher Varianz in Umfang und Dauer umfasst eine internationale Mission in der Regel zwischen 50 und 100 Beobachter, die zwei bis vier Wochen im Land sind. Ihr Mandat reicht von der Beobachtung des eigentlichen Wahlaktes (in ausgewählten Wahllokalen) über die Observierung der medialen Berichterstattung im Wahlkampf, der rechtlichen und administrativen Wahlvorbereitungen und gerichtlicher Einsprüche bis hin zur Ausbildung lokaler Wahlhelfer. Allen Missionen gemein ist die grundsätzliche Annahme, dass die Beobachter unparteiisch sind.

In der Forschung bleibt umstritten, wie das Aufkommen und vor allem die weltweite Durchsetzung des Prinzips der Wahlbeobachtung erklärt werden können. In früheren Demokratisierungswellen hatte es keine Nachfrage nach Wahlbeobachtung gegeben. Zunächst war man davon ausgegangen, dass Staaten, die eine entsprechende Einladung aussprechen, damit nur zugeben würden, dass ihren Wahlen die nötige Legitimität fehlte, und die Bevölkerung ein Ergebnis nur dann akzeptieren würde, wenn ausländische Kontrolleure dies verifiziert hätten. Schließlich gab es auch in den etablierten Demokratien keine Wahlbeobachtung. Da in vielen Staaten die Machthaber zwar Wahlen abhielten, zugleich aber versuchten, den Wahlprozess zu ihren Gunsten zu beeinflussen, war zudem die Einladung von Wahlbeobachtern mit dem erheblichen Risiko verbunden, dass diese Missstände aufgedeckt und ans Licht der internationalen Öffentlichkeit gebracht würden.

Trotzdem wurde Wahlbeobachtung seit den 1990er-Jahren zu einem universellen Phänomen, d. h. in allen Teilen der Welt wurden nun Wahlen international beobachtet, nicht nur in Europa und Lateinamerika. Die US-Regierung, aber auch Nicht-Regierungsorganisationen aus den USA wie das *National Democratic Institute* (NDI) und das *International Republican Institute* (IRI) nahmen dabei anfangs eine zentrale Rolle ein. Zugleich gab es auch in den Ländern des Südens eine stärkere Nachfrage nach Wahlbeobachtung, weil sich reformorientierte Regierungen davon einen Legitimitätsgewinn im In- und Ausland versprachen oder Oppositionsbewegungen ihre Anerkennung des Wahlergebnisses von der Präsenz internationaler Wahlbeobachter abhängig machten.

Westliche Demokratien fühlten sich nach dem Wegfall des Ost-West-Konflikts freier, auch in „befreundeten" Staaten des Südens auf die Einhaltung demokratischer Grundregeln zu pochen. Wichtiger noch war die allgemeine Aufweichung des Souveränitätsprinzips im Kontext des internationalen Menschenrechtsschutzes, bei dem sich Staaten externer Kontrolle ihrer inneren Angelegenheiten unterwarfen (Kelley 2012). Da die Teilnahme an Wahlen auch als grundlegendes politisches Recht international verankert war (siehe Kapitel 3.1.2), ergab sich für Organisationen wie die OSZE oder die UN ein Mandat, die Einhaltung dieser Rechte zu überprüfen. Schließlich fiel seit den 1980er-Jahren den Vereinten Nationen im Rahmen der Beendigung von Gewaltkonflikten durch internationale Friedenseinsätze die Aufgabe zu, Wahlen selbst zu organisieren (Namibia 1989) oder deren Durchführung zu kontrollieren (Nicaragua 1987, Haiti 1990, Mosambik 1994). Dies waren sicherlich außergewöhnliche Umstände, die gleichwohl zu mehreren Resolutionen der UN-Generalversammlung führten, in denen die Bemühungen der UN um eine Unterstützung der Wahlprozesse der Mitgliedsländer legitimiert wurden und der Aufbau eigener institutioneller Kapazitäten befürwortet wurde. Im Verlauf der nächsten Jahre rückte dann auch auf UN-Ebene die internationale Verantwortung für die Garantie politischer Rechte und freier Wahlen neben den traditionellen Respekt nationaler Souveränität.

Schließlich begannen auch diejenigen Regierungen Wahlbeobachter einzuladen, deren Willen zur Durchführung freier und fairer Wahlen generell bezweifelt wurde (wie etwa Äthiopien, Zimbabwe oder Jemen). Sie taten dies vermutlich, weil angesichts der stark gestiegenen Zahl an internationalen Wahlbeobachtungen eine Verweigerungshaltung zunehmend als Beleg für Täuschungsabsicht und „gestohlene Wahlen" interpretiert wurde. Diese veränderte Konstellation stellte jedoch auch die Wahlbeobachter vor neue Herausforderungen. Angesichts eines fehlenden Willens zur Durchführung freier und fairer Wahlen kam es nämlich entweder zu einer stark selektiven Einladungspolitik (nur diejenigen Beobachter wurden ins Land gelassen, die keine unabhängige bzw. kritische Position formulieren würden) oder zu immer raffinierteren Täuschungsversuchen, die für die ausländischen Beobachter, die ja nur kurzfristig im Land waren, kaum mehr zu erkennen waren.

Vor diesem Hintergrund hatte die Verstetigung internationaler Wahlbeobachtungsmissionen seit Mitte der 1990er-Jahre mehrere Konsequenzen. Erstens führte sie schrittweise zu einer Professionalisierung und gezielteren Auswahl der Wahlbeobachter sowie zur Etablierung spezieller Institutionen (in Deutschland etwa das 2002 gegründete Zentrum für Internationale Friedenseinsätze (ZIF) in Berlin). Einige internationale Organisationen, wie die OSZE oder der Europarat, formalisierten ihre Standards und Richtlinien für die Wahlbeobachtung. Die OSZE beobachtete z. B. bis Oktober 2015 insgesamt 300 Wahlen, während die Vereinten Nationen sich eher auf die Finanzierung und logistische Unterstützung von Beobachtungsmissionen verlegten und deren Durchführung dann den jeweiligen Regionalorganisationen wie der Afrikanischen Union (AU) und der OAS überließen. 2005 wurde unter UN-Ägide die *Declaration of Principles for International Election Observation* verabschiedet, in der ein Basiskonsens über Mandatierung und Verhalten von internationaler Beobachtung festgehalten wurde. Allerdings wurden darin keine substanziellen Kriterien verankert, anhand derer Wahlen als frei und fair hätten beurteilt werden können.

Zweitens beförderte die internationale Wahlbeobachtung die Entwicklung entsprechender nationaler Organisationen und Initiativen, die zumeist sehr viel bessere Möglichkeiten haben, Mängel bei der Durchführung von Wahlen aufzuspüren und öffentlich zu machen, z. B. durch Kenntnis der lokalen Sprachen und ihre dauerhafte Präsenz vor Ort. In Zimbabwe, einem afrikanischen Land mit einer Vielzahl höchst umstrittener Wahlen, konnte etwa bei den Präsidentschaftswahlen 2008 ein Wahlbetrug durch die regierende Partei verhindert werden, indem lokale Aktivisten die an allen Wahlbüros ausgehängten Ergebnisse mit Mobiltelefonen fotografierten. Durch eine parallele Auszählung dieser Ergebnisse konnte die zuvor stets bei der Aggregation der offiziellen Resultate vorgenommene Fälschung durch die Regierungspartei ZANU-PF verhindert werden. Westliche Wahlbeobachter waren von Staatspräsident Robert Mugabe übrigens nicht eingeladen worden, wohl aber verschiedene afrikanische Organisationen sowie China (EISA 2008: 49).

Heutzutage werden schätzungsweise mehr als 80 % aller Wahlen weltweit international beobachtet. Mit Blick auf autoritäre Staaten halten zumindest die westlichen Demokratien Wahlbeobachtung nicht länger für ein sinnvolles Instrument, um eine bessere Qualität der Wahlen von außen zu erzwingen. Die Wahlbeobachtung entfällt auch überall dort, wo sich Wahlprozesse im Rahmen der Konsolidierung der Demokratie soweit institutionalisiert haben, dass eine internationale Beobachtung als verzichtbar angesehen wird. Im letzten Jahrzehnt sind allerdings auch in den etablierten Demokratien vor dem Hintergrund umstrittener wahlorganisatorischer Rahmenbedingungen die Möglichkeit und Sinnhaftigkeit einer internationalen Beobachtung neu thematisiert worden. Die OSZE hat seit 2002 Beobachter auch zu nationalen Wahlen in die USA, nach Großbritannien, Frankreich, Belgien, Niederlande, Kanada und Deutschland entsandt (Schmedes 2010).

3.1.2 Internationale Rechtsstandards

Der Aufstieg internationaler Wahlbeobachtungsmissionen wurde von Anfang an von heftigen Kontroversen begleitet über die Kriterien, die bei der Überprüfung und Bewertung von Wahlen anzulegen sind. Dabei war es naheliegend, nach rechtlichen Standards zu suchen, die auch von den einladenden Staaten als bindend anzuerkennen waren. Es zeigte sich jedoch schnell, dass das Völkerrecht keine expliziten Standards zur Beurteilung der Qualität von Wahlen bereitstellt (Fox 1992; Franck 1992; Boda 2005).

Vor diesem Hintergrund haben Organisationen wie die OSZE zunächst eine Reihe von Richtlinien und Handbüchern erarbeitet, denen aber keine oder eine nur sehr eingeschränkte Verbindlichkeit zukommt. Hierzu gehören die *Commitments for Democratic Elections in OSCE Participating States*, zu denen sich die Mitgliedstaaten verpflichten und die als Grundlage für die Beobachtermissionen der OSZE bzw. ihres *Office for Democratic Institutions and Human Rights* (ODIHR) fungieren (OSZE 2003). Die EU hat ein *Compendium of International Standards for Elections* (mit grundlegenden Kriterien, European Commission 2008a) sowie das *European Commission Handbook for European Union Election Observation* (mit prozeduralen Standards, European Commission 2008b) erarbeitet. Außerhalb Europas haben z. B. die *Southern African Development Community* (SADC, 2003) oder die OAS (2007) Richtlinien über Wahlbeobachtung verabschiedet, mit denen sowohl „*best practices*" beschrieben als auch inhaltliche Mindeststandards definiert werden.

Allerdings zeigte sich in der Praxis, dass unterschiedliche Organisationen bei der Beobachtung derselben Wahl zu unterschiedlichen Bewertungen und Schlussfolgerungen kamen (z. B. in Zimbabwe 2000). Dies hatte entweder mit unterschiedlichen Kriterien, einer unterschiedlichen Interpretation von Kriterien oder in einzelnen Fällen auch mit unzureichendem Ressourceneinsatz zu tun (wenn etwa kleine Beobachterteams, die nur wenige Tage im Land sind, weitreichende Bewertungen über die Qualität der Wahlen vornehmen). In Ermangelung klarer Kriterien verzichteten Beobachtermissionen im Laufe der 1990er-Jahre zunehmend auf ein pointiertes Gesamturteil über die Qualität der Wahlen und betonten stattdessen, dass z. B. die Wahlen von 1992 in Kenia trotz vieler Probleme im Wahlablauf „insgesamt den Wählerwillen widerspiegelten" und daher einen „riesigen Schritt auf dem weiteren Weg der Demokratisierung" darstellten (Commonwealth Observer Group Kenia 1992: 40).

Wie erwähnt, waren die 2005 verabschiedete *Declaration of Principles for International Election Observation* sowie der *Code of Conduct for Election Observers* Versuche, konkretere Standards für Wahlbeobachtung festzulegen. In der *Declaration* sind jedoch im Wesentlichen allgemeine Regeln für die Aufstellung, Dauer und Mandatierung von Beobachtermissionen genannt sowie die notwendigen Garantien für die auswärtigen Wahlbeobachter festgelegt, zu denen sich das Gastland verpflichten muss, wie Bewegungsfreiheit, persönliche Sicherheit und Zugang zu allen politischen

Akteuren. Allerdings gibt es darin keine inhaltlichen Standards, durch die eine gute von einer weniger guten Wahl zu unterscheiden ist. Auch auf anderen Kontinenten haben sich regionale Organisationen bemüht, Standards demokratischer Wahlen und rechtliche Verpflichtungen von Mitgliedstaaten für Wahlbeobachtung festzulegen, die zumeist in Reaktion auf konkrete Fälle von Wahlbetrug oder anderen Unregelmäßigkeiten entwickelt wurden. Dies gilt etwa für die *Inter-American Democratic Charter* (IADC, 2001) oder die *African Union Charter on Democracy, Elections and Governance* (2007).

Auf der globalen Ebene gab und gibt es große Vorbehalte, einheitliche Standards von guten Wahlen verbindlich festzulegen (Davies-Roberts/Carroll 2014). Die stärkste rechtliche Verankerung von fairen und freien Wahlen ergibt sich aus Art. 25 des Internationalen Paktes über bürgerliche und politische Rechte aus dem Jahre 1966 (ICCPR), dem inzwischen 168 Staaten weltweit beigetreten sind. Dort heißt es unter anderem: „Jeder Staatsbürger hat das Recht und die Möglichkeit (...) a) an der Gestaltung der öffentlichen Angelegenheiten unmittelbar oder durch frei gewählte Vertreter teilzunehmen, b) bei echten, wiederkehrenden, allgemeinen, gleichen und geheimen Wahlen, bei denen die freie Äußerung des Wählerwillens gewährleistet ist, zu wählen und gewählt zu werden." In Verbindung mit anderen, bereits in der Allgemeinen Erklärung der Menschenrechte von 1948 verankerten politischen Rechten, wie der Vereinigungs-, Meinungs- und Medienfreiheit, bleibt Art. 25 des ICCPR als rechtliche Grundlage für die Beurteilung von Wahlen von zentraler Bedeutung, insbesondere dort, wo keine regionalen Standards formuliert wurden. Zugleich fehlt diesen allgemeinen Rechtsgrundsätzen eine präzise Festlegung, woran der „Echtheitsgrad" oder die „freie Äußerung des Wählerwillens" im Einzelnen abzulesen wäre. So wichtig der ICCPR folglich für die Legitimierung internationaler Wahlbeobachtungsmissionen war und ist, so wenig vermag er verbindliche Kriterien für die Bewertung konkreter Wahlen zu liefern.

3.2 Die Qualität kompetitiver Wahlen

Die größere politische Aufmerksamkeit, die „guten" Wahlen beigemessen wurde, führte nicht nur zur Suche nach einer expliziten Fundierung im Völkerrecht, sondern auch zu einem verstärkten Bemühen, die Einhaltung elektoraler Qualitätsstandards mithilfe objektivierbarer Kriterien zu messen und international zu vergleichen.

3.2.1 Wie lässt sich die Qualität von Wahlen erfassen?

Die politikwissenschaftliche Forschung hat bei der systematischen Erfassung von Wahlqualität in den letzten Jahren erhebliche Fortschritte gemacht, auch wenn es weiterhin Kontroversen über konzeptionelle und methodische Fragen gibt. Zunächst kursieren in der Literatur unterschiedliche Oberbegriffe, mit denen die Standards einer „guten" Wahl zusammengefasst werden. In Abgrenzung zum Wahlsystem (engl.: *electoral system*) wird der Begriff der *electoral governance* verwendet (Schedler 2002), um die Gesamtheit der Regelungen zu beschreiben, die für den Wahlprozess von Bedeutung sind. Andere Autoren sprechen demgegenüber von der Qualität von Wahlen (*electoral quality*), die sich in ihrer Gesamtheit oder einzelnen Dimensionen bewerten und vergleichen lässt. Pippa Norris (2013) hat schließlich den Begriff der *electoral integrity* („Integrität von Wahlen") geprägt, der sich – ähnlich wie *electoral governance* – kaum ins Deutsche übersetzen lässt. Norris versteht darunter das Ausmaß, in dem Wahlen im Einklang mit internationalen Verpflichtungen und globalen Standards durchgeführt werden. Wir werden im folgenden Abschnitt sehen, dass dieses Verständnis elektoraler Integrität gleichbedeutend mit dem Begriff der Qualität von Wahlen ist, wie ihn auch viele andere Autoren verwenden.

In methodischer Hinsicht unterscheiden sich die Versuche, die Qualität von Wahlen zu messen, nach der Anzahl der Indikatoren, der Art der zugrunde liegenden Daten, den Verfahren der Datenerhebung sowie der Skalierung und Gewichtung der einzelnen Indikatoren. Einige Messungen stützen sich auf die Berichte von Wahlbeobachtern und Regierungsdokumente (z. B. Birch 2011), während andere ausschließlich lokale Experten befragen (z. B. Bland et al. 2013). Beide Ansätze sind jedoch mit spezifischen Problemen behaftet, etwa weil die Abschlussberichte von Wahlbeobachtungsmissionen bei der Beschreibung der Qualität von Wahlen meist sehr selektiv vorgehen und lokale Experten elektorale Standards oft zu stark aus der Perspektive ihres jeweiligen Landes interpretieren. Es ist dann wenig überraschend, dass die Einschätzung der Qualität ein und derselben Wahl zwischen den unterschiedlichen Indizes stark variiert (vgl. van Ham 2015). Unter Verweis auf diese methodischen Probleme hatte Geddes (1999) argumentiert, eine objektive Messung der Qualität von Wahlen sei nur anhand von Wahldaten möglich, nach der Devise: Wenn die Opposition gewinnt, muss die Wahl fair abgelaufen sein. Solche Ansätze, die Qualität von Wahlen über ihre politischen Ergebnisse zu identifizieren, gelten inzwischen zu Recht als unangemessen.

Ebenso erscheint eine Messung der Wahlqualität auf Grundlage von rein kontextspezifischen Kriterien als überholt. Die ausschließliche Verwendung kontextspezifischer Kriterien wurde aus der politischen Forderung abgeleitet, dass es im Wesentlichen Aufgabe der innenpolitischen Akteure sei, darüber zu entscheiden, ob die Qualität der Wahlen akzeptabel sei oder nicht. Eine Messung von Wahlqualität über Einschätzungen von Bürgern (ob sie z. B. überhaupt mehrheitlich an Wahlen teilgenommen haben) oder Parteien bzw. Kandidaten (ob sie z. B. das Wahlergebnis anerkennen oder nicht) mag für länderspezifische Untersuchungen sinnvoll sein. Für eine international vergleichende Erfassung und normativ begründete Bewertung der Wahlqualität sind dagegen universale Kriterien erforderlich, die aus demokratietheoretischen Überlegungen bzw. den oben erläuterten völkerrechtlichen Normen abgeleitet werden (Schedler 2002; van Ham 2015).

Grundsätzlich gibt es in der Literatur drei unterschiedliche Zugänge, um die Qualität von Wahlen zu erfassen. Zunächst kann die Perspektive eines Wahlzyklus eingenommen werden, wobei typischerweise drei Phasen unterschieden (vor, an und nach dem Wahltag) und die phasenspezifischen Herausforderungen im Wahlprozess identifiziert und bewertet werden (z. B. Elklit/Svensson 1997; Mozaffar/Schedler 2002; Elklit/Reynolds 2005; Calingaert 2006). Im Unterschied zu einer solchen prozessualen Differenzierung entstanden in einer zweiten Phase Ansätze, die die Erfüllung bzw. Nichterfüllung inhaltlicher Kerndimensionen von guten Wahlen in den Vordergrund rücken. So kann die Qualität von Wahlen positiv definiert werden, d. h. es wird das Vorhandensein bestimmter Kriterien von *free and fair elections* geprüft (z. B. Bland et al. 2013; Hyde/Marinov 2012; Kelley/Kiril 2010). Drittens kann man mithilfe einer negativen Definition herausarbeiten, welche wesentlichen Aspekte von Wahlen verfälscht oder eingeschränkt werden, d. h. ob und in welchem Umfang Wahlfälschung, Manipulation oder Wahlbetrug auftreten (z. B. Birch 2011; Lehoucq 2003; Lopez-Pintor 2010; Schedler 2002). Sowohl die positive als auch die negative Konzeptualisierung beziehen sich auf ein ähnliches Set inhaltlicher Kriterien – mit dem Unterschied, dass einmal ihre Einhaltung und das andere Mal der Verstoß dagegen in den Vordergrund gerückt werden.

Im Folgenden werden diese drei unterschiedlichen Möglichkeiten der Messung der Qualität von Wahlen zunächst knapp dargestellt und gewürdigt, ehe dann die empirischen Herausforderungen bei der Sicherung der Qualität von Wahlen exemplarisch illustriert werden.

3.2.2 Die Qualität des Wahlprozesses

Die Erfassung von unterschiedlichen Herausforderungen der Wahlorganisation erfolgte, wie oben ausgeführt, vor dem Hintergrund internationaler Wahlbeobachtung und der Dilemmata, denen sich Praktiker bei der Beurteilung und Einordnung einer Vielzahl von Beobachtungen im Wahlprozess gegenüber sahen. Die ersten Versuche einer stärker systematischen Beschreibung der Qualität von Wahlen folgten daher dem Ablaufschema von Wahlbeobachtungsmissionen, bei denen eine kleine Vorabmission bereits während des Wahlkampfs ins Land kam, während das Gros der Beobachter am Wahltag die Korrektheit des Urnengangs überprüfte.

Das nachstehende Schema von Elklit und Svensson, zwei Wissenschaftlern mit umfassender Erfahrung in entsprechenden Missionen, stammt ursprünglich aus dem Jahr 1997 und reflektierte das Bemühen, praktische Herausforderungen zu identifizieren und zu ordnen, die sich in den einzelnen Phasen eines Wahlprozesses ergeben können (Tabelle 3.1).

Wie aus der Tabelle deutlich wird, liegt die Stärke einer prozessualen Perspektive darin, die unterschiedlichen Herausforderungen, die in den oft weit auseinanderliegenden Phasen auftreten können, analytisch besser zu unterscheiden. Es handelt sich

Tabelle 3.1: Herausforderungen freier und fairer Wahlen.[6]

Zeitphase	Freie Wahlen	Faire Wahlen
Vor dem Wahltag	– Garantie eines allgemeinen und gleichen Wahlrechts – Vereinigungs- und Meinungsfreiheit – Passives Wahlrecht	– Wahlgesetz – Registrierung der Wähler – Zusammensetzung und Kompetenzen der Wahlbehörde – Medienzugang – Kein Missbrauch von Regierungsinfrastruktur im Wahlkampf – Regulierung der Parteienfinanzierung – Unabhängige Haltung von Polizei und Sicherheitsapparat
Am Wahltag	– Freie Ausübung des Wahlrechts	– Geheime Wahl – Wahlbüros und Wahlmaterial – Freier Zugang für Parteivertreter und Wahlbeobachter – Keine Einschüchterung – Auszählung und Zentralisierung der Ergebnisse
Nach dem Wahltag	– Rechtliche Möglichkeiten der Wahlbeschwerde	– Zügige und transparente Veröffentlichung der Ergebnisse – Faire Behandlung von Einsprüchen

hierbei im Wesentlichen um ein heuristisches Raster mit konkreten Problemfeldern, die in den jeweiligen Phasen relevant sind. Dieses nach spezifischen Handlungsfeldern ausdifferenzierte Konzept von Wahlqualität folgt nicht notwendigerweise einer kohärenten theoretischen Perspektive, sondern ergibt sich aus dem Erfordernis der wahlpolitischen Praxis, konkrete Strategien im Umgang mit spezifischen Herausforderungen in den jeweiligen Phasen ableiten zu können. Systematisch wird diese Auflistung durch die Zuordnung der einzelnen Problembereiche zu den beiden Oberkategorien „frei" und „fair", wobei die Freiheit der Wahl primär die rechtliche Möglichkeit einer freien Wahlentscheidung abbildet, während die Fairness die politische Neutralität der Wahlorganisation, d. h. die einheitliche und strikte Anwendung der Regeln betrifft. Die Unterscheidung ist insofern wichtig, als Wahlen durchaus frei sein können, ohne fair zu sein. Den vielen Problemfeldern in der letzten Tabellenspalte lässt sich entnehmen, dass es offensichtlich schwieriger ist, eine vollständig faire Wahl durchzuführen als eine freie Wahl.

Trotz aller Vorteile, die ein solches Raster mit sich bringt, fallen auch die Nachteile unmittelbar ins Auge. Die Auflistung einer Vielzahl von Indikatoren in den

---

6 Quelle: Eigene Darstellung nach Elklit/Svensson (1997).

unterschiedlichen Phasen führt vor allem zu Schwierigkeiten bei der abschließenden Gewichtung der einzelnen Indikatoren im Hinblick auf die Gesamtbewertung einer Wahl. Elklit und Reynolds haben in einem späteren Aufsatz (2005) versucht, diesem Problem einerseits durch eine Ausdifferenzierung des ursprünglichen Phasenmodells in eine Sequenz von elf einzelnen „Schritten" zu begegnen und andererseits das relative Gewicht der Schritte bzw. Problemfelder für die Gesamtbewertung des Wahlprozesses nach dem Regimetypus zu unterscheiden. So werden z. B. die Unabhängigkeit der Wahlbehörde oder die Möglichkeiten zur Wahlbeschwerde in einer jungen Demokratie stärker gewichtet als in einer etablierten.

3.2.3 Positive Konzepte

Prozessorientierte Konzepte von Wahlqualität beziehen sich nur mehr oder weniger explizit auf ein theoretisches Verständnis von guten Wahlen. Die Orientierung an einem abstrakten demokratietheoretischen Konzept steht dagegen im Mittelpunkt des *Election Administration Systems Index* (EASI) von Bland, Green und Moore (2013), der hier als Beispiel für eine „positive" Definition der Qualität von Wahlen vorgestellt werden soll. Für die Autoren stehen diesbezüglich die drei Dimensionen Partizipation, Wettbewerb und Integrität im Mittelpunkt. Die theoretische Bedeutung dieser Kriterien ergibt sich aus ihrer zentralen Rolle für die Bestimmung eines politischen Regimes als Demokratie. Partizipation und Wettbewerb sind, wie in Kapitel 1 ausgeführt, die zwei zentralen Dimensionen der Demokratiedefinition von Robert Dahl (1971).

Auf die Qualität von Wahlen bezogen wird die Dimension der Partizipation über eine Reihe von Indikatoren gemessen. Dazu zählen die umfassende, d. h. niemand ausgrenzende Registrierung von Wählern, die rechtliche Klärung der Bindung des Wahlrechts an den Wohnsitz auf dem nationalen Territorium oder in einem bestimmten Wahlkreis sowie die faktische Möglichkeit zur Teilnahme an Wahlen, die z. B. durch Bereitstellung einer ausreichenden Anzahl von Wahlbüros, Wahlzetteln und Wahlkabinen gewährleistet wird. Die Wettbewerbsdimension bezieht sich auf den Umfang, in welchem ein effektiver politischer Wettbewerb zwischen unterschiedlichen Kandidaten und Parteien ermöglicht wird. Konkret geht es dabei um Registrierungserfordernisse für Kandidaten (z. B. keine unangemessen hohen Kautionen), gleichen Zugang zu öffentlichen Medien für alle Kandidaten und Parteien, aber auch die Möglichkeit von Vertretern aller Wettbewerber, die Stimmabgabe und Stimmenauszählung zu beobachten.

Die dritte und letzte Dimension, die *electoral integrity*, bezieht sich auf die Institutionen und Prozesse, die eine unabhängige und professionelle Durchführung der Wahlen ermöglichen, d. h. insbesondere die hinreichende personelle und finanzielle Ausstattung der jeweiligen Wahlbehörde, die Modalitäten ihrer Zusammensetzung (siehe auch Kapitel 3.2.5), den polizeilichen Schutz des Wahlakts und des Transports von Wahlzetteln, transparente Regeln für die Bekanntgabe der Wahlergebnisse sowie funktionsfähige Institutionen zur verbindlichen Klärung von Einsprüchen gegen die offiziellen Wahlergebnisse.

Die Autoren sehen in der Konzentration auf die drei positiven und gleich gewichteten Kerndimensionen einen Vorteil ihres Konzepts, das ausdrücklich für die empirisch-vergleichende Erfassung von Wahlen entwickelt wurde. Zugleich sind auch mit dieser Konzeptualisierung einige Herausforderungen verbunden. Hierzu gehört die Frage, wie die insgesamt 48 Teilfragen zur Wahlqualität den drei abstrakten Dimensionen zugeordnet werden und wie ihre jeweilige Gewichtung innerhalb der jeweiligen Teildimensionen theoretisch begründet werden soll. Zudem ist die Konstruktion eines theoretisch konsistenten Konzepts von guten Wahlen komplizierter als die Einteilung des Wahlprozesses in unterschiedliche Phasen. Im Modell von Bland, Green und Moore erscheint z. B. die Ergänzung der beiden Dahlschen Dimensionen durch *electoral integrity* als theoretisch wenig stichhaltig, zumal sie nicht hinreichend klar von der Wettbewerbsdimension zu trennen ist.

3.2.4 Negative Konzepte

Ein Beispiel für eine „negative" Konzeptualisierung der Qualität von Wahlen ist der Ansatz von Sarah Birch (2011). Birchs Ausgangspunkt ist die Frage, welche Funktionen demokratische Wahlen haben (siehe Kapitel 1) und welche dieser Funktionen durch unterschiedliche Formen der Manipulation nicht mehr oder nur eingeschränkt erfüllt werden. Am Beginn steht also auch hier eine theoriebezogene Konzeptualisierung einer demokratischen Wahl. Birch geht von drei zentralen Wahlfunktionen aus: inklusive politische Beteiligung, freie und sachorientierte Wahlentscheidung sowie effektive Aggregation der Wählerpräferenzen. Jede dieser drei Funktionen kann durch je spezifische Manipulationsformen beeinträchtigt werden.

Die Funktion einer inklusiven politischen Beteiligung wird vor allem durch formalrechtliche Manipulation von Wahlinstitutionen eingeschränkt. Solche Beeinträchtigungen bestehen etwa dort, wo verfassungsrechtliche oder gesetzliche Vorgaben bestimmte Bevölkerungsgruppen oder politische Kräfte systematisch benachteiligen. So können durch manipulative Wahlkreiseinteilung Oppositionshochburgen gezielt geschwächt werden, oder dem Staatspräsident wird das Recht zugestanden, eine gewisse Anzahl von nicht-gewählten Parlamentariern zu ernennen, die den gewählten Abgeordneten gleichgestellt sind. Darüber hinaus kann auch die Kandidatur aussichtsreicher Oppositionspolitiker durch mehr oder weniger zweifelhafte Regelungen verhindert werden, indem etwa im Wahlgesetz festgeschrieben wird, dass ein Kandidat ununterbrochen im Land gewohnt haben muss, keine doppelte Staatsbürgerschaft haben darf oder auch seine Eltern die Staatsangehörigkeit besitzen müssen.

Die zweite Funktion einer freien und sachorientierten Wahlentscheidung des Einzelnen kann in unterschiedlicher Weise beeinträchtigt werden. Entweder wird versucht, die Präferenzbildung der Wähler zu manipulieren, oder es wird die bereits getroffene Wahlentscheidung verändert. Eine Manipulation der Wählerpräferenzen kann durch diverse Maßnahmen erfolgen: eine einseitige Medienberichterstattung (z. B. indem die Opposition keine Sendezeit erhält), die Nutzung öffentlicher Ressourcen durch die regierenden Parteien, die Verletzung bestehender Regeln über Wahlkampffinanzierung oder die gezielte Einschüchterung bzw. „Ausschaltung" oppositioneller Kandidaten. Ein drastisches Beispiel dafür ist der Giftanschlag auf Viktor Juschtschenko, der als Kandidat des Oppositionsblocks „Unsere Ukraine" bei den ukrainischen Präsidentschaftswahlen von 2004 antrat. Obwohl Juschtschenko dadurch über weite Strecken des Wahlkampfs ausfiel, ging er schließlich doch siegreich aus der Stichwahl hervor. Davon zu unterscheiden wäre die Manipulation der bereits individuell getroffenen Wahlentscheidung, z. B. durch Stimmenkauf oder durch Einschüchterung mit Sanktionen im Fall einer „falschen" Entscheidung.

Birchs dritte Funktion von Wahlen, die effektive Aggregation der Wählerpräferenzen, wird schließlich durch Manipulation des Wahlprozesses im engeren Sinn beeinträchtigt. Hierunter fällt erneut eine ganze Reihe rechtswidriger Handlungen. Dazu zählen etwa die fehlende Bereitstellung von Wahlunterlagen und verspätete Öffnung von Wahlbüros, das „Auffüllen" von Wahlurnen mit fiktiven Stimmen, die Nichtberücksichtigung gültiger Stimmen sowie die Vernichtung ganzer Wahlurnen. Hinzu kommen Manipulationen der Stimmenauszählung, der Wahlbeobachtung und schließlich der rechtlichen Behandlung wahlbezogener Einsprüche (z. B. durch Beeinflussung der Gerichte).

Insgesamt besteht der wichtigste Vorteil des Konzepts von Birch darin, dass es die Qualität von Wahlen nicht nur auf die technische Seite der Wahlorganisation verengt. Im Mittelpunkt steht hier nämlich nicht die generelle Prüfung von Qualitätsstandards, sondern das Handeln der Akteure, die Verstöße gegen diese Standards begehen. Von zentraler Bedeutung ist dabei die Intentionalität des Verstoßes, d. h. nur solche Aktivitäten werden als Wahlmanipulation klassifiziert, die das ausdrückliche Ziel haben, unfairen Einfluss auf den Wahlausgang zu nehmen. Damit verbindet sich jedoch auch ein gewichtiges Problem: Verletzungen wahlrechtlicher Standards passieren nicht nur aufgrund bewusster Manipulation, sondern auch aufgrund administrativer Inkompetenz (z. B. fehlender Ausbildung des Wahlpersonals) oder technischer Mängel (z. B. fehlerhaftes Computersystem). In vielen Fällen ist es schwierig, wenn nicht unmöglich, eine klare Grenze zwischen absichtlichem Handeln und organisatorischen Fehlleistungen zu ziehen. Hinzu kommt, dass auch unbeabsichtigte Fehler, wie die Nichterfassung von Wahlberechtigten im Wahlregister, die Widerspiegelung des Wählerwillens massiv beeinträchtigen und damit erhebliche Konsequenzen für die Qualität des Wahlergebnisses haben können. Nicht zuletzt gibt Birchs Konzept keine Kriterien an die Hand, wie man legitime Beeinflussung von Wählern (z. B. durch Wahlwerbung) von illegitimer Einflussnahme (Wahlmanipulation) abgrenzen kann.

Insgesamt gibt es also unterschiedliche Ansätze, wie man die Qualität von Wahlen systematisch und präzise erfassen kann. Unabhängig von dem jeweiligen theoretisch-methodischen Zugriff werden jedoch immer die gleichen organisatorischen Problemfelder angesprochen, die bei der Durchführung von freien und fairen Wahlen in alten wie jungen Demokratien in unterschiedlichem Ausmaß und in verschiedener Gestalt auftreten. Die wichtigsten dieser Problemfelder werden im Folgenden nochmals skizziert und anhand exemplarischer Fälle illustriert.

3.2.5 Wahlorganisatorische Problemfelder

In Deutschland wird über wahlorganisatorische Fragen kaum kontrovers diskutiert. Wir erhalten unsere Wahlscheine per Post zugesandt; welche Behörde die diversen Wahlen auf kommunaler, Landes-, Bundes- und Europaebene eigentlich organisiert, weiß kaum jemand; und ob dabei alles rechtens zugeht, wird nur in Ausnahmefällen angezweifelt. Einer dieser seltenen Fälle ereignete sich in Köln, wo es zunächst bei den Kommunalwahlen 2014 zu einer wahlentscheidenden falschen Auszählung von Briefwahlstimmen kam und 2015 die Oberbürgermeisterwahl aufgrund fehlerhafter Stimmzettel verschoben werden musste. Im Juli 2016 wurde sogar die Wahl des österreichischen Bundespräsidenten vom dortigen Verfassungsgerichtshof aufgrund organisatorischer Mängel für ungültig erklärt und musste wiederholt werden. In westlichen Demokratien stellen solche Ereignisse eine absolute Ausnahme dar. In vielen anderen Ländern, in denen die Bürger weniger Vertrauen in die Neutralität und Kompetenz ihrer Regierung und Verwaltung haben bzw. über Erfahrung mit unterschiedlichen Arten von Wahlmanipulation verfügen, kommt es dagegen regelmäßig zu erheblichem Streit über wahlorganisatorische Fragen. Zu den drei wichtigsten Problemfeldern in diesem Zusammenhang zählen die *Wählerregistrierung*, die *Zusammensetzung und Kompetenzen der Wahlbehörde* sowie die *rechtliche Überprüfung der Wahlergebnisse*.

In Deutschland werden alle Wahlberechtigten, deren Wohnsitz im kommunalen Melderegister verzeichnet ist, automatisch in die Wählerverzeichnisse aufgenommen, d. h. es ist keine aktive Registrierung seitens der Bürger erforderlich. In vielen anderen Ländern müssen sich die Wähler vorab selbst registrieren (u. a. in Großbritannien). Diese Registrierung besteht entweder aus der Überprüfung kontinuierlich geführter Wählerlisten oder der Eintragung in eine für jede Wahl neu angelegte Liste, in der Regel verbunden mit der Aushändigung von Wählerausweisen bzw. Wahlscheinen. Während z. B. in den USA noch handschriftlich ausgefüllte Registrierungen üblich sind, gibt es in vielen Entwicklungsländern, in Ermangelung anderer verlässlicher Dokumente, inzwischen oft biometrische Wählerausweise. Die Art und Weise der Wählerregistrierung kann die Qualität einer Wahl erheblich beeinflussen. Die damit verbundenen Herausforderungen betreffen entweder die rechtlichen Voraussetzungen der Wahlteilnahme (siehe Kapitel 2) oder auch einzelne Aspekte der administrativen Umsetzung der Wählerregistrierung. Ein häufig anzutreffendes Problem ist die unzureichende Verfügbarkeit von Registrierungsbüros. So kann die Wählererfassung aufgrund enger Fristen, geringer personeller Besetzung oder knapper Öffnungszeiten in bestimmten Ländern bzw. Regionen sehr aufwändig sein. In den USA, wo die Wahlgesetzgebung und -administration Angelegenheit der einzelnen Bundesstaaten ist, wird z. B. immer wieder moniert, dass gerade in den bei Präsidentschaftswahlen umkämpften Bundesstaaten durch administrative Entscheidungen, z. B. die Einschränkung der Registrierungszeiträume (wie auch die verpflichtende Vorlage von Dokumenten mit amtlichen Lichtbild bei der Wahl selbst) die Wahlteilnahme für bestimmte Bevölkerungsgruppen erheblich erschwert wird. Trotz der Bemühungen um organisatorische Reformen nach den umstrittenen Präsidentschaftswahlen 2000 sind die Anforderungen für die Registrierung als Wähler in den USA seither in vielen Bundesstaaten weiter gestiegen (Norris 2014: 179).

In vielen Staaten, die weder über professionelle Wahlbehörden noch eine lange Tradition kompetitiver Wahlen verfügen, kann es bei der Registrierung zu noch gravierenderen Schwierigkeiten kommen. Mitunter werden Personen absichtlich oder unabsichtlich mehrfach in Wählerlisten eingetragen; in anderen Fällen „verschwinden" bereits registrierte Wähler wieder von den Listen. In Nigeria verkauften Mitarbeiter der lokalen Wahlbehörden ganze Blöcke von Registrierungskarten an einflussreiche Politiker mit dem Ergebnis, dass sich der derzeitige Präsident Buhari 1998 nicht für die Wahl registrieren konnte, weil es keine Wählerkarten mehr gab (Hammerstad 2004). In Staaten, wo die Bevölkerung nur unzureichend administrativ erfasst wird, muss bei der Wahlregistrierung erst die Identität der Antragsteller überprüft oder die Erstellung nationaler Personalausweise abgewartet werden. In einigen Ländern Afrikas sind daher Wählerkarten der einzige Identitätsausweis (Evrensel 2010).

Noch größere Aufmerksamkeit als die Registrierung hat die Regelung der administrativen Zuständigkeit für Wahlen gefunden, also die Frage, ob es eine eigenständige Wahlbehörde gibt, wie diese zusammengesetzt ist und über welche Kompetenzen sie verfügt. Viele Staaten haben inzwischen permanente Wahlbehörden eingerichtet, die auf den unterschiedlichen staatlichen Verwaltungsebenen über Büros verfügen und den gesamten Wahlprozess selbstständig durchführen. Im Unterschied dazu können nationale Wahlen auch vollständig von einem Ministerium organisiert werden, wie in Frankreich, wo das Innenministerium diese Aufgabe übernimmt. In Deutschland gibt es mit dem Bundeswahlleiter (bzw. den Landeswahlleitern) eine für die Durchführung der Wahlen verantwortliche eigenständige Behörde, die ebenfalls grundsätzlich den Innenministerien zugeordnet ist. Ein „Mittelweg" zwischen unabhängiger Wahlbehörde und ministerialer Wahlorganisation besteht darin, dass die Regierung zwar für die administrative Durchführung von Wahlen zuständig ist, aber zugleich von einer unabhängigen Behörde überwacht wird (International IDEA 2006). Ein Beispiel hierfür ist die *UK Electoral Commission*, die den gesamten Wahlprozess von der Wählerregistrierung über die Regulierung der Parteienfinanzierung bis zum Wahlakt durch Standardsetzung, Beratung und Kontrolle begleitet.

Während in den etablierten Demokratien die formale Unabhängigkeit der Wahlbehörden von untergeordneter Bedeutung ist, besteht gerade in jungen Demokratien ein

Trend zur Stärkung möglichst autonomer Wahlbehörden, um den regulären Betrieb der Ministerialverwaltung nicht zu gefährden und – vor allem – deren politische Einflussnahme auf den Wahlprozess zu minimieren (Birch 2011). So wurde in Südafrika nach der Überwindung der Apartheid eine unabhängige Wahlkommission mit Verfassungsrang eingerichtet (Chapter IX der südafrikanischen Verfassung). Opitz et al. (2013) haben allerdings gezeigt, dass die inklusive Struktur von Wahlbehörden von größerer Bedeutung ist als ihre formale Unabhängigkeit. Tatsächlich gibt es große Unterschiede in der Zusammensetzung von *Electoral Management Bodies* (EMB). Es kann sich um Experten handeln, die als unabhängige Fachleute ernannt werden (Ombudsman-Modell), oder um Vertreter, die von politischen Parteien entsandt werden. In manchen Ländern dürfen auch zivilgesellschaftliche Organisationen Mitglieder der Wahlbehörde benennen. Die Entsendung von Parteienvertretern (sog. *Power-Sharing*-Modell) beeinträchtigt einerseits die politische Unabhängigkeit eines EMB. Andererseits kann sie die parteipolitische Neutralität der Wahlkommission gegenüber der Regierung stärker verteidigen, als dies unpolitischen Fachleuten möglich wäre, d. h. die einzelnen Parteivertreter kontrollieren sich gegenseitig innerhalb der Wahlbehörde. In einem stark politisierten Kontext werden sich zudem selbst unpolitische Experten der Zuordnung zu einem parteipolitischen Lager kaum entziehen können. Auch vor diesem Hintergrund empfiehlt der Europarat in dem erwähnten *Code of Good Practice* von 2002, in allen Staaten „ohne längere Tradition der Organisation pluralistischer Wahlen" unabhängige Wahlbehörden einzurichten, in denen die bereits im Parlament vertretenen Parteien repräsentiert sind (Art. 75). In Südafrika hat sich hingegen das Expertenmodell bewährt, bei dem die Mitglieder der Wahlkommission vom Parlament mit Mehrheit aus einer Vorschlagsliste gewählt werden, die vom Präsident des Verfassungsgerichts, dem Generalstaatsanwalt, dem Vorsitzenden der Menschenrechtskommission und einer Vertreterin der Nationalen Gender-Kommission gemeinsam zusammengestellt wird.

Neben der Zusammensetzung von Wahlbehörden sind noch weitere institutionelle Aspekte von Bedeutung. Dazu zählt die Frage, ob die EMBs die Wahlen tatsächlich organisieren oder nur überwachen sollen, ob es sich um permanente oder nur für eine bestimmte Wahl eingerichtete Strukturen handelt, und vor allem, wie unabhängig sie tatsächlich von der Regierung sind. So müssen erhebliche personelle und finanzielle Ressourcen mobilisiert werden, um die vorgesehenen Aufgaben bei Wahlorganisation oder der Aktualisierung der Wählerregister professionell zu erfüllen. In Entwicklungsländern erfolgt die Finanzierung von EMBs daher häufig durch internationale Organisationen oder Geberländer. Dies verbessert zwar kurzfristig die Qualität der Wahlorganisation, führt aber auch zur Abhängigkeit vom Ausland (d. h. Wahlen können unter Umständen ohne externe finanzielle Unterstützung gar nicht durchgeführt werden) bzw. zu Vermutungen über politische Einflussnahme befreundeter Staaten (z. B. durch Bereitstellung von Wahlurnen oder Druck von Wählerausweisen oder Wahlzetteln im Ausland).

Einsprüche gegen Unregelmäßigkeiten im Wahlprozess können entweder durch reguläre Gerichte (Verfassungsgerichte, spezielle Wahl- oder Verwaltungsgerichte), durch das Parlament, durch die Wahlbehörden, durch *ad hoc* eingerichtete Organe oder durch eine Kombination dieser Institutionen bearbeitet werden (International IDEA 2010). So entscheidet etwa in Deutschland der Bundestag über Wahlprüfungsbeschwerden. Über verfassungsrechtliche Vorbehalte gegen das Wahlgesetz entscheidet hingegen das Bundesverfassungsgericht. Gerichte können in unterschiedlichen Phasen des Wahlprozesses bedeutsam werden. Vor der Wahl können sie etwa mit der Aufgabe konfrontiert werden, Mehrfachregistrierungen zu korrigieren oder die Zulässigkeit der Kandidaturen bei Präsidentschaftswahlen zu überprüfen, vor allem dort, wo diese Voraussetzungen Verfassungsrang haben. Nach dem Wahltag können sie bei Feststellung von Verstößen das Wahlergebnis ganz oder in Teilen annullieren bzw. eine Nachzählung der Stimmen anordnen. Gerichte können auch Verstöße gegen das Wahlgesetz feststellen, z. B. hinsichtlich der Nutzung von Regierungseigentum zu Wahlkampfzwecken oder bei einer verkürzten Öffnungszeit der Wahllokale, ohne diesen Verletzungen einen gravierenden bzw. wahlentscheidenden Einfluss zuzuschreiben. In einem solchen Fall gibt es folglich trotz rechtlicher Anerkennung von Verstößen keine politischen Konsequenzen beim Wahlergebnis. Das Recht, eine Klage einzureichen, kann je nach Land und Wahl bestimmten Personengruppen vorbehalten sein, z. B. nur Kandidaten und politischen Parteien, in anderen Fällen aber auch den Wählern im jeweiligen Wahlkreis, den im Wahlprozess beteiligten Beamten oder Wahlbeobachtern.

Die Bedeutung der gerichtlichen Überprüfung des Wahlprozesses hat seit den 1990er-Jahren weltweit zugenommen. Generell gilt, dass die Präsenz unabhängiger Gerichte die Kosten von Wahlmanipulationen erhöht und daher die Wahrscheinlichkeit von Wahlbetrug bzw. die Entscheidung für bestimmte Formen des Wahlbetrugs erheblich beeinflusst (van Ham 2015). Überall dort, wo es bei Wahlen zu erbitterten Auseinandersetzungen nicht nur um die Regierungsbildung, sondern auch um die Ablösung bisheriger Machteliten kommt, stehen Gerichte häufig unter einem ähnlich hohen Druck wie unabhängige Wahlbehörden. Angesichts von prozedural schwierig zu bewertenden Streitfragen müssen sie oft politische Entscheidungen für oder gegen die amtierende Regierung fällen. Vielfach kommt es dabei zu regierungsfreundlichen Beschlüssen oder zu einer Verzögerungstaktik, d. h. Entscheidungen über die Legalität einer Wahl werden erst mehrere Jahre später gefällt, wenn die Amtsträger, deren rechtmäßige Wahl angezweifelt wird, ihr Amt schon lange angetreten und an der politischen Entscheidungsfindung mitgewirkt haben.

Die Vehemenz, mit der in vielen Ländern über Reformen der Wahlorganisation debattiert wird, macht deutlich, dass es dabei oft nicht nur um die Chancen der je eigenen Kandidaten und Parteien bei der unmittelbar anstehenden Wahl geht, sondern auch um Voraussetzungen für eine Demokratisierung des politischen Systems. Empirische Untersuchungen haben zwar gezeigt, dass bestimmte Formen von Wahlbetrug im Einzelnen weniger wahlentscheidend sind als zunächst angenommen (Lehoucq 2003), doch haben andere Studien darauf hingewiesen, dass gerade im Kontext von Demokratisierungsprozessen Regierungsparteien bzw. Staatspräsidenten einen

Machtwechsel durch Wahlen um jeden Preis zu verhindern suchen (Schedler 2002; Levitsky/Way 2010; Kapitel 1), was wiederum die Bedeutung wahlorganisatorischer Fragen unterstreicht.

Die Einführung einer professionell organisierten und parteipolitisch neutralen Wählerregistrierung sowie einer unabhängigen Wahlbehörde dürfte für die Demokratisierung eines Regimes wichtiger sein als die Ausgestaltung des Wahlsystems. Überall dort, wo das Wählervotum in verschiedenerlei Hinsicht verfälscht wird und daher nur bedingt über die Vergabe von Parlamentssitzen und politischen Ämtern entscheidet, spielt etwa die Frage, ob ein Mehrheits- oder ein Verhältniswahlsystem zur Anwendung kommt, eine nur untergeordnete Rolle (siehe Kapitel 4). Auch in den etablierten Demokratien waren freie und faire Wahlen historisch keineswegs selbstverständlich, sondern bildeten einen „neuralgischen Punkt" bei der Demokratisierung der politischen Systeme.

Jenseits dieser „großen" Frage nach dem Zusammenhang von Wahlqualität und Demokratisierung des Regimes hat die neuere Forschung auch begonnen, spezifischere Aspekte zu untersuchen, etwa den Effekt von *electoral integrity* auf die Legitimität einer Wahl (Norris 2014) oder die Auswirkungen unterschiedlicher Formen von Wahlbetrug auf den Fragmentierungsgrad von Parteiensystemen in jungen Demokratien Lateinamerikas und Osteuropas (Donno/Roussias 2011).

Aus der systematisch empirischen Erfassung von *electoral governance* bzw. der Qualität von Wahlen ergeben sich folglich neue interessante Forschungsfragen. Die uneinheitliche Terminologie und die großen Unterschiede in der methodischen Herangehensweise sind zwar in gewisser Weise charakteristisch für alle sozialwissenschaftliche Debatten, kennzeichnen aber ganz besonders das noch junge Feld der Wahlorganisationsforschung. Gerade wenn es um normative Bewertungen der Wahlqualität, aber auch um Aussagen über die Effekte der Wahlorganisation auf die Demokratieentwicklung geht, kommt es entscheidend darauf an, dass die zugrunde liegenden Begriffe sorgfältig definiert und empirisch operationalisiert werden.

ⓘ Weiterführende Aufgaben

Deutschland

Ziblatt, D. (2009). Shaping Democratic Practice and the Causes of Electoral Fraud: The Case of Nineteenth-Century Germany. *American Political Science Review* 103(1): 1–21.

Der Aufsatz untersucht den Zusammenhang zwischen sozialer Ungleichheit und Wahlmanipulation im Deutschen Kaiserreich (1871–1912).

1. Wie lautet die zentrale These des Autors? Wie definiert und operationalisiert er „*election fraud*" im Kontext der Reichstagswahlen?
2. Von wem gingen die untersuchten Wahlmanipulationen aus? Warum profitierte die Konservative Partei am meisten davon?

Großbritannien

Wilks-Heeg, S. (2009). Treating Voters as an Afterthought? The Legacies of a Decade of Electoral Modernisation in the United Kingdom. *The Political Quarterly* 80(1): 101–110.

Der Aufsatz untersucht die „Modernisierung" der britischen Wahlorganisation, die von der Labour-Regierung unter Tony Blair im Jahr 2000 umgesetzt wurde.
1. Was waren die Ziele und Maßnahmen der Reform?
2. Welche nicht-intendierten Konsequenzen hatte die *„electoral modernisation"* auf die Qualität der britischen Wahlen? Woran macht der Autor die problematischen Effekte fest?

Frankreich

Kreuzer, M. (1996). Democratization and Changing Methods of Electoral Corruption in France from 1815 to 1914, in: Little, W./Posada-Carbó, E. (Hrsg.): *Political Corruption in Europe and Latin America*. Basingstoke: Macmillan, 97–114.

In dem Buchkapitel wird deutlich, wie sehr unterschiedliche Formen von Wahlmanipulation (hier als *„electoral corruption"* bezeichnet) auch Bestandteil der Wahlgeschichte etablierter Demokratien waren.
1. Welche unterschiedliche Formen von Wahlmanipulation benennt der Text? Wie lassen sich diese unterschiedlichen Praktiken in die von Birch vorgeschlagene Typologie von Wahlmanipulation (s.o., 3.2.4) einordnen?
2. Dem Text zufolge kam es durch Demokratisierung zu einer Veränderung von Wahlmanipulation. Worin besteht dieser Wirkungszusammenhang und inwiefern könnte er über das französische Beispiel hinaus gelten?

Polen

Fortin-Rittberger, J. (2014). The Role of Infrastructural and Coercive State Capacity in Explaining Different Types of Electoral Fraud. *Democratization* 21 (1): 95–117.

Der Aufsatz analysiert die Bedeutung der Staatskapazität für die demokratische Qualität von Wahlen in 26 post-kommunistischen Ländern zwischen 1989 und 2004.
1. Welche Arten von Staatskapazität unterscheidet die Autorin und wie wirken sie sich auf die Wahlqualität aus? Anhand welcher Daten werden die *„varieties of electoral malpractice"* identifiziert?
2. Inwiefern bildet Polen im post-kommunistischen Vergleich einen Sonderfall? Wie ist diese Abweichung zu erklären?

Mexiko

Eisenstadt, T. (2004). Catching the State Off Guard: Electoral Courts, Campaign Finance and Mexico's Separation of State and Ruling Party. *Party Politics* 10(6): 723–745.

In dem Aufsatz diskutiert Eisenstadt die Bedeutung unterschiedlicher Typen von *„electoral governance"* für die Qualität von Wahlen in Mexiko.
1. Welches Modell von Wahlbehörde und Wahlgerichtsbarkeit gab es während der mexikanischen Transition zur Demokratie und wie „unabhängig" waren diese Institutionen gegenüber der Regierung?
2. Inwiefern konnte die politisch abhängige Justiz eine wichtigere Rolle bei der mittelfristigen Durchsetzung fairer Wahlen spielen als die unabhängigere Wahlbehörde?

Südafrika

Ndletyana, M. (2015). The Making of the Independent Electoral Commisison, 1993–1997, in: Ndletyana, M. (Hrsg.): *Institutionalising Democracy. The Story of the Electoral Commission of South Africa*. Johannesburg: AISA, 26–74.

Der Beitrag rekonstruiert die politischen Prozesse, die zur Etablierung der unabhängigen Wahlkommission in Südafrika und zu ihrer späteren Reform geführt haben.

1. Welches Wahlbehörden-Modell wählte Südafrika und wie lässt sich diese Entscheidung erklären?
2. Wie bewährte sich das Modell in der Praxis und warum wurde es 1997 reformiert?

4 Normative Grundlagen: Wie können Wahlsysteme bewertet werden?

4.1 Wahlsysteme: Begriff und Bedeutung

Das Wahlsystem (*electoral system*) ist ein besonderer Teil des Wahlrechts (*electoral law*). Es bezeichnet ein Set von Regeln, die zum einen die Form der Stimmabgabe festlegen und zum anderen die Übertragung der gültigen Wählerstimmen in Parlamentsmandate definieren.[7] Da Parlamentswahlen zu dem Zweck abgehalten werden, eine große Anzahl von Bürgern durch eine relativ kleine Anzahl von Repräsentanten vertreten zu lassen (Pitkin 1967), besteht das grundsätzliche Problem darin, eine sehr große Anzahl von Stimmen in eine deutlich kleinere Anzahl von Sitzen zu überführen. Angesichts dieses numerischen Größenunterschieds ist eine perfekte Übertragung von Stimmen- in Mandatsanteile schon praktisch unmöglich. Wie sehr sich jedoch die Verteilung der Mandate von derjenigen der Stimmen unterscheidet, hängt auch von der Frage ab, welche Ziele mit dem Wahlsystem verfolgt werden. Insbesondere wenn man eine proportionale Übertragung von Stimmen in Mandate anstrebt, ergeben sich dabei komplexe arithmetische Probleme bezüglich der Frage, wie Wahlsysteme so ausgestaltet werden können, dass der Stimmen-Mandate-Transfer auf „optimale" Weise erfolgt. Vor diesem Hintergrund haben sich Politiker, Juristen und auch Mathematiker immer wieder mit Wahlsystemen beschäftigt und zum Erkenntnisfortschritt in diesem Bereich beigetragen (z. B. Balinski/Young 1982; Pukelsheim 2015).

Trotz ihrer arithmetischen Grundstruktur sind Wahlsysteme eine Domäne der Politikwissenschaft. Seit Jahrzehnten zählt die Wahlsystemforschung zu den produktivsten Forschungszweigen der Vergleichenden Regierungslehre; die einschlägige Literatur ist in ihrer Gänze kaum zu überblicken. Auch in den meisten politikwissenschaftlichen Studiengängen wird zumindest Basiswissen über Wahlsysteme vermittelt.

Für die herausgehobene *Bedeutung des Wahlsystems* in der Politikwissenschaft gibt es zwei Gründe. Erstens haben Wahlsysteme greifbare *politische Konsequenzen*. Schon kleine wahlsystematische Modifikationen können Parlamentsmehrheiten verändern. Ein Beispiel: Bei der Bundestagswahl 2013 verfehlte die FDP knapp die 5 %-Hürde und schied deswegen aus dem Parlament aus; infolgedessen wurde eine Große Koalition aus CDU/CSU und SPD gebildet. Hätte die gesetzliche Sperrklausel bei nur 4 % gelegen, dann hätte die Vorgängerregierung aus Union und FDP aller Wahrscheinlichkeit nach im Amt bleiben können (Grotz 2014). Das Wahlsystem hat also einen erheblichen Einfluss auf die Struktur des Parteiensystems und somit auch

---

[7] Die folgenden Kapitel befassen sich ausschließlich mit Parlamentswahlsystemen. Präsidentschaftswahlsysteme bleiben außer Betracht (siehe Kapitel 1.2).

DOI 10.1515/9783486855401-005

auf die politische Zusammensetzung parlamentarischer Regierungen. Daher wird es von einem führenden Politikwissenschaftler als *„the most fundamental element of representative democracy"* bezeichnet (Lijphart 1994: 1).

Zweitens können Wahlsysteme *differenziert gestaltet* werden. Sie bestehen aus unterschiedlichen technischen Elementen, die nahezu beliebig miteinander kombinierbar sind. Theoretisch kann man jedem Wahlsystemelement eine bestimmte Wirkung zuweisen, die wiederum durch die Verknüpfung mit anderen Elementen verstärkt oder konterkariert werden kann. Manche dieser Effekte entstehen erst aus der Wechselwirkung zwischen verschiedenen Elementen des Wahlsystems, also einer bestimmten technischen Kombination. So lassen sich Wahlsysteme konstruieren, die in ihrer Funktionsweise „ausbalanciert" sind, d. h. mehrere Funktionsanforderungen zugleich erfüllen. Oft kommt es allerdings auch zu Trade-offs zwischen verschiedenen Funktionen und Kriterien. Fairere Regeln sind meist nur durch komplexe Mechanismen zu erzielen, gehen also auf Kosten der Einfachheit. In solchen Fällen müssen sich Wahlsystemdesigner entscheiden, welchem Kriterium sie höhere Priorität einräumen möchten.

Auch im historischen und internationalen Vergleich ist die Wahlsystemvarianz enorm. Viele theoretisch mögliche Wahlsysteme wurden bereits unter realpolitischen Bedingungen erprobt. Häufig werden bestimmte Wahlsysteme mit einzelnen Ländern identifiziert, in denen sie in paradigmatischer Weise zur Anwendung kommen. So spricht man vom „deutschen", „französischen" oder „britischen" Wahlsystem. Dabei wird häufig unterstellt, dass die Struktur des jeweiligen Parteiensystems auf das entsprechende Wahlsystem zurückzuführen ist – eine keineswegs unproblematische Annahme, wie wir im Folgenden sehen werden. In jedem Fall unterstreicht die empirische Vielfalt an Wahlsystemen die verbreitete Ansicht, dass man aus den Erfahrungen, die andere Demokratien mit ihrem Wahlsystem gemacht haben, lernen kann. In vielen Ländern werden daher internationale Experten zurate gezogen, wenn eine Reform des eigenen Wahlsystems ansteht.

Zusammengenommen können die politische Relevanz und die technische Gestaltbarkeit von Wahlsystemen erklären, warum sich die Politikwissenschaft so intensiv mit ihnen beschäftigt. Zugleich sorgen diese Eigenschaften dafür, dass über Wahlsysteme besonders kontrovers debattiert wird. Solche *Wahlsystemdebatten* finden *auf drei unterschiedlichen Ebenen* statt, die jeweils einer spezifischen Logik folgen.

1. Auf *politischer Ebene* ist die Ausgestaltung des Wahlsystems zunächst und vor allem eine *Machtfrage*. Da der Verrechnungsmodus von Wählerstimmen in Mandate die parlamentarische Stärke politischer Parteien erheblich beeinflusst, beurteilen diese ein Wahlsystem auch und gerade danach, inwieweit sie durch dessen Effekte im Vergleich zu ihren Konkurrenten bevorzugt oder benachteiligt werden. Folglich präferieren sie in der Regel ein Wahlsystem, das für sie selbst die günstigsten Auswirkungen verspricht. Das bedeutet keineswegs, dass bei der Entscheidung über ein Wahlsystem „übergeordnete" Gesichtspunkte wie Funktionalität oder Legitimität irrelevant sind. Die machtbezogenen Eigeninteressen politischer Akteure bleiben jedoch stets im Hintergrund präsent.

Die Form des Wahlsystems ist nicht nur politisch umstritten, sondern wird auch politisch entschieden. In vielen Demokratien bedarf es dazu einer breiten Zustimmung im Parlament. Deswegen sind Wahlsystemreformen häufig von parteipolitischen Kompromissen geprägt. Je zahlreicher und heterogener die dabei zu berücksichtigenden Interessen sind, desto stärker steigt auch die Wahrscheinlichkeit, dass das Wahlsystem unnötig verkompliziert wird. Ein illustratives Beispiel dafür ist das ungarische Wahlsystem von 1990 (Grotz 1998), aber auch die jüngste Reform des Bundestagswahlsystems von 2013 (Behnke 2014).

2. In *demokratietheoretischer Perspektive* erscheint das Wahlsystem vornehmlich als *normatives Problem*. Im Zentrum steht hier die Frage, welche primären Ziele ein Wahlsystem in der repräsentativen Demokratie zu erfüllen hat. Dazu gibt es zwei gegensätzliche Grundpositionen. Verfechter der *Mehrheitswahl* sind in aller Regel der Ansicht, dass ein Wahlsystem die Konzentration des parlamentarischen Parteiensystems befördern und so zur Bildung von Einparteiregierungen führen soll, was wiederum ein effizientes Regieren gewährleisten soll. Befürworter der *Verhältniswahl* argumentieren hingegen, dass ein Wahlsystem hauptsächlich „gerechte" Ergebnisse hervorbringen, d. h. die Stimmenanteile der einzelnen politischen Gruppierungen möglichst proportional in Mandatsanteile überführen soll, damit die gesellschaftliche Vielfalt gleichsam spiegelbildlich im Parlament repräsentiert wird.

Normative Wahlsystemdebatten finden sich in unterschiedlichen Spielarten: Mal geht es um die generelle Vorzugswürdigkeit bestimmter Wahlsystemtypen (z. B. Hermens 1968), mal um das beste Wahlsystemdesign für einen speziellen Fall (z. B. Strohmeier 2009); mal sind die vorgebrachten Argumente eher politiktheoretisch (z. B. Ganghof 2016), mal stärker verfassungsrechtlich (z. B. Meyer 2010). Allen normativen Positionen ist indes gemeinsam, dass sie versuchen, ein Wahlsystemdesign mithilfe wertbezogener Argumente zu rechtfertigen oder zu verwerfen. Nicht selten basieren die einzelnen Positionen auf unterschiedlichen Bewertungsmaßstäben, denen wiederum unterschiedliche Demokratiekonzepte zugrunde liegen. Für Mehrheitswahlanhänger ist das entscheidende Kriterium für die gesellschaftliche Akzeptanz einer Demokratie deren Fähigkeit, schnelle und effiziente Entscheidungen herbeizuführen. Für Verhältniswahlanhänger ist dagegen die Fähigkeit einer Demokratie ausschlaggebend, alle relevanten gesellschaftlichen Gruppierungen in die politische Willensbildung einzubinden. Welches Demokratiemodell die politischen Probleme *effektiver* im Sinne der jeweiligen Vorgaben löst, unterliegt gleichfalls kontroverser Diskussion (vgl. Powell 2000; Lijphart 2012). Die Frage nach dem besten Wahlsystem – Mehrheitswahl oder Verhältniswahl – ist daher nicht letztverbindlich zu klären; die Antwort hängt vielmehr davon ab, welche demokratietheoretischen Vorannahmen man trifft. Gleichwohl ist und bleibt die normative Debatte wichtig, weil sie begründete Maßstäbe an die Hand gibt, mit denen sowohl die politischen Effekte von Wahlsystemen als auch mögliche Reformoptionen beurteilt werden können.

3. Die dritte Ebene, auf der Wahlsystemdebatten stattfinden, beschäftigt sich mit den *empirisch-analytischen Problemen*, die sich aus der Funktionsweise realer Wahlsysteme ergeben. Sie wird vor allem im Feld der *Vergleichenden Politikwissenschaft* geführt (aber nicht nur, wie oben schon bemerkt wurde). Die zentrale Frage in diesem Zusammenhang lautet, inwieweit Wahlsysteme allgemeingültige Auswirkungen haben, die auf ihre technische Struktur zurückgeführt werden können. Auch dazu finden sich zwei konträre Positionen.

    Die erste Position geht auf den französischen Politikwissenschaftler Maurice Duverger zurück. In seinem Buch „Die politischen Parteien" (1959) argumentierte er, dass das Wahlsystem die Struktur des Parteiensystems systematisch beeinflusst. Demnach bringt die relative Mehrheitswahl in Einerwahlkreisen ein Zweiparteiensystem hervor, während die absolute Mehrheitswahl und die Verhältniswahl jeweils zu Vielparteiensystemen führen. Die genaue Begründung dieser These kann an dieser Stelle beiseitegelassen werden (siehe Kapitel 7). Entscheidend ist vielmehr die zugrunde liegende erkenntnistheoretische Perspektive, die der technischen Struktur des Wahlsystems eine kausale Wirkung auf das Parteiensystem unterstellt und davon ausgeht, dass dieser Wirkungszusammenhang gleichsam den Status eines „soziologischen Gesetzes" (Duverger 1959: 232) hat und somit weitgehend unabhängig von den jeweiligen Rahmenbedingungen besteht. Damit vertritt Duverger eine *generalisierende oder „nomothetische" Position*, die sich an einem naturwissenschaftlichen Weltbild orientiert und annimmt, dass die politische Realität durch allgemeingültige Mechanismen geprägt ist, die die Politikwissenschaft mithilfe großer Datensätze und statistischer Analyseverfahren herausarbeiten kann (Blatter et al. 2007). In der Folgezeit haben zahlreiche quantitativ-vergleichende Studien die theoretischen Annahmen Duvergers teils bestätigt, teils ausdifferenziert und weiterentwickelt (u. a. Rae 1967; Lijphart 1994; Cox 1997). Bis heute folgt ein großer Teil der international vergleichenden Wahlsystemforschung diesem Paradigma (siehe Kapitel 7).

    Eine gänzlich andere Position nimmt ein Ansatz ein, der vor allem von Dieter Nohlen vertreten wird und von ihm als „qualitativ-vergleichend" bzw. „historisch-empirisch" bezeichnet wird (Nohlen 2014: 78). Die wissenschaftstheoretische Ausrichtung dieses Ansatzes ist *individualisierend oder „idiografisch"*, d. h. stärker auf den Einzelfall bezogen mit dem Ziel, dessen Besonderheiten herauszuarbeiten. Auch dazu bedarf es eines theorieorientierten Vergleichs mit anderen historischen oder aktuellen Wahlsystemen. Im Unterschied zu quantitativ-statistischen Analysen konzentriert sich der qualitativ-vergleichende Ansatz jedoch stärker auf die systematische Beschreibung bestimmter Wahlsysteme sowie auf die Analyse der soziopolitischen Kontextbedingungen, die ihre Funktionsweise beeinflussen. Der Gegensatz zwischen quantitativ-statistischer und qualitativ-vergleichender Wahlsystemforschung basiert also nicht auf wertbezogenen Differenzen über das „beste" Wahlsystem, sondern ist wissenschaftstheoretischer bzw. methodologischer Natur. Letztlich spiegeln sich darin die grundlegenden

Auffassungsunterschiede, die in den Sozialwissenschaften zwischen nomothe-
tischen und idiografischen Ansätzen bestehen. Zugleich dokumentieren beide
Positionen die zwei komplementären Funktionen, die der *Vergleich in der Politikwissenschaft* erfüllen soll (Nohlen 2010a): einerseits Gemeinsamkeiten und
Unterschiede zwischen gleichgearteten politischen Phänomenen zu identifizieren und diese Muster zu erklären (*Generalisierung*); andererseits bestimmte
Fälle in ihrer Besonderheit zu erkennen und zu verstehen (*Kontextualisierung*).
Die beiden Ansätze stehen sich keineswegs antithetisch gegenüber, sie fokussie-
ren lediglich auf verschiedene Aspekte von Wahlsystemen. Erkenntnisse aus der
einen Perspektive können dabei jeweils hilfreiches Anfangs- und Hintergrund-
wissen für eine Analyse aus der anderen Perspektive darstellen. Daher ergänzen
sich der quantitative und der qualitative Ansatz im Idealfall. Wirklich fruchtbare
Debatten entstehen oft erst dann, wenn in ihr beide Perspektiven Platz finden.

Jede dieser Diskussionsebenen zeigt bereits für sich genommen, wie facettenreich
und komplex Wahlsysteme als politikwissenschaftlicher Untersuchungsgegenstand
sind. Hinzu kommt, dass die politische, die normative und die empirisch-analytische
Dimension in vielfältiger Weise verknüpft sind. Wer beispielsweise wissen will, ob eine
Wahlsystemreform „gelungen" ist, sollte nicht nur die mechanische Funktionsweise des
neuen Wahlsystems verstehen, sondern auch in der Lage sein, dessen (wahrscheinliche)
Effekte anhand normativ begründeter Kriterien zu beurteilen. Wer ein Wahlsystem aus
demokratietheoretischen Gründen favorisiert, sollte auch über dessen Auswirkungen in
unterschiedlichen Kontexten Bescheid wissen. Und wer ein bestimmtes Wahlsystem einführen will, muss nicht zuletzt jene gesellschaftlichen, rechtlichen und politischen Rahmenbedingungen im Blick haben, die seine Realisierung erleichtern oder erschweren.

Insgesamt lassen sich somit drei zentrale Argumente anführen, warum man sich
als Politikwissenschaftler mit Wahlsystemen beschäftigen sollte:

– Erstens schult die Beschäftigung mit Wahlsystemen die *demokratietheoretische
  Urteilsfähigkeit*. Wer sich mit der technischen Vielfalt von Wahlsystemen aus-
  einandergesetzt hat und die damit verbundenen normativen Probleme kennt,
  kann nicht nur tragfähige Wahlsystemalternativen zum Status quo entwickeln,
  sondern auch fundierter einschätzen, ob ein bestimmtes Wahlsystemdesign tatsächlich die Funktions- und Leistungsfähigkeit der Demokratie in der Weise steigern würde, wie dies seine Befürworter behaupten.
– Zweitens fördert die intensive Befassung mit der empirischen Wahlsystemforschung das Verständnis, welche konkrete *Bedeutung politische Institutionen für
  die Demokratie* haben können bzw. von welchen Bedingungen die verhaltensprä-
  gende Wirkung politisch-institutioneller Arrangements abhängt.
– Drittens sind Wahlsysteme ein paradigmatischer Gegenstand, um die quantitativen und qualitativen *Spielarten des politikwissenschaftlichen Vergleichs einzu-
  üben* und dabei auch die Vorzüge und Grenzen unterschiedlicher methodischer
  Ansätze kennenzulernen.

In diesem und den folgenden beiden Kapiteln geben wir einen Überblick über die konzeptionell-theoretischen Grundlagen der politikwissenschaftlichen Wahlsystemforschung. Zunächst werden im Rest von *Kapitel 4* normative Maßstäbe präsentiert, anhand derer die politischen Auswirkungen von Wahlsystemen bewertet werden können. Daraufhin erläutert *Kapitel 5* die technischen Komponenten von Wahlsystemen. Dabei werden nicht nur die variantenreichen Ausprägungen der einzelnen Elemente erklärt, sondern auch die typischen Effekte, die sie jeweils auf die Übertragung von Wählerstimmen in Mandate haben. *Kapitel 6* zeigt schließlich, wie normative Zielgrößen und technische Elemente zusammengebracht werden können. Konkret werden hier die unterschiedlichen Möglichkeiten vorgestellt, Wahlsysteme nach ihren theoretischen Effekten zu klassifizieren.

4.2 Bewertungskriterien

Die Frage, welche Ziele ein Wahlsystem in der repräsentativen Demokratie erfüllen soll, wird seit langem kontrovers diskutiert. Paradigmatisch dafür steht die bereits erwähnte Debatte zwischen Anhängern der Mehrheitswahl und Befürwortern der Verhältniswahl, die bis ins 19. Jahrhundert zurückreicht und immer wieder aufs Neue geführt wird. Dabei geht jede Seite typischerweise von einem bestimmten Kriterium aus, anhand dessen die unterschiedlichen Wahlsysteme bewertet werden. Für Anhänger der Mehrheitswahl hat die Regierbarkeit im Sinne effizienter und effektiver politischer Entscheidungen höchste Priorität. Folglich bevorzugen sie Wahlsysteme, die die Konzentration des Parteiensystems und somit die parlamentarische Mehrheitsbildung befördern, gegenüber solchen, die nur wenige oder gar keine konzentrationsförderlichen Elemente enthalten. Für Befürworter der Verhältniswahl ist dagegen die Verfahrensgerechtigkeit im Sinne einer proportionalen Mandatsverteilung von essenzieller Bedeutung. Daher präferieren sie Wahlsysteme, die möglichst geringe Abweichungen vom Stimmen-Mandate-Proporz zulassen.

In der politischen Praxis werden Wahlsystemdebatten nur selten in der bipolaren Ausschließlichkeit geführt, wie sie für die Grundsatzdebatte um „Mehrheitswahl oder Verhältniswahl" charakteristisch ist. Wenn ein konkretes Wahlsystem eingeführt oder reformiert werden soll, wollen die Beteiligten in aller Regel, dass es nicht nur eine einzige, sondern mehrere Anforderungen zugleich erfüllt. Dies wird durch die erwähnte Tatsache ermöglicht, dass Wahlsysteme sehr differenziert ausgestaltet werden können. So lässt sich beispielsweise ein Wahlsystem konstruieren, das eine gewisse Konzentrationswirkung erreicht, ohne die Proportionalität zwischen Stimmen- und Mandatsanteilen massiv zu beeinträchtigen.

Was sind nun die Maßstäbe, die einer differenzierten Bewertung von Wahlsystemen zugrunde gelegt werden können? In der Literatur finden sich dazu unterschiedliche Kriterienkataloge (u. a. Norris 2004: 66ff.; Reynolds et al. 2005: 9ff.). Wir orientieren uns an Dieter Nohlen (2014: 185ff.), der *fünf allgemeine Bewertungskriterien* identifiziert, die in internationalen Wahlsystemdebatten eine herausgehobene Rolle spielen und die wir – leicht modifiziert und ergänzt – im Folgenden erläutern: *Repräsentation, Regierbarkeit, Personalisierung, Verständlichkeit* und *Legitimität*.

4.2.1 Repräsentation

Nach dem Kriterium der Repräsentation soll ein Wahlsystem sicherstellen, dass die Bürger angemessen im Parlament vertreten sind (Nohlen 2014: 190). Diese Kategorie umfasst zwei verschiedene Aspekte. Zunächst geht es um *proportionale Repräsentation* im Sinne des Verhältniswahlprinzips: Ein Wahlsystem sollte das Wählervotum „arithmetisch unverfälscht" wiedergeben, indem es die politisch-ideologischen Kräfteverhältnisse im Parlament möglichst exakt im Verhältnis zu ihrer jeweiligen Stimmenstärke abbildet. Als Indikator dafür dient der Proportionalitätsgrad zwischen Stimmen- und Mandatsanteilen der einzelnen Parteien, der mithilfe unterschiedlicher Indices gemessen werden kann (siehe Kapitel 7.2.1).

Darüber hinaus kann die Repräsentationsleistung eines Wahlsystems auch danach beurteilt werden, inwieweit es eine angemessene *parlamentarische Vertretung gesellschaftlich relevanter Gruppen* sicherstellt. Ein häufig angestrebtes Ziel in diesem Zusammenhang ist die Steigerung der Frauenquote im Parlament, die in den meisten Demokratien noch immer deutlich unterhalb der 50-Prozent-Marke liegt. Das Wahlsystem kann hier institutionelle Anreize setzen, die die Kandidatur von Frauen und damit die Wahl weiblicher Abgeordneter wahrscheinlicher machen (siehe Kapitel 7.3). Beispielsweise bieten Verhältniswahlsysteme mit starren Listen den politischen Parteien grundsätzlich mehr Spielraum, ihre Kandidaten nach *Gender*-Aspekten aufzustellen, als Mehrheitswahlsysteme, in denen nur je ein Kandidatenplatz pro Wahlkreis zur Verfügung steht (Norris 2004: 179ff.). In einigen Ländern ist zudem die parlamentarische Vertretung nationaler Minderheiten von hoher politischer Relevanz. Dazu können Wahlsysteme einen positiven Beitrag leisten, indem sie bestimmte Sonderregelungen vorsehen, die Minderheitsparteien begünstigen. So findet bei Wahlen zum Deutschen Bundestag die 5%-Hürde „auf die von Parteien nationaler Minderheiten eingereichten Listen keine Anwendung" (Bundeswahlgesetz, § 6, Abs. 3). Auch bei Parlamentswahlen in Polen sind die Listen nationaler Minderheiten von der Sperrklausel ausgenommen (siehe die Fallbeschreibung im Anhang).

4.2.2 Regierbarkeit

Das Kriterium der Regierbarkeit basiert auf dem zentralen Argument der Mehrheitswahlbefürworter. Demnach soll ein Wahlsystem die Bildung einer stabilen Mehrheitsregierung befördern, die idealerweise aus einer Partei besteht. Auf diese Weise wird der politische Willensbildungs- und Entscheidungsprozess erleichtert, was wiederum die Effizienz des demokratischen Regierungssystems stärkt. Das Wahlsystem kann dazu in zweifacher Hinsicht beitragen.

Zum einen kann es die *Konzentration des Parteiensystems* erhöhen (Nohlen 2014: 190), indem es durch spezifische Hürden die Anzahl der parlamentarischen Parteien verringert (Format des Parteiensystems) und/oder durch bestimmte Regelungen die größeren Parteien bei der Mandatsvergabe begünstigt und damit die Fragmentierung des parlamentarischen Parteiensystems reduziert.

Zum anderen kann ein Wahlsystem auch die *organisatorische Stabilisierung politischer Parteien* unterstützen (Reynolds et al. 2005: 12f.). Gerade in vielen jungen Demokratien, die seit den 1980er-Jahren in Lateinamerika, Osteuropa, Afrika und . Asien etabliert wurden, sind die Parteiensysteme nach wie vor relativ „fluide", d. h. zahlreiche Parteien werden neu gegründet und verschwinden nach kurzer Zeit wieder, was die Institutionalisierung parteipolitischer Wettbewerbsstrukturen erschwert und damit auch die Stabilität des Regierungssystems beeinträchtigt (Mainwaring/Torcal 2006). Vor diesem Hintergrund können Wahlsysteme institutionelle Anreize setzen, die die Konsolidierung von Parteiorganisationen unterstützen oder behindern. So sind beispielsweise Einerwahlkreise, in denen formal nur Einzelkandidaturen möglich sind, der Entwicklung organisatorisch kohärenter Parteien tendenziell weniger förderlich als größere Wahlkreise, in denen die Abgeordneten über starre Listen gewählt werden, welche in der Regel von den politischen Parteien aufgestellt werden.

4.2.3 Personalisierung

Demokratische Parlamentswahlen bringen nicht nur die Präferenzen der Bürger für die inhaltlichen Programme der politischen Parteien zum Ausdruck. Sie haben immer auch eine personenbezogene Komponente insofern, als durch den Wahlakt bestimmte Abgeordnete ins Amt kommen, die „ihre" Wähler im Parlament repräsentieren. Deswegen können Wahlsysteme auch danach beurteilt werden, inwieweit sie eine personalisierte Repräsentation ermöglichen und so zu einer engeren Bindung zwischen Wählern und Gewählten beitragen (Colomer 2011). Auf diese Weise tragen sie dazu bei, die Qualität der demokratischen Partizipation zu steigern (Nohlen 2014: 190).

Auf Ebene der Stimmgebung kann dies etwa dadurch erreicht werden, dass die Bürger nicht nur zwischen starren Listen auswählen, sondern auch ihre Präferenzen für bestimmte Kandidaten in Wahlkreisen und/oder innerhalb von Parteilisten zum Ausdruck bringen können. Die Bindung zwischen Abgeordneten und Wählern wird auch durch unterschiedliche Kandidaturformen beeinflusst. So sind Listen, die in regionalen Wahlkreisen aufgestellt werden, tendenziell „bürgernäher" als nationale Listen. Einerwahlkreise bieten in der Regel ein besonders hohes Ausmaß an Personalisierung. Selbst wenn es sich bei den dort gewählten Abgeordneten um Parteimitglieder handelt, können diese doch auf die legitimatorisch enge Beziehung zu „ihrer" Wählerschaft verweisen und so deren Interessen nicht nur gegenüber den anderen

Parlamentsparteien, sondern auch innerhalb ihrer eigenen Fraktion wirksam zur Geltung bringen.

4.2.4 Verständlichkeit

In einer Demokratie sollten die Bürger die (verfassungs-)rechtlichen Grundregeln der Politik verstehen. Für das Wahlsystem gilt dies in besonderer Weise, weil es den wichtigsten Akt politischer Beteiligung in der parlamentarischen Demokratie strukturiert. Deswegen sollte es möglichst einfach aufgebaut sein, damit die Wähler seine Funktionsweise grundsätzlich nachvollziehen können (Nohlen 2014: 190).

Das Kriterium der Verständlichkeit erstreckt sich auf zwei Dimensionen eines Wahlsystems. Zum einen sollte die Stimmgebung so geregelt sein, dass die Wähler ihr Votum ohne ausführliche Erläuterungen korrekt abgeben können. Wird das Verfahren zu komplex, so kann dies zu einer höheren Wahlenthaltung oder zu mehr ungültigen Stimmen führen. Beispiele dafür sind die deutschen Länder Bremen und Hamburg, wo vor einigen Jahren jeweils ein Mehrstimmensystem eingeführt wurde, wodurch der Wahlakt unübersichtlicher und schwieriger wurde. Diese erhöhte Komplexität der Stimmgebung wurde für die rückläufige Wahlbeteiligung und die Zunahme ungültiger Stimmen in beiden Ländern mitverantwortlich gemacht (vgl. Tiefenbach 2015).

Zum anderen sollte auch die Stimmenverrechnung für die Bürger prinzipiell nachvollziehbar sein. Dies lässt sich ebenfalls mit einem Beispiel aus Deutschland illustrieren. 2013 wurde für das Bundestagswahlsystem eine zusätzliche, dritte Verrechnungsebene eingeführt, die die Komplexität des schon zuvor schwer verständlichen Systems beträchtlich erhöht hat. Dies hat zur Folge, dass nun „nicht einmal eine Handvoll Abgeordneter des Deutschen Bundestages [..] in der Lage [ist], unfallfrei die Mandatsberechnung zu erklären" – so die kritische Einschätzung von Bundestagspräsident Norbert Lammert (Zitat aus: Die Welt vom 2.8.2015).

In jungen Demokratien kann der Verständlichkeit des Wahlsystems insofern eine besondere Bedeutung zukommen, als eine für jedermann nachvollziehbare Stimmgebung bzw. Stimmenverrechnung Missbrauchsmöglichkeiten einschränkt. Entsprechende Forderungen nach vollständiger Transparenz sind allerdings nicht immer normativ unproblematisch. So wurde in Kenia Anfang der 1990er-Jahre das bisher praktizierte *queue-voting*, also das physische Aufstellen der Wähler hinter dem präferierten Kandidaten, zunächst unter Verweis auf die damit verbundene Transparenz verteidigt, obwohl es gegen den Wahlrechtsgrundsatz der geheimen Stimmabgabe verstieß.

4.2.5 Legitimität

Schließlich sollte ein Wahlsystem in Politik und Öffentlichkeit auf breite Akzeptanz stoßen. Wenn beispielsweise die Repräsentations- oder Konzentrationseffekte eines

Wahlsystems fundamentale Kritik erfahren oder seine partizipationsbezogenen Stimmgebungsoptionen als unzureichend wahrgenommen werden, kann nicht nur die Akzeptanz des Wahlsystems selbst beeinträchtigt werden, sondern auch jene der repräsentativen Demokratie. Da die Legitimität eines Wahlsystems großenteils von seiner Erfüllung unterschiedlicher Funktionsanforderungen abhängt, schließt dieses Kriterium die zuvor genannten Bewertungskategorien in gewisser Weise ein (Nohlen 2014: 190). Die grundlegende Funktion des Wahlsystems innerhalb eines demokratischen Systems besteht darin, ein Parlament bzw. eine Regierung nach festgelegten und allgemein akzeptierten Regeln hervorzubringen. Die Legitimität eines Wahlsystems ist insofern auch eine abgeleitete, denn ein Wahlsystem ist vor allem dann legitim, wenn es Verfahrensschritte beinhaltet und Prinzipien verkörpert, die aufgrund ihrer allgemeinen Akzeptanzfähigkeit die Legitimität der Regierung bestärken. Die Legitimität des Wahlsystems besteht demnach in seiner „legitimationsschaffenden Kraft" (Behnke 2013a: 24) in Bezug auf die Regierungsbildung.

Demokratische Wahlen sind kollektive Entscheidungen in zweierlei Hinsicht. Zum einen werden sie vom Kollektiv durchgeführt, zum anderen haben sie verbindliche Folgen für alle Mitglieder des Kollektivs. Die Gesetze, die ein Parlament erlässt, betreffen alle Bürger, nicht nur diejenigen, die die Regierungsparteien gewählt haben. Für die Legitimität der Demokratie ist daher entscheidend, dass das Wahlergebnis und seine politischen Konsequenzen auch von den Verlierern der Wahl anerkannt werden. Wie in Kapitel 1 ausgeführt, geht es bei einer Wahl um die Selektion bestimmter Kandidaten zur Ausübung einer bestimmten Tätigkeit. Die spezifische Form der Auswahl muss dabei bestimmten Kriterien genügen, damit sie als eine gültige, d. h. legitime kollektive Entscheidung angesehen werden kann. Im Wesentlichen handelt es sich dabei um Fairness- und Gerechtigkeitsbedingungen, die gewährleisten sollen, dass alle Abstimmenden als politisch Gleiche an der Wahl teilnehmen. Die legitimationsschaffende Kraft des Wahlsystems entfaltet sich in dem Maße, in dem es in der Lage ist, diese Bedingungen zu erfüllen.

4.2.6 Herausforderungen einer kontextbezogenen Bewertung

Die genannten Bewertungskriterien sind nicht als allgemeingültiger Katalog zu verstehen, aufgrund dessen bestimmte Wahlsysteme ein „demokratietheoretisches Gütesiegel" erhalten und andere leer ausgehen. Allerdings bieten diese Kriterien einen guten Ausgangspunkt für die historisch und international vergleichende Evaluierung von Wahlsystemen. Zudem lassen sich die Kriterien auch für die Analyse konkreter Fälle heranziehen, in denen das Wahlsystem reformiert werden soll. Gerade bei einer solchen kontextbezogenen Anwendung des Kriterienkatalogs sind drei Aspekte besonders zu beachten.

1. *Konkretisierungsbedarf:* Wahlsystemreformen zielen häufig nicht auf die pauschale Verbesserung eines Kriteriums (z. B. Repräsentation), sondern auf bestimmte

Teilaspekte des Kriteriums (z. B. Optimierung des Stimmen-Mandate-Proporzes zwischen den parlamentarischen Parteien). Zudem sind nicht alle Bewertungskriterien in allen Ländern und zu allen Zeiten gleichermaßen relevant. So kann einmal das Hauptaugenmerk auf der Repräsentationsqualität liegen, ein anderes Mal ist die Konzentration von zentraler Bedeutung. Eine Evaluierung muss solche Akzentsetzungen berücksichtigen und die Kriterien an den jeweiligen Kontext anpassen. Dabei sollte sich die vergleichende Bewertung von Reformoptionen nicht nur auf die jeweils identifizierten Probleme des bestehenden Systems beschränken. Wahlsystemalternativen, die ein Problem beseitigen, erzeugen häufig Effekte, die andere Funktionen des bisherigen Systems beeinträchtigen. Auch ein kontextbezogener Kriterienkatalog sollte daher breit genug angelegt sein, um sowohl erwünschte Effekte als auch unerwünschte Nebenwirkungen zu erfassen.

2. *Zielkonflikte*: „Wahlsysteme können nicht alle verschiedenen Anforderungen zugleich optimal erfüllen" (Nohlen 2014: 188). Vielmehr bestehen charakteristische Trade-offs zwischen einzelnen Kriterien. Wenn z. B. ein Wahlsystem die Repräsentationsdimension im Sinne „perfekter" Proportionalität zwischen Stimmen- und Mandatsanteilen maximieren soll, kann es nicht gleichzeitig die Konzentration des Parteiensystems befördern. Zwar lassen sich Wahlsysteme konstruieren, die eine gewisse Balance zwischen den unterschiedlichen Kriterien herstellen. Doch auch hier gilt: Das „optimal austarierte" Wahlsystem gibt es nicht. Am Ende ist es immer eine politische Entscheidung, welche spezifische Balance zwischen den heterogenen Funktionsanforderungen am besten zum jeweiligen Kontext passt.

3. *Politische Eigeninteressen:* Wie oben angesprochen, sind Wahlsystemreformen in besonderer Weise von machtbezogenen Eigeninteressen geprägt (siehe Kapitel 8.2). Jede Partei beurteilt Wahlsystemalternativen immer auch danach, inwieweit sie durch deren (voraussichtliche) Effekte im Vergleich zu konkurrierenden Parteien bevorzugt oder benachteiligt wird. Folglich präferiert sie grundsätzlich diejenige Option, die für sie selbst die günstigsten Auswirkungen verspricht. Selbstverständlich darf sich eine politikwissenschaftliche Beurteilung eines Wahlsystems nicht primär daran ausrichten, ob es mit den Eigeninteressen bestimmter Parteien kompatibel ist. Wer allerdings die Realisierungschancen bestimmter Reformoptionen einschätzen will, muss die gegebene politische Interessenkonstellation mit bedenken. Beispielsweise sind „große" Wahlsystemreformen für die meisten Parteien mit hohen Risiken verbunden, da sich deren Auswirkungen im Vorfeld nicht genau kalkulieren lassen. Mithin sind solche Lösungen in aller Regel weniger konsensfähig als „kleine" Reformen, deren kurz- und mittelfristige Effekte überschaubar sind. Ähnliches gilt für Reformoptionen, die bestimmte Parteien im Vergleich zum Status quo einseitig schlechter stellen oder ihnen zumindest eine größere Umstellung abnötigen als den anderen. In diesem Fall mag zwar noch die erforderliche Parlamentsmehrheit zustande kommen, doch werden die unterlegenen Parteien bei nächster Gelegenheit

versuchen, diese Wahlgesetzänderung wieder rückgängig zu machen. So droht das Wahlsystem zu einer „Dauerbaustelle" zu werden, was letztlich seine Legitimität unterminieren kann.

---

i Weiterführende Aufgaben

Deutschland

Strohmeier, G. (2007). Ein Plädoyer für die „gemäßigte Mehrheitswahl": optimale Lösung für Deutschland, Vorbild für Österreich und andere Demokratien. *Zeitschrift für Parlamentsfragen* 38(3): 578–590.

Der Beitrag spricht sich für die Einführung eines Mehrheitswahlsystems bei Bundestagswahlen aus.
1. Wie wird die normative Präferenz für Mehrheitswahl begründet? Welche Bewertungskriterien von Wahlsystemen werden dabei besonders stark, welche weniger berücksichtigt?
2. Inwieweit konkretisiert der Autor seinen Reformvorschlag für bundesdeutschen Kontext? Welche „Risiken und Nebenwirkungen" hätte eine solche Wahlsystemreform?

Großbritannien

Bogdanor, V. (1997). First-Past-The-Post: An Electoral System Which is Difficult to Defend. *Representation* 34(2): 80–83; Norton, P. (1997). The Case for First-Past-The-Post. *Representation* 34(2): 84–88.

Die beiden Essays von zwei prominenten britischen Politikwissenschaftlern erörtern das Für und Wider der relativen Mehrheitswahl im Vereinigten Königreich.
1. Welche Argumente werden für das jeweils präferierte Wahlsystem vorgebracht?
2. Inwiefern gehen die Positionen auf die Bewertungskriterien ein, die in diesem Kapitel vorgestellt wurden? Inwieweit berücksichtigen sie die Besonderheiten des britischen Kontextes?

Frankreich

Ahmed, A. (2013). France: the Tumultuous Path of Electoral System Choice in the Third Republic, in: ders.: *Democracy and the Politics of Electoral System Choice. Engineering Electoral Dominance.* Oxford: Oxford University Press, 139–165.

Das Buchkapitel rekonstruiert die Wahlsystemdebatte in der III. Französischen Republik (1870–1940).
1. In welche Phasen lässt sich die Wahlsystemdebatte in der III. Republik unterteilen? Was waren die wichtigsten inhaltlichen Positionen, die jeweils vertreten wurden?
2. Wie wurden die einzelnen Wahlsystempräferenzen normativ begründet? Inwieweit waren sie auch durch die jeweiligen politischen Umstände geprägt?

Polen

Gebethner, S. (1996). Proportional Representation versus Majoritarian Systems: Free Elections and Political Parties in Poland, 1989–1991, in: Lijphart, A./Waisman, C. H. (Hrsg.): *Institutional Design in New Democracies.* Boulder, Col.: Westview Press, 59–75.

Im Gegensatz zu den meisten anderen Autoren vertritt Gebethner die These, dass das polnische Wahl-system bei den ersten post-sozialistischen Parlamentswahlen von 1989 und 1991 *keine* bedeutsamen Konsequenzen hervorgebracht hat.

1. Mit welchen Argumenten begründet der Autor seine Position? Wie stichhaltig sind sie?
2. Inwiefern ist es trotzdem sinnvoll, über die Vor- und Nachteile des Wahlsystemdesigns in jungen Demokratien zu diskutieren?

Mexiko

Díaz-Cayeros, A./Magaloni, B. (2001). Party Dominance and the Logic of Electoral Design in Mexico's Transition to Democracy. *Journal of Theoretical Politics* 13(3): 271–293.

Der Aufsatz untersucht den Zusammenhang zwischen dem Wahlsystemdesign und der demokrati-schen Transition in Mexiko. Dabei vertreten die Autoren die These, dass sich der dominante *Partido Revolucionario Institucional* (PRI) nicht nur aufgrund manipulativer Praktiken, sondern auch aufgrund des Wahlsystems lange an der Macht halten konnte.

1. Wie genau wurde der PRI durch das Wahlsystem, das vor 1994 bestand, strukturell begüns-tigt? Inwiefern blieb dieser institutionelle Vorteil auch nach dem Wahlsystemwechsel von 1994 erhalten?
2. Wie bedeutsam war die Wahlsystemfrage im Rahmen des mexikanischen Demokratisierungspro-zesses? Inwiefern unterscheidet sich Mexiko in dieser Hinsicht von anderen Transformationsfäl-len wie z. B. den mittel- und osteuropäischen Ländern?

Südafrika

Electoral Task Team (2003). *Report of the Electoral Task Team.* Cape Town: Government Printer (http://www.gov.za/documents/electoral-task-team-report, letzter Aufruf: 05.06.2016), insbesondere 12–31.

Die südafrikanische Verfassung von 1996 hat die endgültige Festlegung eines Wahlsystems dem Gesetzgeber überlassen. Die Regierung setzte daraufhin eine Kommission ein, die unterschiedliche Reformoptionen diskutierte und in ihrer Mehrheit eine Änderung des Wahlsystems für die Parla-mentswahlen vorschlug (der Vorschlag wurde später vom Parlament abgelehnt).

1. Mit welchen normativen Kriterien begründet die Kommission ihr Eintreten für ein kombiniertes Wahlsystem?
2. Inwiefern würde nach Ansicht der Kommissionsmitglieder das neue Wahlsystem diesen Prinzipi-en stärker Geltung verschaffen als die bisherige (reine) Verhältniswahl?

5 Technische Elemente: Wie sind Wahlsysteme aufgebaut?

Wie in Kapitel 4 erläutert, geht die politikwissenschaftliche Wahlsystemforschung davon aus, dass jedes Wahlsystem charakteristische Auswirkungen hat, die auf seine institutionelle Struktur zurückgeführt werden können (*Wahlsystemdesign*). Nur aufgrund dieser Annahme ist es überhaupt sinnvoll, unterschiedliche Wahlsysteme mithilfe der genannten Kriterien zu beurteilen und über etwaige Reformoptionen nachzudenken. *Welches* spezifische Wahlsystem *welche* Auswirkungen hat, ist jedoch häufig alles andere als einfach und vor allem nicht eindeutig festzustellen.

Eine Schwierigkeit in diesem Zusammenhang ergibt sich aus der Tatsache, dass Wahlsysteme komplexe Gebilde sind. Sie bestehen aus heterogenen technischen Elementen, die in nahezu beliebiger Weise miteinander verknüpft werden können. Das gilt nicht nur in der Theorie. Auch in der politischen Realität findet sich eine fast unübersehbare Fülle verschiedener Wahlsysteme. Da Wahlsysteme die Machtverteilung in der repräsentativen Demokratie unmittelbar beeinflussen, erweisen sich politische Eliten bei ihrer Ausgestaltung mitunter als höchst kreativ, um ihre elektorale Machtstellung institutionell abzusichern. So entstehen immer wieder neue Wahlsystemvarianten, die kurz zuvor noch in keinem Lehrbuch zu finden waren.

Da also das institutionelle Spektrum von Wahlsystemen nahezu unbegrenzt ist und schon geringe Modifikationen des Wahlsystemdesigns bedeutsame Effekte haben können, kommt auch eine einführende Darstellung nicht umhin, die technischen Strukturelemente von Wahlsystemen und ihren funktionalen Konsequenzen detailliert zu erläutern. Wie Abbildung 5.1 zeigt, besteht jedes Wahlsystem aus *vier technischen Grundkomponenten*, die jeweils spezifisch ausgestaltet werden können und damit zugleich die „institutionellen Stellschrauben" darstellen, mit denen sich seine politischen Effekte steuern lassen. Die erste Komponente bildet der Wahlkreis als organisatorischer und räumlicher Rahmen, innerhalb dessen die Stimmen in Mandate übertragen werden. Der Bereich der Stimmabgabe wird durch zwei weitere Komponenten strukturiert: die Bestimmungen, die die Aufstellung der Wahlbewerber regeln (Kandidaturform), und jene, die den Modus der Abstimmung festschreiben (Stimmgebungsform). Die vierte Komponente umfasst schließlich alle Vorgaben, die die Umrechnung von Stimmen in Mandate betreffen (Verrechnungsverfahren).

Im Folgenden werden diese Grundkomponenten der Reihe nach behandelt. Dabei stellen wir jeweils die wichtigsten technischen Varianten vor und erklären ihre grundlegenden Wirkmechanismen. Da Kandidatur- und Stimmgebungsformen funktional eng verbunden sind, werden sie in einem Abschnitt zusammengefasst.

DOI 10.1515/9783486855401-006

Kandidaturform

Stimmen ⟶ Mandate

Stimmgebungsform   **Verrechnungsverfahren**

Wahlkreis

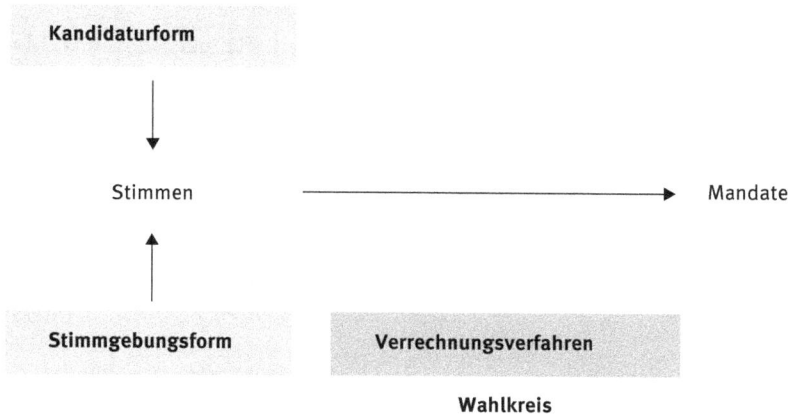

Abbildung 5.1: Technische Grundkomponenten von Wahlsystemen.[8]

5.1 Wahlkreiseinteilung

In der Umgangssprache wird „Wahlkreis" gelegentlich als Synonym für „Stimmbezirk" oder „Wahllokal" verwendet – also jenen physisch greifbaren Ort, in dem die Wähler ihre Stimme abgeben. Die Einrichtung von Stimmbezirken und Wahllokalen ist indes nur administrativer Natur und hat keinen Einfluss auf die Funktionsweise des Wahlsystems. In der Wahlsystemlehre bezeichnet *Wahlkreis* daher die *räumliche Einheit, innerhalb derer die Übertragung von Stimmen in Mandate erfolgt.* Das *Wahlgebiet* ist demgegenüber das gesamte Territorium (Staat, Region, Gemeinde etc.), auf dem die Wahl einer repräsentativen Körperschaft (Parlament, Regionalrat, Gemeinderat, etc.) stattfindet. Wenn also die Mandatsvergabe in einer einzigen Einheit – bei nationalen Wahlen dem gesamten Territorium eines Staates – ermittelt wird, dann ist der Wahlkreis mit dem Wahlgebiet identisch. Die meisten Wahlgebiete sind jedoch in mehrere Wahlkreise unterteilt, in denen jeweils separate Mandatskontingente vergeben werden.

Die *Wahlkreiseinteilung* ist die wichtigste „Stellschraube" eines Wahlsystems, da sie die elektoralen Erfolgschancen der politischen Parteien stärker beeinflusst als alle anderen Strukturelemente. Folglich zählt sie zu den technischen Details, die bei der Einführung oder Reform eines Wahlsystems besonders umstritten sind. Drei Aspekte sind dabei von besonderer Bedeutung: die Wählerzuweisung, der territoriale Wahlkreiszuschnitt sowie die Anzahl der Mandate, die pro Wahlkreis vergeben werden.

1. *Wählerzuweisung.* Nach den Grundsätzen des demokratischen Wahlrechts soll jede Wählerstimme den gleichen Zählwert haben (siehe Kapitel 2.1). Um dieses

---

8 Quelle: Eigene Darstellung.

Prinzip zu verwirklichen, muss für alle Wahlkreise ein einheitlicher „Repräsentationsschlüssel" (Nohlen 2014: 94) gelten, d. h. die Anzahl der registrierten Wähler pro Mandat sollte über alle Wahlkreise hinweg identisch sein. In der politischen Praxis finden sich jedoch mehr oder weniger große Abweichungen von diesem Ideal. Die Gründe für eine ungleiche Zuweisung der Wähler pro Mandat (engl.: *malapportionment*) sind vielfältig. Beispielsweise war Ende des 19. bzw. Anfang des 20. Jahrhunderts in vielen europäischen Staaten eine parlamentarische Überrepräsentation der Landbevölkerung politisch erwünscht. Daher wurden in ländlichen Regionen häufig – in Relation zur Bevölkerungszahl – mehr Wahlkreise gebildet und damit mehr Mandate vergeben als in urbanen Regionen (Nohlen 1978: 247ff.).

Ein aktuelles Beispiel für einen ungleichen Repräsentationsschlüssel ist das Wahlrecht zum Europäischen Parlament (EP). Nach Art. 14 des EU-Vertrags werden die Mandatskontingente für das EP zunächst zwischen den Mitgliedstaaten verteilt, wobei jeder Staat mindestens sechs und höchstens 96 Mandate erhält. Die Bevölkerungszahl zwischen den EU-Staaten variiert allerdings deutlich stärker, als es im Verhältnis von sechs zu 96 Mandaten zum Ausdruck kommt. Dies hat zur Folge, dass gegenwärtig in Deutschland etwa 839.000 Einwohner durch einen Europaabgeordneten vertreten werden, während in Malta ein Mandat auf 70.000 Einwohner entfällt (Grotz/Weber 2016: 496). Dieser ungleiche Repräsentationsschlüssel wird häufig als Teil des Demokratieproblems der Europäischen Union wahrgenommen. Solange freilich die Mitgliedstaaten die konstitutiven Einheiten des EP-Wahlsystems bleiben, sind institutionelle Alternativen zum gegenwärtigen *malapportionment* auch nicht überzeugend. Beispielsweise ließen sich die Mandatskontingente der kleineren Staaten soweit reduzieren, dass sie dem Bevölkerungsproporz des größten Mandatskontingents entsprechen. Doch würden dann in den betreffenden Ländern nur noch ein oder zwei Europaabgeordnete gewählt, was nicht mehr mit den europarechtlich festgeschriebenen „Grundsätzen der Verhältniswahl" kompatibel wäre (zum Einfluss der Wahlkreisgröße auf die Proportionalität siehe Tabelle 5.1). Eine andere Möglichkeit bestünde in der Aufstockung der Mandatskontingente für die größeren Mitgliedstaaten, bis der Bevölkerungsproporz erreicht ist. Dies würde jedoch zu einer massiven Vergrößerung des Europaparlaments führen, die „alle vernünftigen Dimensionen sprengt" (Nohlen 2004: 32).

In den meisten Nationalstaaten gibt es keine so schwerwiegenden strukturellen Restriktionen wie auf EU-Ebene, die einer gleichen Wahlkreisrepräsentation entgegenstehen. Gleichwohl finden sich immer wieder Fälle einer starken Ungleichverteilung der registrierten Wähler (Samuels/Snyder 2001). Daher setzt der *Code of Good Practice in Electoral Matters*, den der Europarat 2002 verabschiedet hat und der für seine Mitgliedstaaten verbindlich ist, bestimmte Höchstgrenzen für *malapportionment* fest (Venice Commission 2002: 6f.): Demnach soll die WählerMandate-Relation in keinem Wahlkreis mehr als 10 %, keinesfalls aber mehr als

15 % vom durchschnittlichen Repräsentationsschlüssel abweichen, wenn keine außergewöhnlichen Gründe vorliegen (z. B. Schutz einer territorial konzentrierten Minderheit oder dünn besiedelte Verwaltungsdistrikte, die aus administrativen Gründen einen Wahlkreis bilden). Außerdem sieht der Kodex vor, dass die Wähler-Mandate-Relation mindestens alle zehn Jahre überprüft wird, um die Wahlkreiseinteilung der Bevölkerungsentwicklung anzupassen.

2. *Wahlkreiszuschnitt.* Zur Übertragung von Stimmen in Mandate müssen Wahlkreise nicht notwendigerweise ein zusammenhängendes Territorium bilden. Wenn jedoch in einem Land mehrere Wahlkreise gebildet werden, dann meist in Form geografisch abgeschlossener, nebeneinanderliegender Einheiten. Die Grenzziehung zwischen den Wahlkreisen wird häufig politisch brisant, wenn die geografische Streuung der Wählerpräferenzen bekannt ist. Gerade dann kann ein „günstiger" Wahlkreiszuschnitt bestimmten Kandidaten bzw. Parteien zu einer Stimmenmehrheit verhelfen und damit „sichere Sitze" bescheren. Der englischsprachige Fachausdruck dafür geht zurück auf Elbridge Gerry, der Anfang des 19. Jahrhunderts Gouverneur des US-amerikanischen Bundesstaates Massachusetts war. *Gerry* gelang es, seinen Wahlkreis so zuzuschneiden, dass dieser die wichtigsten Hochburgen seiner Anhängerschaft umfasste und somit für ihn zu einer „sicheren Bank" wurde; der Form nach glich sein Wahlkreis einem Sala*mander*. Deshalb heißt diese Art von Manipulation *„gerrymandering"*.
    Um einen derart offensichtlichen Missbrauch auszuschließen, wird die Wahlkreiseinteilung in den meisten Demokratien von unabhängigen Wahlkommissionen bzw. überparteilichen Gremien vorgenommen. Doch auch dann bleibt *„redistricting"* eine politisch schwierige Aufgabe (Handley/Grofman 2008).

3. *Wahlkreisgröße.* Die Wahlkreisgröße (engl.: *district magnitude*) bestimmt in erheblichem Ausmaß, welche Effekte ein Wahlsystem auf die Proportionalität zwischen Stimmen- und Mandatsanteilen hat. „Größe" bezieht sich dabei nicht auf die territoriale Ausdehnung eines Wahlkreises, sondern auf die *Anzahl der Mandate*, die darin vergeben werden. Grundsätzlich kann zwischen *Einerwahlkreisen (EWK)* und *Mehrpersonenwahlkreisen (MPWK)* unterschieden werden. Dabei gilt die generelle Regel: *Je größer der Wahlkreis, desto höher die Proportionalität zwischen Stimmen und Mandaten.* Konkret bedeutet dies, dass auch ein proportionales Zuteilungsverfahren überhaupt nur dann seine Wirkung entfalten kann, wenn der Wahlkreis hinreichend groß ist.

Tabelle 5.1 veranschaulicht diese Regel anhand eines idealtypischen Beispiels: Bei einer Parlamentswahl haben sechs Parteien jeweils zwischen fünf und 40 Prozent der Stimmen erhalten. Die Mandatsverteilung erfolgt einheitlich nach einem proportionalen Verrechnungsverfahren (siehe Kapitel 5.3.3). Trotzdem ergeben sich mehr oder weniger starke Abweichungen vom Stimmen-Mandate-Proporz – und zwar in Abhängigkeit davon, wie groß der Wahlkreis ist. Bei einem Einerwahlkreis erhält die stärkste Partei A mit 40 % der Stimmen das gesamte Mandatskontingent (100 %), weil nur ein Sitz zu vergeben ist. Bei einem Zweierwahlkreis kann der „Kuchen" immerhin zwischen Partei A und Partei B „halbiert", bei einem Dreierwahlkreis wird er zwischen A, B und C aufgeteilt, etc. So kommen mit zunehmender Wahlkreisgröße immer mehr Parteien bei der Mandatsverteilung zum Zug, bis in unserem Beispiel beim 50er-Wahlkreis ein nahezu vollständiger Proporz erreicht ist.

Tabelle 5.1: Wahlkreisgröße und Mandatsverteilung (nach Proporz; in % der Mandate).[9]

Partei	Stimmen (in %)	1er-WK	2er-WK	3er-WK	4er-WK	7er-WK	10er-WK	20er-WK	50er-WK
A	40	100	50	33,3	50	42,9	40	40	40
B	25	–	50	33,3	25	28,6	20	25	26
C	12	–	–	33,3	25	14,3	10	10	12
D	10	–	–	–	–	14,3	10	10	10
E	8	–	–	–	–	–	10	10	8
F	5	–	–	–	–	–	10	5	4

Anmerkungen: Die Mandatsanteile in den einzelnen Wahlkreisen wurden nach einem gängigen proportionalen Verrechnungsverfahren (Hare-Quota und größter Überrest) ermittelt. WK = Wahlkreis.

Es besteht also ein klarer Zusammenhang zwischen Wahlkreisgröße und Proportionalität. Um ihn jedoch genau zu verstehen, müssen zusätzlich drei Aspekte bedacht werden. Erstens steigt die Proportionalität mit zunehmender Wahlkreisgröße nicht linear, sondern *kurvilinear* an. Wie das Beispiel in Tabelle 5.1 zeigt, hat jedes hinzukommende Mandat in den ersten Spalten sehr großen Einfluss auf die Veränderung des Stimmen-Mandate-Proporzes, während in den beiden letzten Spalten – zwischen dem 20er- und dem 50er-Wahlkreis – nur noch geringe Unterschiede auftreten. Für eine theorieorientierte Klassifizierung von Wahlkreisen bedeutet dies, dass man nicht nur zwischen EWK und MPWK kategorial trennen muss, sondern auch *innerhalb* der MPWK größenbezogene Differenzierungen erforderlich sind. Daher unterscheidet Nohlen (2014) zwischen *kleinen* (2–5 Mandate), *mittelgroßen* (6–9 Mandate) und *großen MPWK* (10 und mehr Mandate). Nur in der letztgenannten Kategorie ist eine mehr oder weniger proportionale Mandatsverteilung überhaupt möglich und demnach wahrscheinlich. Bei kleinen und mittelgroßen Wahlkreisen steigt dagegen die Disproportionalität mehr oder minder deutlich an, was in der Regel zu Lasten kleinerer Parteien geht. Durch die Wahlkreisgröße wird also eine „natürliche Hürde" (*natural threshold*) etabliert, die kleinere Parteien überspringen müssen, um ein Mandat zu erhalten. Entsprechend dem oben Gesagten gilt dabei, dass die *natürliche Hürde umso höher* liegt, *je kleiner der Wahlkreis* ist. Dieser mehr oder minder starke „Filtereffekt" der Wahlkreisgröße stellt sich unabhängig davon ein, welche weiteren Verrechnungsregeln vorgesehen sind.

---

9 Quelle: Eigene Darstellung.

Zweitens ist zu beachten, dass die konkrete Höhe der natürlichen Hürde nicht allein von der Wahlkreisgröße, sondern auch von der Anzahl und Stimmenstärke der kandidierenden Parteien abhängt. Aufgrund der kontextabhängigen Wirkung der Wahlkreisgröße fällt es auch schwer, einen einheitlichen quantitativen Index zu konstruieren, der die natürliche Hürde von Wahlsystemen präzise erfasst (siehe Kapitel 5.4.3).

Drittens generiert die Wahlkreisgröße unter realpolitischen Bedingungen *immer* einen Filtereffekt, und sei er noch so klein. Daher gibt es kein Wahlsystem, das von sich aus den perfekten Proporz zwischen Stimmen und Mandaten erreicht. Dazu wieder ein Beispiel: Nehmen wir an, dass die 5 %-Sperrklausel bei Bundestagswahlen abgeschafft würde und so ein Wahlsystem entsteht, dessen technische Struktur maximalen Proporz verspricht. Gleichwohl wäre auch dieses „reine" Verhältniswahlsystem nicht perfekt: Obwohl der Bundestag mit 598 Abgeordneten zu den größten demokratischen Parlamenten weltweit gehört, bräuchte eine Partei im Normalfall mehr als 0,1 % der gültigen Stimmen, um ein Mandat zu erhalten – gemessen am Elektorat der Bundestagswahl 2013 wären dies noch immer über 62.000 Wähler.

Innerhalb ein und desselben Wahlsystems kann man theoretisch beliebig viele Wahlkreise unterschiedlicher Größe kombinieren. In Wirklichkeit ist die Varianz jedoch insofern begrenzt, als sich die meisten Wahlsysteme jeweils einer von *vier typischen Wahlkreisstrukturen* zuordnen lassen:

1. *Wahlsysteme mit einem nationalen Wahlkreis*: Unter diese Kategorie fallen alle Wahlsysteme, die keine konzentrationsförderlichen Elemente enthalten und deswegen unter den Typ der „reinen Verhältniswahl" rubriziert werden, wie Niederlande oder Südafrika. Auch einige Verhältniswahlsysteme mit gesetzlicher Sperrklausel haben einen nationalen Wahlkreis (z. B. Israel oder Slowakei).

2. *Wahlsysteme mit subnationalen Wahlkreisen einheitlicher Größe*: Dazu gehören zahlreiche Länder weltweit, in denen flächendeckend in EWK gewählt wird: Australien, Frankreich, Großbritannien, Kanada, USA sowie etliche afrikanische, karibische und südasiatische Staaten. Demgegenüber kommen Wahlsysteme mit einheitlichen MPWK relativ selten vor. Zu den wenigen Ausnahmen zählen Chile (2er-Wahlkreise; bis 2013) und Slowenien (11er-Wahlkreise).

3. *Wahlsysteme mit subnationalen Wahlkreisen unterschiedlicher Größe:* Die Idee, das Wahlgebiet in unterschiedlich große Wahlkreise zu unterteilen, scheint auf den ersten Blick unkonventionell zu sein. Tatsächlich kommt diese Wahlkreisstruktur weltweit sehr oft vor. Sie findet sich typischerweise in Ländern, die ihre politisch-administrative Staatsstruktur (Regionen, Bezirke, Provinzen, etc.) der Wahlkreiseinteilung zugrunde gelegt haben. Entsprechend der territorial unterschiedlichen Bevölkerungsdichte sind häufig urbane Regionen zu großen MPWK zusammengefasst, während sich in ländlichen Regionen tendenziell kleinere MPWK finden. Beispiele dafür finden sich vor allem in Europa – von Portugal und Spanien über Belgien und die Schweiz bis nach Polen und Lettland –, aber auch in Südamerika (z. B. Argentinien, Brasilien, Peru und Paraguay). Bei einigen dieser Wahlsysteme erfolgt die Vergabe der Restmandate, die aufgrund

bestimmter Verrechnungsregeln nicht in den subnationalen Wahlkreisen zuge-
teilt werden können, in einem zusätzlichen Wahlkreis auf nationaler Ebene (z. B.
Island, Österreich und Schweden; siehe auch Kapitel 5.3.3).

4. *Wahlsysteme mit parallelen EWK und MPWK:* Schließlich gibt es Wahlsysteme,
die die flächendeckende Einrichtung von EWK *und zugleich* einen oder mehrere
MPWK vorsehen. Aufgrund dieser Doppelstruktur werden sie in der Literatur als
„kombinierte" (Nohlen 2014) oder „gemischte" (Massicotte/Blais 1999) Wahlsysteme bezeichnet. Zu den ältesten Exemplaren dieser Gruppe gehört das Wahlsystem zum Deutschen Bundestag, das erstmals 1949 zur Anwendung kam. Seit den
1990er-Jahren gibt es einen weltweiten Trend zur Einführung kombinierter Wahlsysteme (Shugart/Wattenberg 2001a; Grotz 2009a). Beispiele dafür sind Mexiko,
Italien, Japan und Ungarn. Allerdings unterscheiden sich die genannten Wahlsysteme hinsichtlich ihrer Stimmgebungsformen und Verrechnungsverfahren,
was wiederum ihre Funktionsweise erheblich beeinflusst (siehe Kapitel 5.3.3).

5.2 Kandidatur- und Stimmgebungsformen

Wie oben erwähnt, wird die Stimmabgabe durch zwei Grundkomponenten des
Wahlsystems geregelt. Die *Kandidaturform* umfasst alle Bestimmungen der Wahlbewerbung und legt somit fest, in welcher Weise die Kandidaten den Wählern auf
dem Stimmzettel „gegenübertreten" (Wahlangebot). Die *Stimmgebungsform* regelt
dagegen, in welcher Weise die Wähler ihren politischen Präferenzen auf dem Stimmzettel Ausdruck verleihen können (Stimmoptionen). Wahlangebot und Stimmoptionen sind nicht vollständig unabhängig voneinander, sondern müssen in ihrem
institutionellen Design aufeinander abgestimmt werden. Manche Kandidaturregeln
bedürfen zwingend bestimmter Stimmgebungsverfahren. Umgekehrt ist nicht jede
Kandidatur- mit jeder Stimmgebungsform kombinierbar. Schließlich kann ein und
dieselbe Form der Stimmgebung unterschiedliche Effekte haben, je nachdem mit
welcher Form der Wahlbewerbung sie verbunden wird.

Tabelle 5.2 stellt die häufigsten Kandidatur- und Stimmgebungsformen im Überblick dar und setzt sie systematisch zueinander in Beziehung. Die grundlegenden
technischen Alternativen sind leicht nachzuvollziehen. Was die *Stimmgebungsformen* anbelangt, so hat ein Wähler entweder eine Stimme (*Einzelstimmgebung*) oder
mehrere Stimmen (*Mehrfachstimmgebung*), d. h. er kann mit seiner Wahl entweder
die Zustimmung zu einem einzigen Kandidaten oder zu mehreren Kandidaten ausdrücken. Bei der Mehrfachstimmgebung ist nicht nur bedeutsam, wie viele Stimmen
jeweils zu vergeben sind, sondern auch, ob die auf dem Stimmzettel markierten Präferenzen für die einzelnen Kandidaten alle das gleiche Maß an Zustimmung zu den
jeweiligen Kandidaten ausdrücken (*gleichmäßige Stimmgebung*) oder ob sie in Form
einer Rangfolge über die Kandidaten (AV und STV) oder das Häufen von Stimmen
(Kumulieren) darstellen, in welchem Verhältnis des relativen Vorzugs auch die

einzelnen gewählten Kandidaten noch einmal untereinander stehen (*abgestufte Stimmgebung*).

Tabelle 5.2: Kombinationen von Kandidatur- und Stimmgebungsformen.[10]

		Einzelkandidaturen		Listenkandidaturen		
		EWK	MPWK	Starre Listen	Lose gebundene Listen	Offene Listen
Einzelstimmgebung		Kandidatenstimme	SNTV	Listenstimme	Personalstimme	–
Mehrfachstimmgebung	Gleichmäßige Stimmgebung	–	Block Vote	–	Präferenzstimmen	Panaschieren
	Abgestufte Stimmgebung	AV	STV	–	Kumulieren	Kumulieren

Abkürzungen: AV = Alternative Vote; EWK = Einerwahlkreis; MPWK = Mehrpersonenwahlkreis; SNTV = Single Non-Transferable Vote (Nicht-übertragbare Einzelstimmgebung); STV = Single Transferable Vote (Übertragbare Einzelstimmgebung).

Die *Kandidaturformen* können grundsätzlich danach unterschieden werden, ob die Bewerber als Einzelpersonen auf dem Stimmzettel ausgewiesen sind (*Einzelkandidatur*) oder ob sie in Form konkurrierender (Partei-)Listen zur Wahl antreten, auf denen sie der Reihe nach aufgeführt sind und nach deren Reihenfolge sie bei der Mandatsvergabe berücksichtigt werden (*Listenkandidatur*). Während die Aufstellung von Kandidatenlisten nur in Mehrpersonenwahlkreisen Sinn macht, sind Einzelkandidaturen sowohl in Einer- als auch in Mehrpersonenwahlkreisen möglich. Listenkandidaturen können nach der Verbindlichkeit der Kandidatenreihenfolge unterschiedlich geregelt werden: Bei *starren Listen* haben die Wähler keine Möglichkeit, die vorgegebene Reihenfolge zu verändern; sie können sich also nur zwischen unterschiedlichen Parteien mit feststehenden „Personalpaketen" entscheiden. Bei *lose gebundenen Listen* besteht dagegen die Option, bestimmte Kandidaten auf der Liste zu wählen und somit auch das „Personalpaket" der präferierten Partei zu beeinflussen. Bei *offenen Listen* schließlich können die Wähler ihr jeweiliges Stimmenkontingent sowohl innerhalb als auch zwischen den unterschiedlichen Kandidatenlisten verteilen; in diesem Fall erscheint die Listenreihenfolge auf dem Stimmzettel nur noch als unverbindlicher Vorschlag.

Wie Tabelle 5.2 zeigt, ergeben sich aus diesen Grundformen der Wahlbewerbung und Stimmgebung vielfältige *Kombinationsmöglichkeiten*, die unterschiedliche Komplexitätsgrade aufweisen. Am geläufigsten sind die zwei „klassischen" Formen der Stimmabgabe: die *Kandidatenstimme*, die für einen Einzelbewerber in einem

---

10 Quelle: Eigene Darstellung.

Einerwahlkreis abgegeben wird (z. B. in Frankreich oder Großbritannien), und die *Listenstimme*, mit der eine starre Parteiliste in der vorgegebenen Reihenfolge gewählt wird (z. B. bei Europawahlen in Deutschland). Zu beiden Formen gibt es eine Reihe von Varianten.

Beginnen wir mit der Variante, dass bei *Einzelkandidaturen in einem EWK mehrere Kandidaten gewählt werden können*. Dies ist nur dann sinnvoll, wenn die Stimmgebung abgestuft ist, d. h. eine Rangfolge präferierter Kandidaten erstellt wird. Ziel einer solchen „Alternativstimmgebung" (*Alternative Vote*; AV) ist es, bei der Ermittlung des siegreichen Kandidaten eine möglichst große Anzahl von Wählerpräferenzen zu berücksichtigen, d. h. den Anteil sogenannter „verschwendeter Stimmen" möglichst gering zu halten. Wähler, die mit ihrer Erstpräferenz aussichtslose Kandidaten wählen, haben auf diese Weise durch ihre nachgeordneten Präferenzen immer noch die Möglichkeit, Einfluss auf das Wahlergebnis zu nehmen. Dazu wird wie folgt vorgegangen: Wenn kein Kandidat die absolute Mehrheit (50 % + 1) der Erstpräferenzen gewonnen hat, werden die Zweitpräferenzen des Kandidaten mit den wenigsten Erstpräferenzen auf die anderen Bewerber verteilt. Dies wird solange wiederholt, bis ein Kandidat die absolute Mehrheit erreicht hat. Das AV-System wird traditionell in Australien angewendet.

Einzelkandidaturen können auch *mit MPWK* kombiniert werden. Je nach Anzahl und Abstufung der Stimmen bzw. Präferenzen lassen sich drei institutionelle Varianten unterscheiden. (a) Bei der „Nicht-übertragbaren Einzelstimmgebung" (*Single Non-Transferable Vote*, SNTV) hat jeder Wähler nur eine Kandidatenstimme. Gewählt sind diejenigen Bewerber, die die meisten Stimmen erhalten. Je mehr Mandate im Wahlkreis vergeben werden, umso mehr kommen dabei auch kleinere Parteien zum Zug. Das SNTV-System wurde lange Zeit in Japan, Jordanien und Taiwan angewendet. (b) Jeder Wähler hat *so viele Stimmen wie Wahlkreismandate*, also z. B. fünf Stimmen in einem 5er-Wahlkreis. Der englische Fachterminus für dieses Verfahren heißt „*Block Vote*" (BV). Gewählt sind dann wieder die Kandidaten mit den meisten Stimmen, im Falle des 5er-Wahlkreises also die fünf Kandidaten mit den meisten Stimmen. Seiner Funktionslogik nach gleicht dieses Stimmgebungsverfahren weitgehend dem Einstimmensystem in EWK und weniger dem SNTV. Es kommt nicht zufällig gerade in Ländern wie Libanon oder Mauritius zum Einsatz, wo Angehörige unterschiedlicher ethnisch-religiöser Gruppen im Rahmen von Mehrheitswahl in einem Wahlkreis gewählt werden sollen. (c) Das Präferenzstimmsystem nach dem AV-Prinzip kann auch in Mehrpersonenwahlkreisen zum Einsatz kommen. In diesem Fall spricht man von „Übertragbarer Einzelstimmgebung" (*Single Transferable Vote*): Jeder erfolgreiche Kandidat muss ein bestimmtes Stimmenquorum (Wahlzahl) erreichen. Dazu werden bei Bedarf die Zweitpräferenzen der „überschüssigen" Stimmen für die siegreichen Kandidaten sowie die Zweitpräferenzen der Stimmen für die am wenigsten erfolgreichen Kandidaten so lange herangezogen, bis alle Wahlkreismandate vergeben sind. Dieses komplexe Verfahren wird in Irland und Malta angewendet.

Auch bei den *Listenkandidaturen* gibt es verschiedene Alternativen zur klassischen Parteistimme. In all diesen Varianten können bestimmte Kandidaten auf der Liste angekreuzt werden. Die Sitze, die eine Liste erhalten hat, werden dann grundsätzlich an diejenigen Kandidaten verteilt, die die meisten Stimmen auf sich vereinen konnten.[11] Auf diese Weise kann die Stimmgebung auch bei Listenwahl stärker personalisiert werden (vgl. Colomer 2011). Die wichtigsten Formen dieser personalisierten Stimmgebung sind: (a) die *Personalstimmgebung*, bei der mit einer Stimme ein Listenkandidat als personelle Präferenz markiert und zugleich die Parteiliste gewählt wird (Beispiel: Polen); (b) die *Präferenzstimmgebung*, bei der mehrere Vorzugsstimmen auf die Kandidaten einer lose gebundenen Parteiliste abgegeben werden können (Beispiel: Slowakei); (c) die *kumulierte Präferenzstimmgebung* als Variante von (b) mit der Besonderheit, dass die Vorzugsstimmen auch auf einen einzigen Kandidaten konzentriert („kumuliert") werden können, wodurch das Stimmgewicht differenziert wird (Beispiel: Bürgerschaftswahl in Hamburg); (d) *Mehrfachstimmgebung bei offenen Listen*, die es den Wählern erlaubt, ihr Stimmenkontingent nicht nur innerhalb einer Liste, sondern auch zwischen unterschiedlichen Kandidatenlisten zu verteilen („panaschieren"; Beispiel: Liechtenstein). Panaschieren kann auch mit der Möglichkeit zum Kumulieren verbunden werden (Beispiel: Kommunalwahl in Bayern).

Das Spektrum unterschiedlicher Kandidatur- und Stimmgebungsformen wird schließlich noch dadurch vergrößert, dass die in Tabelle 5.2 aufgeführten Einzelkombinationen auch parallel in ein und demselben Wahlsystem zur Anwendung kommen können. Ein Beispiel dafür ist das Wahlsystem zum Deutschen Bundestag, das sowohl eine Kandidatenstimme („Erststimme") als auch eine Parteistimme („Zweitstimme") vorsieht.

5.3 Verrechnungsverfahren

Mit der Wahlkreiseinteilung und der Festlegung von Kandidatur- und Stimmgebungsformen sind wesentliche institutionelle Komponenten vorgegeben, die die Funktionsweise eines Wahlsystems bestimmen. Was noch fehlt ist ein Verrechnungsverfahren, das die für die einzelnen Kandidaten bzw. Listen abgegebenen Stimmen in Mandate

---

11 In einigen Wahlsystemen gibt es ein bestimmtes Quorum an Präferenzstimmen, das die einzelnen Kandidaten erreichen müssen, um an den anderen, die vor ihnen auf der Liste stehen, vorbeizuziehen. So wandern etwa in bei den Nationalratswahlen in Österreich nur diejenigen Kandidaten auf den Landes- bzw. Regionallisten nach vorn, deren Präferenzstimmen mindestens die jeweilige Wahlzahl (*Hare quota*; bei Landeslisten) bzw. die halbe Wahlzahl oder ein Sechstel der jeweiligen Listenstimmen (bei Regionallisten) erreichen (Poier: 2010: 192). Durch dieses Quorum wird der Einfluss der Präferenzstimmen gegenüber der vorgegebenen Listenreihung der Parteien abgeschwächt.

überführt. Auch hier gibt es zahlreiche technische Varianten, die im Folgenden systematisch dargestellt werden.

Bei der Ausgestaltung des Verrechnungsverfahrens muss zunächst entschieden werden, nach welcher Grundregel die Mandatsverteilung innerhalb eines Wahlkreises erfolgen soll (vgl. Abbildung 5.2). Nach der *Mehrheits- oder Majorzregel* gehen *alle* zu vergebenden *Sitze* an diejenigen Kandidaten bzw. diejenige Partei, die die *Stimmenmehrheit* auf sich vereinen. Nach der *Verhältnis- oder Proporzregel* werden dagegen die zu vergebenden Mandate *in Relation zu den Stimmenanteilen* der einzelnen Kandidaten bzw. Parteien verteilt. Für die Mandatsverteilung müssen beide Grundregeln technisch konkretisiert werden.

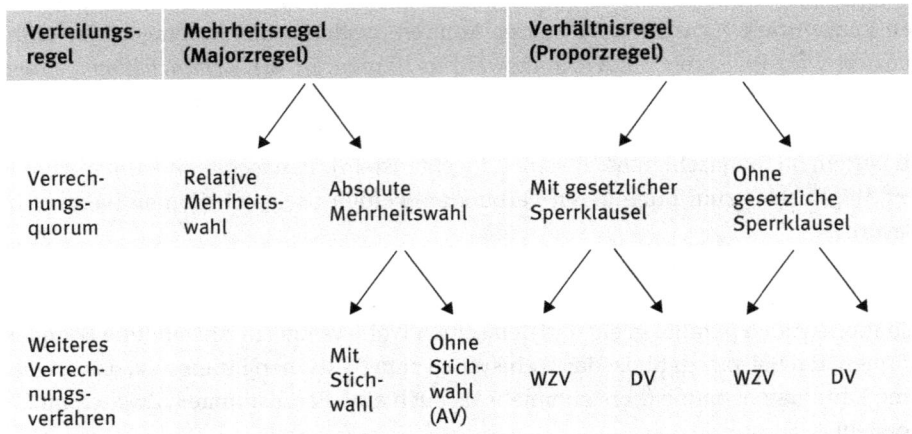

Verteilungs-regel	Mehrheitsregel (Majorzregel)		Verhältnisregel (Proporzregel)	
Verrech-nungs-quorum	Relative Mehrheits-wahl	Absolute Mehrheitswahl	Mit gesetzlicher Sperrklausel	Ohne gesetzliche Sperrklausel
Weiteres Verrech-nungs-verfahren		Mit Stich-wahl / Ohne Stich-wahl (AV)	WZV / DV	WZV / DV

Abkürzungen: AV = Alternative Vote; DV = Divisorverfahren; WZV = Wahlzahlverfahren.

Abbildung 5.2: Verrechnungsverfahren von Wahlsystemen.[12]

Bei der Majorzregel ist zu klären, welches Quorum zur Anwendung kommen soll: die *relative Mehrheit*, bei der der Erstplatzierte nur eine Stimme mehr benötigt als der Zweitplatzierte (im Englischen als *„first-past-the-post"* bezeichnet), oder die *absolute Mehrheit*, bei der der siegreiche Kandidat mindestens eine Stimme mehr als die Hälfte aller gültigen Stimmen erhalten muss (50 % +1). Während sich die relative Mehrheit stets unmittelbar ergibt, kommt eine absolute Mehrheit nicht zwangsläufig zustande, sobald mehr als zwei Kandidaten antreten. In diesem Fall ist meist ein zweiter Wahlgang vorgesehen, an dem nur die zwei Bestplatzierten des ersten Wahlgangs teilnehmen (Stichwahl). Eine Stichwahl lässt sich grundsätzlich mit der Alternativstimmgebung vermeiden: Hier stellt der Einbezug von Zweit- und Drittpräferenzen

---

12 Quelle: Eigene Darstellung.

der Wählerschaft nicht erfolgreicher Kandidaten sicher, dass eine absolute Stimmenmehrheit für einen Kandidaten bereits im ersten Wahlgang zustande kommt (siehe Kapitel 5.3.2). Da das Alternativstimmensystem auf diese Weise gewissermaßen die Stichwahl in den ersten und einzigen Wahlgang integriert, wird es auch als „*instant run-off*" bezeichnet.

Die technische Konkretisierung der *Proporzregel* ist noch variantenreicher. Hier muss zunächst geklärt werden, ob eine *gesetzliche Sperrklausel* (engl.: *legal threshold*) zur Anwendung kommen soll oder nicht. Eine Sperrklausel legt den Stimmenanteil fest, den eine Partei mindestens erhalten muss, um bei der Mandatsvergabe berücksichtigt zu werden. Alle Stimmen für Parteien, die unterhalb dieser Hürde verbleiben, werden nicht berücksichtigt und gehen damit „verloren". Sperrklauseln begünstigen folglich größere Parteien zulasten kleinerer, und zwar in zweifacher Weise. Zum einen profitieren alle Parteien, die über dem Schwellenwert liegen, von der *mechanischen Wirkung* einer Sperrklausel: Ihr Mandatsbonus steigt desto stärker, je mehr Stimmen kleinerer Parteien „ausgesiebt" werden. Zum anderen können Sperrklauseln auch *psychologische Wirkung* entfalten, indem sie das Wählerverhalten beeinflussen (siehe auch Kapitel 7.5): Wenn eine Partei laut Wahlumfragen an der Prozenthürde zu scheitern droht, wird sich zumindest ein Teil ihrer Wählerschaft umorientieren, um keine „verlorene Stimme" abzugeben, und stattdessen eine Partei wählen, deren Einzug ins Parlament gesichert scheint. Sperrklauseln haben somit eine ähnliche konzentrationsförderliche Wirkung wie kleinere bzw. mittelgroße Wahlkreise. Im Unterschied zur *natural threshold,* die durch die Wahlkreisgröße zustande kommt, ist die Zugangshürde einer gesetzlichen Sperrklausel klar definiert. Zudem wirkt ihr mechanischer Filter insofern symmetrisch, als alle Parteien oberhalb der Prozenthürde zu gleichen Anteilen von den „verlorenen Stimmen" profitieren. Kleine Wahlkreise haben dagegen einen asymmetrischen Konzentrationseffekt, da sie in der Regel nur die jeweils größten Parteien überproportional stark begünstigen (siehe Kapitel 3.3.1).

Gesetzliche Sperrklauseln sind im internationalen Vergleich sehr unterschiedlich ausgestaltet. Ihre Höhe variiert zwischen 2 % in Dänemark und 10 % in der Türkei. In einigen Ländern finden sich zudem Sonderregelungen, die Parteien nationaler Minderheiten bzw. Parteien mit regionalen Hochburgen von der Sperrklausel ausnehmen (Beispiel: Deutschland) oder unterschiedliche Hürden für Parteien und Wahlkoalitionen vorsehen (Beispiel: Polen). Nicht zuletzt sind unterschiedliche Anwendungsebenen zu berücksichtigen: In Spanien besteht beispielsweise eine 3 %-Klausel auf Ebene der subnationalen Wahlkreise, in Griechenland gilt dieselbe Hürde auf gesamtstaatlicher Ebene.

Schließlich muss bei Anwendung der Proporzregel auch festgelegt werden, nach welcher *Verrechnungsformel* die Sitzzuteilung erfolgt. Im Lauf der Zeit haben praktizierende Politiker wie Jefferson, Hamilton und Webster, Juristen wie Hare und d'Hondt, Mathematiker wie Condorcet, Borda und Niemeyer und Politologen wie Brams zahlreiche Formeln entwickelt, die je spezifische Vor- und Nachteile aufweisen (detailliert dazu Balinski/Young 1982; Colomer 2004a; Pukelsheim 2015). Aus

Übersichtlichkeitsgründen werden hier nur die zwei wichtigsten Typen von Verrechnungsformeln vorgestellt: Divisorverfahren und Wahlzahlverfahren.

Tabelle 5.3: Stimmenverrechnung nach dem Divisorverfahren d'Hondt.[13]

	Partei A	Partei B	Partei C	Partei D	Partei E	Partei F
Stimmen (200.000)	94.000	32.000	31.600	24.000	12.200	6.200
Quotient						
S/1	94.000 (1)	32.000 (3)	31.600 (4)	24.000 (6)	12.200	6.200
S/2	47.000 (2)	16.000 (9)	15.800 (10)	12.000	6.100	3.100
S/3	31.333 (5)	10.667	10.533	8.000	4.067	2.067
S/4	23.500 (7)	8.000	7.900	6.000	3.050	1.550
S/5	18.800 (8)	6.400	6.320	4.800	2.440	1.320
S/6	15.667	5.333	5.267	4.000	3.050	1.033
Sitze (10)	5	2	2	1	–	–

Beim *Divisorverfahren* wird das Stimmenergebnis jeder Partei durch eine fortlaufende Zahlenreihe geteilt. Die zur Verfügung stehenden Mandate werden dann nach den daraus resultierenden höchsten Zahlenwerten vergeben. Das bekannteste Divisorverfahren ist nach dem belgischen Juristen Viktor d'Hondt (1841–1901) benannt, dessen Formel auf einer Divisorenreihe fortlaufender natürlicher Zahlen basiert (1, 2, 3, 4, etc.). In Tabelle 5.3 wird das *d'Hondt-Verfahren* anhand eines fiktiven Beispiels illustriert: In einem 10er-Wahlkreis sind insgesamt 200.000 gültige Stimmen auf sechs Parteien in jeweils unterschiedlichem Umfang entfallen. Die Stimmenanzahl jeder Partei wird nun durch die Divisorenreihe nach d'Hondt geteilt (Quotienten: S/1, S/2, S/3, etc.). Die Sitze gehen an jene Parteien, die die zehn höchsten Zahlenwerte aufweisen (in der Tabelle kursiv gesetzt). In diesem Fallbeispiel erhält demnach Partei A fünf Sitze, Partei B und C erhalten je zwei Sitze, Partei D einen; Partei E und F gehen dagegen leer aus.

Aus Sicht der Verhältniswahlbefürworter hat das d'Hondt-Verfahren allerdings den Nachteil, dass es unter bestimmten Bedingungen größere Parteien bevorzugt und somit keinen exakten Proporz zwischen Stimmen- und Mandatsanteilen herstellt. Daher wurden weitere Höchstzahlverfahren entwickelt, die andere Divisorenreihen anwenden und damit in der Regel eine höhere Proportionalität erreichen. Die bekanntesten sind das *Sainte-Laguë-Verfahren* (Divisoren: 1, 3, 5, 7, etc.) und die *Ausgeglichene Methode*, die traditionell in den skandinavischen Ländern verwendet wird (daher auch „Skandinavische Methode"; 1.4, 3, 5, 7 etc.), die lediglich eine geringfügige Modifikation des Sainte-Laguë-Verfahren hinsichtlich des ersten Divisors darstellt. Bei Bundestagswahlen kommt seit 2009 das Sainte-Laguë-Verfahren (hierzulande als Sainte-Laguë/Schepers-Verfahren bezeichnet) zur Anwendung.

---

13 Quelle: Eigene Darstellung nach Nohlen (2014: 124) und Clark et al. (2013: 570).

Beim *Wahlzahl- oder Quotaverfahren* erfolgt die Mandatsvergabe mithilfe einer Wahlzahl (engl.: *quota*). Sie gibt die Anzahl von Stimmen an, die eine Partei jeweils für den Erhalt eines Sitzes „bezahlen" muss. Die einfachste Formel für die Wahlzahl berechnet diese als den Quotienten aus der Gesamtzahl aller gültigen Stimmen und der Anzahl der zu vergebenden Mandate (einfache Wahlzahl; engl.: *Hare quota*). Bei 100 Stimmen und vier zu vergebenden Mandaten wäre die *Hare quota* demnach 25. Offensichtlich würden aber schon 21 Stimmen die Erlangung eines Mandats garantieren, da mit den 100 Stimmen nicht fünfmal der Preis von 21 Stimmen für ein Mandat bezahlt werden kann, sodass also höchstens vier Mandate vergeben werden können. In der Praxis ist daher auch die sogenannte Droop-Quota verbreitet, die sich ergibt, wenn die Stimmenzahl durch die um Eins erhöhte Mandatszahl dividiert wird und der daraus resultierende Quotient noch einmal um eine Stimme erhöht wird. Im obigen Beispiel ergibt sich die Droop-Quota daher als 100 / (4 + 1) + 1.

Ist die Wahlzahl einmal bestimmt, dann vollzieht sich die Sitzzuteilung auf folgende Weise. Jede Partei erhält so viele Mandate, wie oft die ganze Wahlzahl in ihrer Stimmenanzahl enthalten ist. Bei dieser Grundverteilung können in der Regel nicht alle Mandate zugewiesen werden, weswegen ein zweiter Durchgang erforderlich ist, der die Restmandate nach einer weiteren Formel vergibt, z. B. den *größten Überresten* (engl.: *largest remainder*), die den einzelnen Parteien nach Abzug der ganzen Wahlzahlen bleiben. Die Kombination aus *Hare quota* und *largest remainder* ist im internationalen Vergleich das am häufigsten angewandte Wahlzahlverfahren. Es kam auch in Deutschland von 1985 bis 2005 zum Einsatz (unter der modifizierten Bezeichnung „Hare-Niemeyer-Verfahren").

Tabelle 5.4: Stimmenverrechnung nach einfachem Wahlzahlverfahren und größtem Überrest.[14]

	Partei A	Partei B	Partei C	Partei D	Partei E	Partei F	Gesamt
Stimmen (S)	94.000	32.000	31.600	24.000	12.200	6.200	200.000
WK-Sitze							10
Wahlzahl							20.000
S/Wahlzahl	4,70	1,60	1,58	1,20	0,61	0,31	–
Grundverteilung	4	1	1	1	0	0	7
Überrest	0,70	0,60	0,58	0,20	0,61	0,31	–
Restverteilung	1	1	0	0	1	0	3
Sitzverteilung (Gesamt)	5	2	1	1	1	0	10

Tabelle 5.4 illustriert dieses Verrechnungsverfahren, wobei dieselben fiktiven Wahlergebnisse wie in Tabelle 5.3 zugrunde gelegt werden. Anders als zuvor werden nun keine Höchstzahlen durch eine Divisorenreihe ermittelt, sondern zuerst die einfache

---

14 Quelle: Eigene Darstellung nach Nohlen (2014: 129) und Clark et al. (2013: 568).

Wahlzahl berechnet, die in diesem Fall bei 20.000 liegt (Gesamtstimmenzahl/Gesamt-mandate im Wahlkreis). Im ersten Durchgang werden die Sitze den einzelnen Par-teien nach den ganzzahligen Quotienten aus ihrer Stimmenzahl und der Wahlzahl zugewiesen. Auf diese Weise erhält Partei A vier Sitze; Partei B, C und D erhalten jeweils einen. Damit sind aber erst sieben der zehn Wahlkreismandate verteilt. Die übrigen drei werden jeweils den Parteien zugewiesen, deren Quotienten die größten Überreste hinter dem Komma haben, also in unserem Beispiel den Parteien A, E und B. Insgesamt erhält also Partei A fünf Sitze und Partei B zwei, während Partei C, D und E jeweils einen Sitz gewinnen.

Das Fallbeispiel macht mithin deutlich, dass die Methode Hare-Niemeyer unter bestimmten Umständen dazu tendiert, kleinere Parteien zu begünstigen: Anders als beim d'Hondt-Verfahren erhält nun auch Partei E einen Sitz. Dieser Sitz geht im Ver-gleich zum d'Hondt-Verfahren der Partei C verloren, die nun nur noch einen Sitz erhält. Der umstrittene Sitz geht beim Hare-Niemeyer-Verfahren an Partei E, obwohl diese weniger als die Hälfte der Stimmen von Partei C gewonnen hat, d. h. obwohl Partei C für zwei Sitze durchschnittlich mehr Stimmen „bezahlt" hätte als Partei E für einen.

Darüber hinaus können Wahlzahlverfahren zu paradoxen Effekten führen, wenn sich die Stimmenverteilung und/oder die Mandatszahl leicht verändern (vgl. Balinksi/ Young 1982). Beim sogenannten Alabama-Paradox kann es etwa dazu kommen, dass eine Partei einen Sitz verliert, wenn insgesamt mehr Sitze verteilt werden. Nehmen wir z. B. an, dass es zehn Sitze zu verteilen gibt und die Partei A 14 Stimmen erhält und die Parteien B und C beide jeweils 43. Verwendet man die *Hare quota*, dann erhält A zwei Sitze und B und C erhalten jeweils vier Sitze. Werden nun stattdessen elf Sitze vergeben, erhält A nur noch einen Sitz und B und C erhalten jeweils fünf Sitze. Solche Paradoxien kommen gewöhnlich nur bei Wahlzahlverfahren vor, während Divisor-verfahren dagegen gefeit sind. Vor allem aus diesem Grund wurde in Deutschland das Hare-Niemeyer-Verfahren sowohl auf Bundesebene als auch in einigen Ländern durch das Sainte-Laguë-Verfahren ersetzt.

Die Auswahl einer spezifischen Verrechnungsformel ist für die „Feinmechanik" der proportionalen Mandatszuweisung wichtig. Ihr Einfluss auf den Gesamteffekt des Wahlsystems ist allerdings begrenzt. In der Regel sind es nur ein, maximal zwei Mandate, die bei Anwendung des d'Hondt-Verfahrens anstelle des einfachen Wahl-zahlverfahrens anders zugewiesen werden. Wenn jedoch ein Wahlgebiet in zahlrei-che kleinere Wahlkreise unterteilt ist und die Verrechnungsformel dort entsprechend häufig wiederholt wird, kann die Verrechnungsformel einen erheblichen Unterschied machen. Am Beispiel Spaniens lässt sich gut illustrieren, wie stark die Konzentrati-onswirkung des d'Hondt-Verfahrens in Verbindung mit vielen kleineren Wahlkreisen ausfallen kann (Gunther 1989).

Insgesamt gibt es also diverse Möglichkeiten, die Verrechnung von Stimmen in Mandate auszugestalten. Die institutionelle Vielfalt wird noch dadurch erhöht, dass die Mandatszuweisung innerhalb eines Wahlsystems auf unterschiedlichen Ebenen erfolgen kann, also beispielsweise sowohl in subnationalen Wahlkreisen als auch in einem nationalen Wahlkreis. Außerdem können in ein und demselben Wahlsystem unterschiedliche Verrechnungsverfahren eingebaut werden. Z.B. finden in kombinierten Wahlsystemen sowohl die Mehrheits- als auch die Verhältnisregel auf jeweils unterschiedliche Mandatskontingente Anwendung. Daher kommt es gerade bei komplexeren Wahlsystemen darauf an, nicht nur die einzelnen Elemente für sich zu betrachten, sondern sie auch in ihrer Wechselwirkung mit den anderen technischen Komponenten zu analysieren, wenn man die technische Funktionsweise des Wahlsystems verstehen will.

5.4 Die systematische Beschreibung von Wahlsystemen

Mithilfe der Begriffssystematik, die in diesem Kapitel vorgestellt wurde, kann man die technische Struktur aller denkbaren Wahlsysteme präzise beschreiben. Dabei empfiehlt es sich, die einzelnen Elemente entsprechend der hier gewählten Reihenfolge zu identifizieren und sie dann mit den anderen Komponenten in Beziehung zu setzen.

Am Anfang stehen immer die *Anzahl, Größe und Ebenen der Wahlkreise*. Diese Parameter bilden gleichsam den Rahmen für das mögliche Funktionsspektrum eines Wahlsystems. Wenn beispielsweise das gesamte Wahlgebiet in 3er-Wahlkreise eingeteilt ist, liegt die natürliche Hürde so hoch, dass keine hohe Proportionalität zwischen Stimmen und Mandaten erzielt werden kann – selbst wenn eine strikt proportionale Verrechnungsformel zum Einsatz kommt. Weist ein Wahlsystem unterschiedliche Mandatskontingente auf, so muss das entsprechende „Mischungsverhältnis" genau erfasst werden, weil dies die Proporzwirkung beeinflusst. Werden z. B. in einem kombinierten Wahlsystem 60 % der Mandate in Einerwahlkreisen und 40 % in einem nationalen Wahlkreis vergeben, so tendiert diese Kombination normalerweise etwas stärker in Richtung Mehrheitsbildung als in Richtung Proporz.

Es folgen die Regelungen zu *Kandidatur- und Stimmgebungsformen*, wobei wiederum – wie unter 5.3.2 ausgeführt – zwischen unterschiedlichen Wahlkreistypen differenziert werden muss.

Bei der *Stimmenverrechnung* schließlich sind nicht nur die spezifischen Verrechnungsformeln relevant, sondern unter Umständen auch die verrechnungstechnische Verknüpfung unterschiedlicher Mandatskontingente. Zur Illustration wieder ein Beispiel. Die Wahlsysteme Deutschlands und Litauens haben auf den ersten Blick große Ähnlichkeit: In beiden Systemen wird jeweils die Hälfte der Mandate (Deutschland: 299 von 598; Litauen: 71 von 141) in Einerwahlkreisen gewählt, während die andere Hälfte über Parteilisten in einem nationalen Wahlkreis unter Anwendung der Proporzregel mit einer 5 % -Sperrklausel ermittelt wird. Abgesehen von einigen Unterschieden im Detail gibt es jedoch eine fundamentale Differenz zwischen beiden Wahlsystemen, die ihre Funktionsweise nachhaltig prägt. In Litauen stehen beide Mandatskontingente verrechnungstechnisch unverbunden nebeneinander: Die eine Hälfte der Mandate wird nach Mehrheitswahl in Einerwahlkreisen bestimmt, die andere nach Verhältniswahl in einem großen Wahlkreis; der theoretische Gesamteffekt im Hinblick auf die Proportionalität liegt folglich in der Mitte zwischen hochgradigem Stimmen-Mandate-Proporz und starkem Disproporz. Dagegen sind die Mandatskontingente in Deutschland verrechnungstechnisch verknüpft, wobei die Proporzregel der Mehrheitsregel „übergeordnet" ist, d. h. die *gesamte* Mandatsverteilung zwischen den politischen Parteien wird grundsätzlich nach Verhältniswahl in einem nationalen Wahlkreis ermittelt. Die Kandidaten, die in den EWK erfolgreich waren, ziehen zwar ins Parlament ein, werden aber mit den Listenmandaten ihrer jeweiligen Partei verrechnet, sodass sie normalerweise die auf nationalem Parteienproporz basierende Zusammensetzung des Parlaments nicht beeinflussen.

Die detailgenaue Beschreibung der technischen Elemente und ihrer Wechselbeziehungen ist ein Weg, um die Mechanik eines Wahlsystems zu verstehen. Wenn man jedoch Wahlsysteme im historischen und internationalen Vergleich analysieren will, braucht man ein Begriffsinstrumentarium, mit dem Wahlsysteme als ganze nach ihren theoretischen Auswirkungen klassifiziert werden können. Davon handelt das nächste Kapitel.

ℹ️ Weiterführende Aufgaben

Deutschland

Schröder, V. (2015). Fremdverwertung und Personenstimmenparadox: Negatives Stimmgewicht im Bremer und Hamburger Bürgerschaftswahlrecht. *Zeitschrift für Parlamentsfragen* 46(3): 561–577.

Der Aufsatz untersucht die Funktionsweise der personalisierten Verhältniswahlsysteme, die bei den Bürgerschaftswahlen in Hamburg und Bremen seit 2002 bzw. 2006 zur Anwendung kommen.

1. Welche Besonderheiten der Stimmgebung und Stimmenverrechnung weisen die beiden Länderwahlsysteme im Vergleich zum Bundestagswahlsystem auf? Wie sind diese jeweils technisch ausgestaltet?
2. Inwiefern bewirkt die technische Struktur beider Wahlsysteme Effekte, die der Intention der Wähler zuwiderlaufen? Wie könnten diese Probleme behoben werden?

Großbritannien

Mit dem „*Good Friday Agreement*" von 1998 wurde in Nordirland ein Regionalparlament (*Northern Ireland Assembly*) eingerichtet, das nach dem *Single-Transferable-Vote*-System (STV) gewählt wird.

1. Beschreiben Sie mithilfe der Informationen, die die nordirische Wahlbehörde (*The Electoral Office of Northern Ireland*, http://www.eoni.org.uk/, letzter Aufruf: 17.04.2016) zur Verfügung stellt, das STV-System mit allen seinen institutionellen Details.
2. Inwieweit lässt sich argumentieren, dass Nordirland ein Verhältniswahlsystem besitzt und sich damit von allen anderen regionalen und nationalen Wahlsystemen, die im Vereinigten Königreich zur Anwendung kommen, unterscheidet?

Frankreich

Grotz, F./Weber, T. (2016). Wahlsysteme und Sitzverteilung im Europäischen Parlament, in: Schoen, H./Weßels, B. (Hrsg.): *Wahlen und Wähler. Analysen aus Anlass der Bundestagswahl 2013.* Wiesbaden: Springer VS, 493–515.

Der Beitrag untersucht das „polymorphe" Wahlsystem, das bei den Europawahlen von 2015 in den 28 EU-Staaten zur Anwendung gekommen ist.

1. Welche technischen Elemente weist das französische Europawahlsystem auf? Wodurch unterscheidet es sich grundsätzlich vom Wahlsystem zur französischen Nationalversammlung?
2. Welche strukturellen Gemeinsamkeiten und Unterschiede hat das französische Europawahlsystem zu seinen Pendants in den anderen 27 EU-Staaten? Wie breit ist sein theoretisches Wirkungsspektrum auf die Proportionalität und die Effektive Parteienzahl?

Polen

Materska-Sosnowka, A. (2010). Poland, in: Nohlen, D./Stöver, P. (Hrsg.): *Elections in Europe. A Data Handbook.* Baden-Baden: Nomos, 1471–1524.

Der Handbuchartikel gibt einen systematischen und detaillierten Überblick über Wahlrecht, Wahlsysteme und Wahlergebnisse in Polen vom Ende des Ersten Weltkriegs bis zum Beginn des 21. Jahrhunderts.

1. Zeichnen Sie die institutionelle Entwicklung des polnischen Wahlsystems in der Zwischenkriegszeit (1919–1938) nach!
2. Welche strukturellen Gemeinsamkeiten und Unterschiede haben diese historischen Wahlsysteme mit demjenigen, das gegenwärtig in Polen zur Anwendung kommt (siehe Fallbeschreibung im Anhang)?

Mexiko

Molinar Horcasitas, J./Weldon, J. A. (2001). Reforming Electoral Systems in Mexico, in: Shugart, M. S./Wattenberg, M. P. (Hrsg.): *Mixed-Member Electoral Systems: the Best of Both Worlds?* Oxford: Oxford University Press, 209–230.

Der Beitrag zeichnet die institutionelle Entwicklung des Wahlsystems in Mexiko von 1946 bis 1997 nach.

1. Welches waren die wichtigsten Phasen der mexikanischen Wahlsystementwicklung? Was waren die zentralen technischen Elemente des jeweiligen Wahlsystems?
2. Inwiefern reflektierten die einzelnen Veränderungen des Wahlsystems auch die Zunahme des Kompetitivitätsgrades der mexikanischen Wahlen?

Südafrika

De Visser, J./Steytler, N. (2016): *Electing Councillors. A Guide to Municipal Elections.* Cape Town: Dullah Omar Institute, insbesondere 9–13 und 37–59 (http://www.fes-southafrica.org/fes/electing-councillors-a-guide-to-municipal-elections/, letzter Aufruf: 15.07.2016).

Während Bemühungen, das nationale Wahlsystem in Südafrika zu reformieren, seit den 1990er-Jahren verpufften, wurde das Wahlsystem auf kommunaler Ebene erheblich verändert, wobei viele Ideen aus der Reformdebatte auf nationaler Ebene aufgenommen wurden. Zugleich werden unterschiedliche Repräsentativorgane auf lokaler Ebene nach unterschiedlichen Wahlsystemen gewählt.

1. Welche technischen Elemente werden im südafrikanischen Kommunalwahlsystem miteinander kombiniert?
2. Eine besondere Herausforderung des südafrikanischen Kommunalwahlsystems ist die Berücksichtigung siegreicher unabhängiger Kandidaten (von denen es auf der lokalen Ebene einige gibt) bei der (proportionalen) Stimmenverrechnung in den Mehrpersonenwahlkreisen. Wie wird dies technisch gelöst?

6 Analytische Konzepte: Wie können Wahlsysteme klassifiziert werden?

Um die Vielfalt realer Wahlsysteme konzeptionell zu erfassen und sie so dem historischen und internationalen Vergleich zugänglich zu machen, gibt es grundsätzlich drei Möglichkeiten. Erstens können Wahlsysteme nach den demokratietheoretischen Zielvorstellungen unterschieden werden, die sie primär erfüllen sollen. Darauf bezieht sich der *idealtypische Gegensatz zwischen Mehrheitswahl und Verhältniswahl*, der für die normative Wahlsystemdebatte konstitutive Bedeutung besitzt. Zweitens können Wahlsysteme anhand ihrer zentralen Strukturelemente klassifiziert werden. Auf diese Weise lassen sich mehr oder minder ausdifferenzierte *Typologien* bilden, die hauptsächlich von der qualitativ-vergleichenden Forschung genutzt werden. Schließlich kann man indexbasierte Skalen bilden, die die funktionsrelevanten Merkmale von Wahlsystemen „stufenlos" erfassen. Solche *metrischen Konzepte* kommen in der quantitativ-vergleichenden Wahlsystemforschung zur Anwendung.

6.1 Idealtypische Prinzipien: Mehrheitswahl und Verhältniswahl

Die älteste, bekannteste und einfachste Möglichkeit zur Klassifikation von Wahlsystemen ist die Unterscheidung zwischen Mehrheitswahl und Verhältniswahl. Sie erscheint deswegen so plausibel, weil sich die idealtypischen Effekte, die den beiden Grundtypen zugeschrieben werden, gegensätzlich zueinander verhalten (vgl. Tabelle 6.1).

Tabelle 6.1: Idealtypische Effekte von Mehrheits- und Verhältniswahl.[15]

	Mehrheitswahl	Verhältniswahl
Konzentration des Parteiensystems	Ja	Nein
Förderung von Einparteiregierungen	Ja	Nein
Proportionale Repräsentation	Nein	Ja
Repräsentation kleiner Parteien	Nein	Ja

Die *Mehrheitswahl* zielt idealtypisch auf die Konzentration des parlamentarischen Parteiensystems und die Förderung von Einparteiregierungen. Durch ihre institutionellen Effekte zugunsten größerer Parteien beeinträchtigt sie allerdings die Proportionalität zwischen Stimmen- und Mandatsanteilen; die Leidtragenden sind in aller Regel kleinere Parteien, wie z. B. Parteien ethnischer Minderheiten. Aber auch neue

---

15 Quelle: Eigene Darstellung auf Grundlage von Nohlen (2014: 168).

DOI 10.1515/9783486855401-007

gesellschaftliche Kräfte, die sich parteiförmig organisieren, haben unter der Mehrheitswahl zunächst so gut wie keine Chance auf parlamentarische Vertretung.

Die idealtypischen Effekte der *Verhältniswahl* stellen sich genau umgekehrt dar. Hier besteht das zentrale Ziel darin, einen möglichst perfekten Proporz zwischen Stimmen- und Mandatsanteilen zu erreichen; damit wird zugleich eine adäquate Repräsentation von kleineren bzw. von Minderheitsparteien im Parlament sichergestellt. Gerade wegen der hochgradigen Proporzwirkung können Verhältniswahlsysteme aber keinen effektiven Beitrag zur Konzentration des Parteiensystems leisten; unter normalen Umständen kommen daher auch keine Einparteiregierungen zustande.

Die gegenläufigen Effekte, die der Mehrheitswahl und der Verhältniswahl zugeschrieben werden, suggerieren, dass man sich *entweder* für die eine *oder* für die andere Alternative entscheiden muss. In der Tat konzentrierte sich die Wahlsystemdebatte lange Zeit auf die Frage, ob die Mehrheitswahl oder die Verhältniswahl das „beste System" sei (z. B. Hermens 1968; Sternberger 1964). Diese Grundsatzdiskussion wird bis heute immer wieder aufgegriffen (z. B. Strohmeier 2009). Dabei begründen beide Seiten ihre jeweilige Position in der Regel mit normativen Argumenten, die auf unterschiedlichen Vorstellungen von der Funktionsweise repräsentativer Demokratien gründen.

Für die *Anhänger der Mehrheitswahl* führt eine hohe Fragmentierung des Parteiensystems zwangsläufig zu politischer Instabilität, weil dadurch die Mehrheitsbildung im Parlament erheblich erschwert wird. Diese „Gefahr" soll ein Mehrheitswahlsystem durch seine Konzentrationswirkung bannen. Idealerweise entsteht dadurch ein Zweiparteiensystem, aus dem dann die Mehrheitsregierung einer Partei hervorgeht. Aus Sicht der Mehrheitswahlbefürworter ist eine Einparteiregierung das beste Format für eine demokratische Exekutive, weil in dieser Konstellation wesentlich effizienter und effektiver regiert werden kann als in Koalitions- bzw. Minderheitskabinetten, in denen aufwändige Abstimmungsprozesse und inhaltliche Kompromisse erforderlich sind. Einparteiregierungen wirken sich auch positiv auf die politische Wettbewerbsstruktur und die Art des Konfliktaustrags in der parlamentarischen Demokratie aus – so ein weiteres Argument der Mehrheitswahlanhänger. Da sich Regierung und Opposition als deutlich unterscheidbare Pole gegenüberstehen, steht den Bürgern stets eine klar identifizierbare Alternative zur Regierungsagenda vor Augen, über die sie bei den nächsten Wahlen entscheiden können. Dies hat nicht zuletzt sichtbare Konsequenzen für die inhaltliche Ausrichtung der Staatstätigkeit (*policy*): Wenn die bisherige Regierung abgewählt wird und die Opposition an die Macht kommt, wird diese ihr „Kontrastprogramm" umsetzen, das dem Mehrheitswillen der Wählerschaft entspricht. Damit kommt es zu einem „echten" Politikwechsel, der wieder bei den nächsten Parlamentswahlen zur Abstimmung steht.

Die Mehrheitswahl sorgt nach Meinung ihrer Befürworter nicht nur für effizientes Regieren und gibt dem Wähler klare Alternativen zur Auswahl, sie kann auch in Bezug auf ein weiteres demokratietheoretisches Kriterium als überlegene Alternative angesehen werden. Einer der wichtigsten Mechanismen der Demokratie besteht nämlich darin, die Regierung zur Verantwortung ziehen zu können. Dieser Mechanismus, im Englischen *„accountability"* genannt, findet seine Anfänge schon in der athenischen Demokratie in Form des Scherbengerichts (Elster 1999), wird aber auch in der modernen empirischen Demokratietheorie vor allem auf den Zusammenhang mit Wahlen bezogen (Ganghof 2016). Demnach besteht der Sinn von Demokratie darin, „gute" Regierungen wiederzuwählen und „schlechte" abzuwählen (Downs 1957). In empirischen Untersuchungen wird der genannte Zusammenhang zwischen Wahlverhalten und Regierungshandeln auch als *„Reward-and-punishment"*-Hypothese (Key 1966) bezeichnet. In diesem Fall ist das der Wahlentscheidung zugrundeliegende Kalkül insofern „rückwärtsgewandt" (*„retrospective voting"*; Fiorina 1981), als sich die Wähler vor allem an den Erfahrungen orientieren, die sie in der Vergangenheit mit der Regierung gemacht haben. Die Voraussetzung dafür, dass der Wähler die amtierende Regierung durch Stimmentzug „abstrafen" kann, besteht jedoch darin, dass er genau erkennen kann, welche Partei für das Versagen oder den Erfolg der Regierung verantwortlich gemacht werden kann. In Einparteiregierungen ist dieses Identifikationsproblem leicht zu lösen, während es in Koalitionsregierungen oft zu einer Verantwortungsdiffusion und dementsprechend auch -konfusion kommt, die es dem Wähler im Zweifelsfall unmöglich macht, den „wahren Schuldigen" zu identifizieren.

Insgesamt deckt sich diese Argumentationskette mit einem normativen Demokratiemodell, das Arend Lijphart (2012) als *Mehrheitsdemokratie* (*„majoritarian democracy"*) bezeichnet hat. Deren charakteristisches Merkmal ist die institutionelle Machtkonzentration, die die ergebnisbezogene Funktions- und Leistungsfähigkeit des Regierungssystems erhöhen und so seine Output-Legitimation steigern soll. Dazu leistet die Mehrheitswahl einen entscheidenden Beitrag.

Die *Befürworter der Verhältniswahl* argumentieren meist mit denselben Funktionsmechanismen, kommen aber zu genau gegenteiligen Bewertungen. Aus dieser Sicht ist die Fragmentierung des Parteiensystems keine Gefahr für die Demokratie, sondern spiegelt die Interessenvielfalt in einer demokratischen Gesellschaft. Jede Unterdrückung oder Verfälschung dieser faktischen Pluralität würde die gesellschaftliche Akzeptanz der Demokratie beeinträchtigen und somit ihre innere Stabilität gefährden. Dem kann nur ein Wahlsystem entgegenwirken, das einen möglichst exakten Proporz zwischen Wählerstimmen und Parlamentsmandaten garantiert. Auch für den Prozess des demokratischen Regierens ist die Verhältniswahl günstig. Über die parlamentarische Abbildung der Interessenvielfalt befördert sie die Bildung von Koalitionsregierungen, die aufgrund ihrer heterogenen Struktur zu inklusiven Entscheidungen kommen müssen. Eine solche Politik steht deswegen auf einer breiteren Legitimationsbasis als diejenige einer „künstlich geschaffenen" Einparteiregierung. Unter Verhältniswahl bestimmen Kooperation und Verhandlung auch die politischen Wettbewerbs- und Konfliktregelungsmuster – wiederum zum Vorteil der Demokratie, so die Vertreter dieser Position. Da alle beteiligten Parteien wissen, dass sie nicht die Macht haben, ihre Interessen einseitig durchzusetzen, steht am Ende immer ein politischer Kompromiss, an dem alle mitgewirkt haben und der genau deshalb eine nachhaltige

Konfliktlösung darstellt. Ein solcher Kompromiss muss nicht unbedingt nur den „kleinsten gemeinsamen Nenner" darstellen, was die substanzielle Qualität der Entscheidung eher infrage stellen könnte. Gerade weil er auf einer Verhandlungslösung mehrerer beteiligter Parteien basiert und daher divergierende Meinungen und Informationen integrieren muss, stellt der Kompromiss oft auch hinsichtlich der Qualität der Entscheidung die bestmögliche oder zumindest eine substanziell gute Entscheidung dar, weil er auf einer wesentlich breiteren Informationsbasis gefunden wird.

Radikale Politikwechsel sind unter diesen Bedingungen unmöglich. Gleichwohl wird die Demokratie nicht immobil oder reformunfähig. Im Gegenteil: Weil sich unter Verhältniswahl gesellschaftliche Kräfte leichter parteipolitisch organisieren lassen und ins Parlament einziehen können, werden die etablierten Parteien schneller durch neue Mitbewerber herausgefordert und müssen folglich aktuelle Entwicklungstrends auch rascher in ihre inhaltliche Agenda aufnehmen. Diese Argumentation der Verhältniswahlbefürworter orientiert sich an dem normativen Modell der *Konsensdemokratie* („*consensus democracy*"; Lijphart 2012). Deren zentrales Merkmal ist die institutionell angelegte Machtstreuung, die eine inklusive politische Willensbildung und Entscheidungsfindung im demokratischen Regierungssystem gewährleistet und so seine Input-Legitimation sichert. In dieser institutionellen Architektur ist die Verhältniswahl ein essenzieller Baustein.

Tabelle 6.2: Normative Perspektiven auf Mehrheitswahl und Verhältniswahl.[16]

	Perspektive der Mehrheitswahlbefürworter	Perspektive der Verhältniswahlbefürworter
Parteiensystem	Parteipolitische Fragmentierung führt zu politischer Instabilität.	Parteipolitische Fragmentierung spiegelt gesellschaftliche Vielfalt.
Regierungszusammensetzung	Einparteiregierungen fördern politische Effizienz und Effektivität.	Koalitionsregierungen fördern inklusive politische Entscheidungen.
Politischer Wettbewerb und Konfliktregelung	Antagonismus zwischen Regierung und Opposition erzeugt klare politische Alternativen.	Kooperation und Verhandlung zwischen allen Parteien garantieren nachhaltige Konfliktlösungen.
Policy-Entwicklung	Politikwechsel durch Alternanz von Regierungs- und Oppositionsparteien nach Wahlen.	Gradueller Politikwandel über Repräsentation neuer gesellschaftlicher Bewegungen/Parteien.
Demokratiemodell	Mehrheitsdemokratie (Präferenz für Output-Legitimation)	Konsensdemokratie (Präferenz für Input-Legitimation)

Tabelle 6.2 stellt die zentralen Argumente der Mehrheits- und Verhältniswahlanhänger nochmals gegenüber. Daran wird deutlich, dass beide Positionen in ihrer

---

16 Quelle: Eigene Darstellung.

Einschätzung der grundlegenden Wahlsystemeffekte übereinstimmen: Mehrheitswahl führt zu Zweiparteiensystemen und Einparteiregierungen, Verhältniswahl hingegen zu Vielparteiensystemen und Koalitionsregierungen. Die Kontroverse entzündet sich also nicht an den (zugeschriebenen) Auswirkungen von Mehrheits- und Verhältniswahl, sondern an ihrer demokratietheoretischen Bewertung. Daher wird diese Debatte auch nie zu einem „natürlichen Ende" kommen. Zwar kann man die vorgetragenen Argumente für Mehrheits- bzw. Verhältniswahl verfeinern, ergänzen und im Licht neuer Erfahrungen illustrieren, doch wird dadurch nicht der Dissens aufgelöst, welches das „beste" Wahlsystem ist, weil die Antwort darauf nicht von empirischen Befunden abhängt, sondern von der normativen Grundentscheidung, welches Modell repräsentativer Demokratie man favorisiert: die Mehrheitsdemokratie oder die Konsensdemokratie.

Der Gegensatz zwischen Mehrheitswahl und Verhältniswahl erweist sich in vielerlei Hinsicht als nützlich. Er ist ebenso klar konturiert wie eingängig und erleichtert somit den allgemeinen Zugang zur politikwissenschaftlichen Wahlsystemlehre. Außerdem verdeutlicht die Kontroverse zwischen Befürwortern der Mehrheitswahl und Anhängern der Verhältniswahl, dass es bei Wahlsystemfragen nicht allein um technische Detailprobleme der Stimmgebung und Stimmenverrechnung geht, die rein mathematisch zu lösen sind. Vielmehr basieren die jeweiligen Wahlsystempräferenzen auf normativ begründeten Positionen über die Struktur und Funktionsweise der repräsentativen Demokratie. Auf diese Weise wird die demokratietheoretische Fundierung des Wahlsystems deutlich, was wiederum seine wissenschaftliche wie politische Relevanz unterstreicht. Nicht zuletzt bieten Mehrheitswahl und Verhältniswahl als antagonistische „Repräsentationsprinzipien" (Nohlen 2014: 151) konzeptionelle Referenzpunkte, um reale Wahlsysteme nach normativen Gesichtspunkten zu ordnen (siehe Kapitel 6.4.2).

Für die systematisch-vergleichende Analyse von Wahlsystemen ist die idealtypische Differenz zwischen Mehrheits- und Verhältniswahl jedoch nur bedingt geeignet. Drei Aspekte sind in dieser Hinsicht besonders kritisch. Erstens gehen Mehrheits- wie Verhältniswahlanhänger davon aus, dass das Wahlsystem die Funktions- und Leistungsfähigkeit einer repräsentativen Demokratie nachhaltig bestimmt. Allerdings gibt es im demokratischen Verfassungsstaat noch weitere institutionelle Arrangements, die die Input- wie Output-Dimension des Regierens maßgeblich prägen und so die politische Bedeutung des Wahlsystems deutlich begrenzen (Grotz 2013). Diese theoretische Relativierung des Wahlsystems bleibt in der normativen Debatte meist unreflektiert.

Zweitens bildet die abstrakte Alternative zwischen idealem Proporzeffekt und stabiler Mehrheitsbildung das Wirkungsspektrum realer Wahlsysteme nur unzureichend ab. Jedes Wahlsystem hat spezifische Effekte sowohl auf die Repräsentationsstrukturen als auch auf die Regierbarkeit einer Demokratie. Will man diese Effekte präzise erfassen, braucht es einen Katalog von Bewertungskriterien, der stärker ausdifferenziert ist und auch graduelle Unterschiede erfasst (siehe Kapitel 4.2).

Drittens beruhen die idealtypischen Definitionen von Mehrheits- und Verhältniswahl primär auf den erwünschten oder unerwünschten Effekten von Wahlsystemen, nicht auf ihrer technischen Struktur. Zwar wurde in den Debatten der Vergangenheit das Prinzip Mehrheitswahl meist mit der „britischen" Mehrheitswahl in Einerwahlkreisen gleichgesetzt, während die Weimarer Republik, in der die Abgeordneten in einem nationalen Wahlkreis ohne Sperrklausel gewählt wurden, als Prototyp der Verhältniswahl galt (vgl. etwa Hermens 1968). Wie aber sind all die vielen Wahlsysteme einzuordnen, die weder der britischen Mehrheitswahl noch der Weimarer Verhältniswahl gleichen? Zur Beantwortung dieser Frage bedarf es stärker ausdifferenzierter Typologien, die eine systematische Verbindung zwischen Repräsentationsprinzipien und technischen Elementen herstellen.

6.2 Wahlsystemtypologien

Eine *Typologie* ist die systematische Einteilung eines Gegenstandsbereichs anhand von zwei oder mehreren Kriterien (Nohlen 2010b; Behnke et al. 2010: 113ff.). In der politikwissenschaftlichen Regierungslehre dienen Typologien vor allem dazu, die Strukturen politischer Systeme nach theoretisch relevanten Gesichtspunkten zu ordnen und damit die begriffliche Basis für historisch und international vergleichende Analysen zu legen. Zu diesem Zweck sollte eine Typologie drei Merkmale aufweisen. Erstens müssen ihre Einteilungskriterien *trennscharf* sein und somit eine eindeutige Zuordnung der Untersuchungseinheiten (Fälle) ermöglichen. Wenn z. B. in einer Wahlsystemtypologie das Wahlsystem Deutschlands sowohl unter einen Typ A als auch unter einen Typ B subsumiert werden kann, hätte sie ihr Ziel verfehlt, die Besonderheiten des deutschen Falls kenntlich zu machen. Zweitens sollte eine Typologie den Gegenstandsbereich *umfassend* in sich aufnehmen, d. h. sämtliche empirischen Fälle erfassen. Wenn z. B. nur eine Zuordnungsalternative zwischen Wahlsystemen mit ausschließlich Einerwahlkreisen oder Wahlsystemen mit ausschließlich Mehrpersonenwahlkreisen bestünde, könnte man in dieser Typologie das deutsche System nicht unterbringen, weil es bekanntlich beide Arten von Wahlkreisen enthält. Drittens sollte sich eine Typologie durch ein *gegenstandsadäquates Abstraktionsniveau* auszeichnen. Werden die Einteilungskriterien sehr allgemein definiert, so umfassen die einzelnen Typen relativ viele Fälle, welche dann allerdings auch untereinander relativ heterogen sind. Wer z. B. nur zwischen Wahlsystemen mit Mehrheitsregel und Wahlsystemen mit Verhältnisregel differenziert, wird in jedem der beiden Typen sehr unterschiedliche institutionelle Arrangements vorfinden, die auch sehr unterschiedlich funktionieren. Umgekehrt sollte eine Typologie nicht zu viele bzw. zu konkrete Einteilungskriterien heranziehen. Dann könnte es passieren, dass jeder Typ nur noch ein oder zwei Fälle umfasst; die theorieorientierte Ordnungsfunktion, die nicht nur spezifische Unterschiede, sondern auch grundlegende Gemeinsamkeiten zwischen den Fällen hervorheben soll, würde dadurch konterkariert.

Die empirisch-vergleichende Wahlsystemforschung hat zahlreiche Typologien entwickelt. Die meisten davon gleichen sich insofern, als sie die gängigsten Wahlsysteme, wie die relative Mehrheitswahl („britisches Modell"), die absolute Mehrheitswahl („französisches Modell") und die reine Verhältniswahl („Weimarer Modell"), als eigene Typen berücksichtigen. Abgesehen davon überwiegen jedoch die Unterschiede. Das gilt nicht nur für die Frage, wie viele und welche Wahlsystemtypen aufgenommen und wie sie genau bezeichnet werden, sondern auch, anhand welcher Kriterien die Einteilung erfolgt. In dieser Hinsicht gibt es zwei grundlegend verschiedene Herangehensweisen.

Auf der einen Seite finden sich Typologien, die Wahlsysteme *ausschließlich nach ihren technischen Elementen klassifizieren*. So haben beispielsweise Louis Massicotte und André Blais (1999) fünf Arten identifiziert, wie die Mehrheitsregel und die Verhältnisregel in einem „gemischten Wahlsystem" („*mixed system*") miteinander kombiniert werden können. Kommen beide Formeln getrennt voneinander zum Einsatz („*independent combination*"), sind drei Subtypen zu unterscheiden: (1) die separierte Anwendung von Mehrheits- und Verhältnisregel in je unterschiedlichen subnationalen Wahlkreisen („*coexistence*"); (2) die parallele Anwendung im gesamten Wahlgebiet („*superposition*"); sowie (3) die separierte Anwendung in ein und demselben subnationalen Wahlkreis („*fusion*"). Werden beide Formeln verrechnungstechnisch verknüpft („*dependent combination*"), ergeben sich zwei weitere Subtypen: (4) die Anrechnung der gewonnenen Mehrheitswahlmandate auf die Verhältniswahlmandate („*correction*") sowie (5) die bedingte Anwendung der Verhältnisregel auf die (Rest-)Mandatsverteilung in Abhängigkeit vom Erreichen eines bestimmten Mehrheitsquorums („*conditional*"). Eine eingehendere Erläuterung dieser fünf Typen kann hier ebenso beiseite gelassen werden wie eine Illustration durch jeweils passende Länderbeispiele. Das zentrale Ziel dieses typologischen Ansatzes wird auch so deutlich: Es geht primär um die logisch konsistente Erfassung der institutionellen Vielfalt, die sich aus der Kombinatorik unterschiedlicher Wahlsystemelemente ergibt. Damit lassen sich u. a. neue technische Varianten identifizieren, die als Alternativen für bestehende Wahlsysteme ins Spiel gebracht werden können. Allerdings hat der Ansatz auch einen gravierenden Nachteil: Typologien, die Wahlsysteme allein nach technischen Merkmalen klassifizieren, liefern keinen Anhaltspunkt, welche theoretischen Auswirkungen von den einzelnen Wahlsystemtypen zu erwarten sind. Anders formuliert: Sie sagen nichts darüber aus, inwieweit die unterschiedliche technische Struktur von Wahlsystemen auch einen „effektiven Unterschied" macht.

Ein anderer Forschungszweig hat daher Typologien entwickelt, die die *technische Struktur* von Wahlsystemen *in theoretischer Perspektive* darstellen. Besonders prominent ist hier der Ansatz von Dieter Nohlen (1996; 2014), der Wahlsysteme zunächst nach ihrer konstitutivsten und wirkungsmächtigsten Komponente unterscheidet: der *Wahlkreisstruktur* (siehe Kapitel 3.3.1). In einem zweiten Schritt werden dann weitere Subtypen nach den wichtigsten Verrechnungselementen gebildet, die innerhalb des jeweiligen Wahlsystems zur Anwendung kommen und einen bestimmten theoretischen Effekt auf das Stimmen-Mandate-Verhältnis haben (*Verrechnungsstruktur*). So entstehen *zehn bis zwölf Realtypen*, mit denen die allermeisten historischen und aktuellen Wahlsysteme der Welt nach ihrer technischen Struktur klassifiziert und zugleich einem der beiden Repräsentationsprinzipien zugeordnet werden können (Nohlen et al. 1999; Nohlen 2014): der *Mehrheitswahl oder* der *Verhältniswahl*.

In Abbildung 6.1 sind die Vorgehensweise und das Ergebnis dieses typologischen Ansatzes zusammengefasst. Das erste, grundlegende Einteilungskriterium ist die Wahlkreisstruktur: Wahlsysteme mit Einerwahlkreisen, aber auch mit kleinen Mehrpersonenwahlkreisen wirken stark konzentrationsfördernd und sind daher als Mehrheitswahlsysteme zu klassifizieren. Dagegen tendieren Wahlsysteme, die nur einen nationalen Wahlkreis oder mehrere (mittel-)große Wahlkreise haben, zu einer höheren Proporzwirkung und sind folglich dem Verhältniswahlprinzip zuzuordnen. Innerhalb der jeweiligen Wahlkreisstruktur machen die konkreten Verrechnungsbestimmungen einen Unterschied dahingehend, welche Parteien bei der Mandatsvergabe besonders begünstigt oder benachteiligt werden (siehe Kapitel 3.3.3).

Bei Einerwahlkreis-Systemen besteht die grundlegende Alternative zwischen relativer und absoluter Mehrheitswahl. Bei *relativer Mehrheitswahl* hat diejenige Partei den größten Vorteil, die auf dem gesamten Wahlgebiet die meisten Wählerhochburgen auf sich vereint und somit als relativ stärkste Kraft deutlich mehr Mandate gewinnt als ihr nach nationalen Stimmenanteilen zustehen würden. Umgekehrt haben kleine Parteien ohne regionale Hochburgen nur äußerst geringe Chancen auf parlamentarische Repräsentation, selbst wenn sie auf einen landesweiten Stimmenanteil von 10–15 % kommen. Das Standardbeispiel für diesen Wahlsystemtyp ist Großbritannien, auch wenn kleinere Parteien wie die *Scottish National Party* (SNP) aufgrund ihres regionalen Wählerrückhalts schon seit längerem im Westminster-Parlament vertreten sind (Nohlen 2014: 338ff.).

Bei *absoluter Mehrheitswahl* hingegen können kleinere Parteien durchaus zahlreiche Mandate gewinnen. Voraussetzung ist allerdings, dass sich „politisch alliierte" Parteien vor der Stichwahl absprechen und ihre Kandidaten wechselseitig zugunsten jeweils der anderen Parteien zurückziehen. So kann ein Bündnis kleiner Parteien *gemeinsam* die Mehrheit der Parlamentsmandate gewinnen, obwohl sie *je für sich* keinen nennenswerten Mandatsbonus erhalten. Diese Effekte der absoluten Mehrheitswahl können exemplarisch in Frankreich studiert werden.

Auch bei der Mehrheitswahl in kleinen Wahlkreisen gibt es unterschiedliche Spielarten. Bei einem *Block-Vote*-System hat der einzelne Wähler so viele Stimmen, wie Mandate im Wahlkreis zu vergeben sind. Der theoretische Effekt dieses Wahlsystemtyps ist weitgehend identisch mit relativer Mehrheitswahl in Einerwahlkreisen, da es wahrscheinlich ist, dass alle Parteien entsprechend viele Kandidaten pro Wahlkreis nominieren und die Wähler entsprechend viele Stimmen *en bloc* für „ihre" Partei abgeben. Das *Block-Vote*-System kam beispielsweise in den Philippinen und in Thailand bis Ende der 1990er-Jahre zur Anwendung (Nelson 2001; Hartmann et al. 2001).

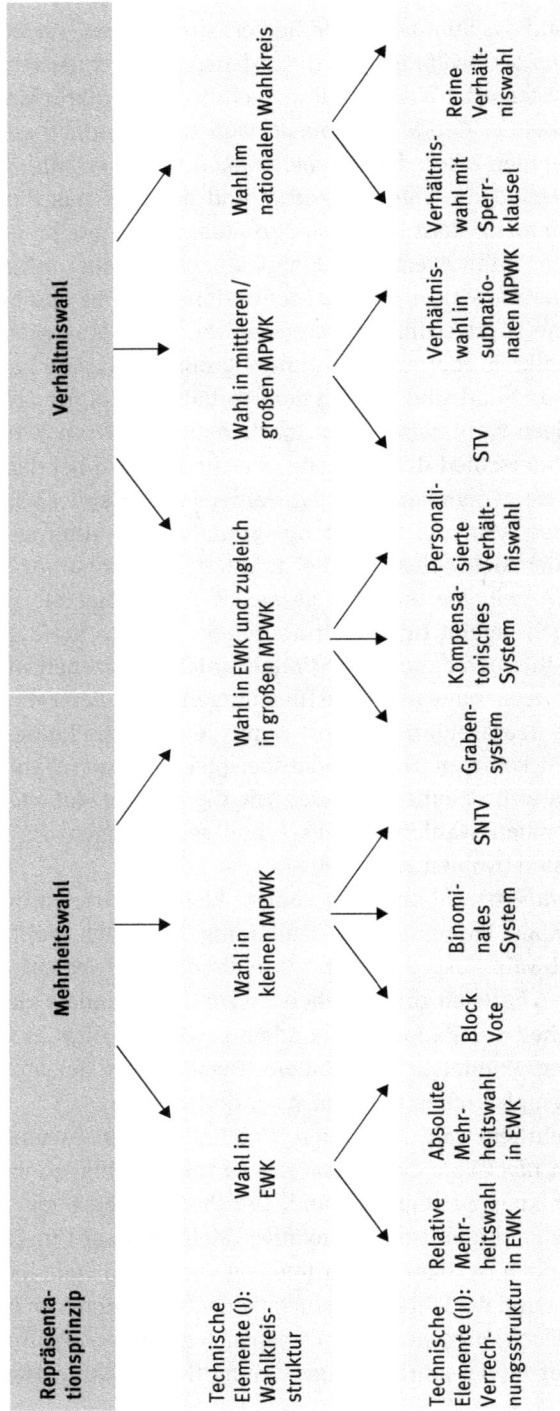

Abkürzungen: EWK = Einerwahlkreis; MPWK = Mehrpersonenwahlkreis; SNTV = Single Non-Transferable Vote; STV = Single Transferable Vote.

Abbildung 6.1: Typologie von Wahlsystemen.[17]

17 Quelle: Eigene Darstellung auf Grundlage von Nohlen et al. (1999), Nohlen (2014: 195ff.) und Grotz (2000a: 59).

Anders verhält es sich, wenn den Wählern weniger Stimmen als Mandate zur Verfügung stehen (*limited vote*). Eine spezifische Ausprägung dieses Wahlsystemtyps ist das *Binominale System,* wo in Zweierwahlkreisen gewählt wird und die Wähler nur je eine Stimme haben. Politisch wird dadurch nicht die stärkste, sondern die *zweitstärkste* Partei massiv begünstigt, da sie häufig das zweite Mandat im Wahlkreis gewinnt und somit trotz Stimmenabstand zur erstplatzierten Partei ähnlich viele Mandate erhält. Empirisch ist das Binominale System sehr selten; bislang kam es nur in Chile zwischen 1989 und 2013 zum Einsatz. Werden die Wahlkreise bei Einzelkandidaturen und Einfachstimmgebung etwas vergrößert, so spricht man von *Single Non-Transferable Vote* (SNTV). Werden beispielsweise insgesamt fünf Mandate im Wahlkreis vergeben, dann erhalten die fünf Kandidaten mit höchsten Stimmzahlen jeweils ein Mandat. Obwohl auch dieser Wahlsystemtyp grundsätzlich konzentrationsförderlich wirkt, haben – je nach Wahlkreisgröße und konkreter Stimmenverteilung – auch mittelgroße Parteien gute Chancen auf parlamentarische Repräsentation. Derzeit wird SNTV u. a. bei den Parlamentswahlen in Afghanistan verwendet.

Auf der anderen Seite wird ein Wahlsystem mit einem nationalen Wahlkreis als *reine Verhältniswahl* klassifiziert, wenn es keine weiteren technischen Elemente enthält, von denen ein mechanischer Disproportionalitätseffekt ausgeht. Ein historisches Beispiel für diesen Typ ist die Weimarer Republik, ein aktuelles die Niederlande. Wird hingegen *Verhältniswahl im nationalen Wahlkreis mit einer Sperrklausel* kombiniert, so bleiben Parteien unterhalb dieser Schwelle außerhalb des Parlaments; alle Parteien, deren Stimmenanteile darüber liegen, werden dagegen verrechnungstechnisch gleich behandelt, d. h. ihre Mandatsanteile entsprechen im Wesentlichen ihren Stimmenanteilen (an der Gesamtzahl der gültigen Stimmen abzüglich der „verlorenen Stimmen"). Dieser Wahlsystemtyp findet sich etwa in der Slowakei.

Die Proporzregel kann auch in subnationalen Wahlkreisen zum Einsatz kommen. Eine weit verbreitete Variante ist *Verhältniswahl in mittleren und großen Wahlkreisen,* in denen die Parteien mit starren oder lose gebundenen Listen antreten. Dieser Wahlsystemtyp findet sich in zahlreichen europäischen Ländern (z. B. in Spanien, Portugal und Polen). Seine Auswirkungen auf die Proportionalität zwischen Stimmen und Mandaten variieren zum Teil sehr stark innerhalb ein und desselben Systems, weil die einzelnen Parteien durch den kombinierten Effekt von (relativ kleinen) Wahlkreisen und Wählerhochburgen extrem begünstigt, aber auch stark benachteiligt werden können (Kedar et al. 2016). Verhältniswahl in subnationalen Wahlkreisen kann auch mit Einzelkandidaturen und Präferenzstimmgebung kombiniert werden (siehe Kapitel 3.3.2). Diesen Wahlsystemtyp bezeichnet man als *Single Transferable Vote*; er kommt traditionell in Irland und Malta zur Anwendung.

Besonders schwierig ist die Klassifikation von Wahlsystemen, in denen *in Einerwahlkreisen und parallel dazu* nach Proporzregel *in großen Mehrpersonenwahlkreisen* gewählt wird. In diesem Fall kann die Zuordnung zu den

Repräsentationsprinzipien nicht anhand der Wahlkreisstruktur erfolgen. Zur Beurteilung des theoretischen Disproportionalitätseffekts kommt es vielmehr darauf an, wie die beiden Wahlkreiskontingente verrechnungstechnisch verknüpft sind. Werden die Mandate in den Einerwahlkreisen und jene in den Mehrpersonenwahlkreisen vollkommen getrennt voneinander vergeben, werden tatsächlich die Effekte der Mehrheitswahl und der Verhältniswahl in einem einzigen System zusammengeführt. Man spricht dann von einem *Grabensystem* (engl.: *„parallel system"* oder *„segmented system"*). Wenn der „Graben" zwischen zwei gleich großen Mandatskontingenten verliefe, wäre dieses System genau in der Mitte zwischen den beiden Repräsentationsprinzipien angesiedelt. Da jedoch die meisten realen Grabensysteme das größere Mandatskontingent in Einerwahlkreisen vergeben, wie z. B. in Mexiko (300:200) oder in Japan (300:180), zählt Nohlen (2014) diesen Typus zu den Mehrheitswahlsystemen. Ganz anders verhält es sich, wenn die EWK-Mandate – wie beim deutschen Wahlsystem – auf die nach nationalem Parteienproporz vergebenen Mandate angerechnet werden. In diesem Fall wirkt sich die Mehrheitsregel nicht auf die parteipolitische Zusammensetzung des Parlaments aus, sondern beeinflusst lediglich dessen personelle Zusammensetzung (siehe Kapitel 3.3.4). Daher spricht man von *personalisierter Verhältniswahl* (engl.: *„mixed-member proportional system"*). Zwischen Grabensystem und personalisierter Verhältniswahl findet sich schließlich noch eine dritte Verrechnungsvariante. Dabei werden jene Stimmen, die bei der Mehrheitswahlkomponente keinen Erfolg hatten, bei der Verhältniswahlkomponente *zusätzlich* verrechnet, wodurch der Mehrheitswahleffekt, der zulasten kleinerer Parteien geht, partiell kompensiert wird. Aus diesem Grund bezeichnet Nohlen (2014) diesen Typ als „kompensatorisches Wahlsystem" und ordnet ihn der Verhältniswahl zu. Empirisch ist er jedoch extrem selten. Gegenwärtig fällt kein nationales Wahlsystem unter diesen Typ. Die prominentesten Beispiele aus der jüngeren Vergangenheit waren Italien (1994–2005) und Ungarn (1990–2010).

Für die empirisch-vergleichende Politikwissenschaft bietet der typologische Ansatz den zentralen Vorteil, dass reale Wahlsysteme *als ganze* nach ihren funktionsrelevanten Strukturmerkmalen klassifiziert werden. Auf diese Weise lässt sich ein theoretisch wie empirisch fundierter Überblick über die Wahlsysteme der Welt gewinnen. Zudem können mithilfe des typologischen Ansatzes konkrete Fälle identifiziert werden, die sich besonders für qualitativ-vergleichende Untersuchungen bestimmter institutioneller Details bzw. spezifischer politischer Auswirkungen von Wahlsystemen eignen. Für großflächige, quantitativ-vergleichende Analysen von Wahlsystemeffekten ist der typologische Ansatz indes nur bedingt geeignet. Zwar können einzelne Wahlsystemtypen grundsätzlich dem einen oder dem anderen Repräsentationsprinzip zugewiesen werden. Wie sich jedoch die theoretischen Effekte einzelner Wahlsysteme genau – im Sinne von *mehr oder weniger Proportionalität* – voneinander unterscheiden, lässt sich nicht mithilfe einer Typologie ermitteln. Dazu bedarf es metrischer Wahlsystemkonzepte.

6.3 Metrische Wahlsystemkonzepte

Metrische Konzepte zielen darauf ab, die theoretische Disproportionalitätswirkung, die von der Struktur eines Wahlsystems ausgeht, anhand eines Kontinuums zu erfassen, um auf diese Weise quantitativ-statistische Untersuchungen von Wahlsystemeffekten zu ermöglichen.

Das wichtigste metrische Konzept, das in der vergleichenden Wahlsystemforschung angewendet wird, ist die sog. *Effektive Hürde* („*effective threshold*"). Damit soll die gesamthafte Repräsentationsschwelle eines Wahlsystems arithmetisch exakt erfasst werden, die grundsätzlich durch zwei verschiedene Elemente zustande kommen kann: durch eine gesetzliche Sperrklausel und durch die (geringe) Größe der Wahlkreise, die eine „natürliche Hürde" darstellt (siehe Kapitel 3.3.1). Die Effektive Hürde ist, wie der Name sagt, die tatsächlich wirksam werdende Hürde. Jedes Wahlsystem besitzt eine natürliche Repräsentationsschwelle aufgrund des Zusammenwirkens von Wahlkreisgröße, Struktur des Parteiensystems und der angewandten Verrechnungsformel. Besteht zusätzlich eine gesetzliche Hürde, so soll dadurch in der Regel verhindert werden, dass eine zu niedrige natürliche Hürde zu einer zu großen Fragmentierung führt. Die Effektive Hürde ist demnach das Maximum aus natürlicher und gesetzlicher Hürde, weil beide Hürden notwendig zu erfüllende Bedingungen darstellen, damit Parteien an der Mandatsvergabe beteiligt werden (vgl. Lijphart 1994: 12 und 29). Während die Höhe einer gesetzlichen Sperrklausel in den allermeisten Fällen mit einer konkreten Prozentangabe definiert ist und daher mit der Effektiven Hürde identisch ist (solange die natürliche Hürde nicht darüber liegt), fällt es außerordentlich schwer, die theoretische Schwelle einer bestimmten Wahlkreisgröße in Form eines exakten Zahlenwertes auszudrücken. Zum einen hängt der Filtereffekt eines Wahlkreises nicht nur von der Anzahl der dort vergebenen Mandate ab, sondern auch von der Zahl der kandidierenden Parteien und den Stimmenanteilen, die in dem Wahlkreis auf diese entfallen. Zum anderen haben kleine Wahlkreise eine asymmetrische Konzentrationswirkung zugunsten der größten Parteien, während von der Filterwirkung einer gesetzlichen Sperrklausel alle Parteien proportional profitieren, die die Prozenthürde überschritten haben.

Trotz dieser Schwierigkeiten hat die quantitative Wahlsystemforschung versucht, einen aussagekräftigen Näherungswert für die Effektive Wahlkreishürde zu finden. Diese bildet ungefähr den Mittelwert ab zwischen dem günstigsten Szenario, bei dem eine Partei mit einem geringstmöglichen Stimmenanteil noch einen Sitz gewinnen kann („*threshold of representation*"), und dem ungünstigsten Szenario, unter dem eine Partei mit einem größtmöglichen Stimmenanteil keinen Sitz erhält („*threshold of exclusion*"). Arend Lijphart (1994: 27) gibt dafür die folgende Formel an:

$$T_{eff} = \frac{50\%}{(M+1)} + \frac{50\%}{2M}$$

M bezeichnet dabei die durchschnittliche Wahlkreisgröße. Ein einfaches Beispiel: Sind insgesamt drei Sitze zu vergeben, kann im ungünstigsten Fall eine Partei mit etwas weniger als 25 % der Stimmen noch nicht im Parlament vertreten sein, weil es möglich ist, dass drei andere Parteien jeweils mit knapp über 25 % der Stimmen einen Sitz erhalten. Gewinnt die Partei aber mindestens 25 % der Stimmen (+1 Stimme), erhält sie auf jeden Fall einen Sitz, denn es kann dann nicht mehr drei andere Parteien geben, die ebenfalls einen Sitz erhalten.[18] Der obere Schwellenwert („*threshold of exclusion*") beträgt also 25 %; er kann unter der Annahme der für die betroffene Partei ungünstigsten Verteilung der Stimmen der anderen Parteien berechnet werden, d. h. wenn die Stimmen zwischen allen Parteien annähernd gleichverteilt sind. Allgemein gilt, dass der *threshold of exclusion* mit 100 %/(*M*+1) geschätzt werden kann. Während der obere Schwellenwert für den ungünstigsten Fall relativ unabhängig von der Parteienzahl und dem Verrechnungsverfahren ist, ist der untere Schwellenwert der Repräsentation für den günstigsten Fall starken Schwankungen unterworfen, in Abhängigkeit von Parteienzahl und Verrechnungsverfahren. So gilt z. B. im Fall des d'Hondt-Verfahrens und nur drei antretenden Parteien, dass die kleinste Partei im günstigsten Fall dann im Parlament vertreten ist, wenn die anderen beiden Parteien jeweils etwas weniger als das Doppelte von deren Stimmen erhalten. Der Schwellenwert liegt dann also bei 20 %. Gäbe es hingegen fünf Parteien, würden bereits etwa 14 %, d. h. genauer 100/7 % der Stimmen genügen, um das dritte Mandat zu erhalten (die beiden größeren Parteien hätten jeweils knapp unter 2 · 100 / 7 % und die restlichen zwei Parteien etwas weniger als 100/7 %). Bei Anwendung des Hare-Niemeyer-Verfahrens dagegen würden im Dreiparteienszenario unter Umständen schon etwas mehr als 11 % reichen, denn die Hare-Quota wäre 100/3 % und im günstigsten Fall würden sich alle drei Parteien mit der gleichen Restzahl um das letzte Mandat streiten. Theoretisch kann unter Hare-Niemeyer eine Partei mit 100 / (*M* · *P*) % der Stimmen einen Sitz erhalten (wobei P die Anzahl der um den Sitz konkurrierenden Parteien ist). Im Fünfparteienszenario läge demnach der geringstmögliche Schwellenwert sogar bei nur knapp 7 %. Für den unteren Schwellenwert ist daher eine pragmatische Schätzung erforderlich, die sich im Mittel bei den meisten Verrechnungsverfahren und einer realistischen Anzahl von konkurrierenden Parteien ergibt. Lijphart setzt für die untere Schwelle daher die Hälfte der Hare-Quota eine (100 %/2 *M*), die unter dem Hare-Niemeyer-Verfahren dem Überrest entspricht, mit dem man im Mittel noch eines der Restmandate erhält (siehe Kapitel 5.3). Setzt man stattdessen den unteren Schwellenwert einfach auf die Mitte des oberen Schwellenwerts, erhält man die Formel:

$$T_{eff} = \frac{50\%}{(M+1)} + \frac{50\%}{2(M+1)} = \frac{75\%}{(M+1)}$$

---

18 Es ist hier unerheblich, ob diese drei Sitze in der Beispielrechnung von drei unterschiedlichen Parteien gewonnen werden, oder nur von zwei Parteien, von denen eine zwei Sitze bekommt, oder gar von einer Partei, die alle drei Sitze erhält.

Diese Formel stammt ursprünglich von Rein Taagepera, wie Lijphart (1994) in einer Fußnote seiner Studie erwähnt. Da Lijphart sie aber erstmals in einer empirisch-vergleichenden Analyse anwendet, wird sie in der Literatur meist ihm zugeschrieben. Die Formel von Taagepera-Lijphart ist relativ eingängig und leicht zu berechnen. Allerdings hat sie den gravierenden Nachteil, dass sie die Effektive Hürde nur für eine *durchschnittliche* Wahlkreisgröße berechnet bzw. für *einen* Wahlkreis mit dieser Größe. Wenn ein Wahlgebiet in mehrere Wahlkreise eingeteilt ist, deren Größe stark variiert, wird die Effektive Hürde in diesem Fall mit Lijpharts Formel tendenziell zu hoch angesetzt. Mit anderen Worten: Es ist höchst wahrscheinlich, dass auch Parteien, deren Stimmenanteile unterhalb der Effektiven Hürde liegen, Mandate erhalten.

Aus diesem Grund hat Taagepera (2002) einen alternativen Index für die Effektive Hürde entwickelt, der sensitiver gegenüber den Auswirkungen subnationaler Wahlkreise unterschiedlicher Größe ist. Seine Formel lautet:

$$T_{eff} = \frac{75\%}{((M+1) \times \sqrt{E})}$$

Dabei bezeichnet M die durchschnittliche Wahlkreisgröße und E die Anzahl der Wahlkreise. Da jede dieser Formeln auf bestimmten Annahmen über die erwartete Anzahl der um Sitze konkurrierenden Parteien und die Homogenität bzw. Heterogenität der einzelnen Wahlkreisgrößen beruht, hat auch Taagepera nicht die „perfekte Formel" gefunden: Wenn z. B. das Parteiensystem in einem Land mit unterschiedlichen subnationalen Wahlkreisen territorial homogen ist, ist seine Hürde tendenziell zu niedrig angesetzt. Der modifizierte Schwellenwert gibt an, ab welchem nationalen Stimmenanteil eine Partei damit rechnen kann, im Parlament vertreten zu sein, weil sie zumindest in einem Wahlkreis mindestens einen Sitz gewinnt. Das heißt aber keineswegs, dass diese Partei dann auch ungefähr mit diesem Stimmenanteil im Parlament vertreten ist, obwohl die obigen Formeln immer von Verhältniswahlsystemen ausgehen.

Insgesamt wird an dieser Stelle ein geradezu typischer Trade-off zwischen qualitativer und quantitativer Politikforschung deutlich. Ein quantifizierender Index ist einer typologisierenden Konzeptbildung zweifellos hinsichtlich seiner formalen Präzision und seiner arithmetischen Exaktheit überlegen – allerdings um den Preis, dass andere relevante Aspekte eines Phänomens unberücksichtigt bleiben bzw. zugunsten einer uniformen Messung „eingeebnet" werden.

6.4 Analysekonzepte im Vergleich

Das vorliegende Kapitel hat gezeigt, dass es verschiedene Möglichkeiten gibt, Wahlsysteme begrifflich zu erfassen und sie so für systematisch-vergleichende Analysen zugänglich zu machen. Ebenso wurde deutlich, dass sich die idealtypische Differenzierung zwischen Mehrheits- und Verhältniswahl, die typologischen Ansätze sowie die metrischen Wahlsystemkonzepte auf unterschiedlichen Analyseebenen bewegen. Daher spricht grundsätzlich nichts dagegen, sie im Rahmen einer Untersuchung miteinander zu kombinieren. Wichtig ist freilich, dass man sich der je spezifischen Stärken und Schwächen der einzelnen Ansätze bewusst ist und sie entsprechend differenziert verwendet.

So bildet die normative Diskussion über Mehrheits- und Verhältniswahl den demokratietheoretischen Rahmen für empirische Wahlsystemanalysen. Sie bedarf jedoch selbst der Konkretisierung und Ergänzung durch den realtypologischen Ansatz, wenn sich die Untersuchung auf konkrete Fälle beziehen soll. In ähnlicher Weise kann das metrische Konzept der „Effektiven Hürde" helfen, die institutionelle Detailstruktur von Wahlsystemen, die unter demselben Typ subsumiert sind, nach einem einheitlichen Maß differenzierter zu erfassen. Umgekehrt bleibt der typologische Ansatz ein wichtiges Korrektiv für quantitative Indices, die zwar präzise Messlatten für großflächige Vergleichsanalysen an die Hand geben, dafür aber die institutionelle Komplexität stark reduzieren müssen und deswegen nicht alle funktionsrelevanten Besonderheiten einzelner Wahlsysteme berücksichtigen können.

Weiterführende Aufgaben

Deutschland

Pappi, F. U./Herrmann, M. (2010). Überhangmandate ohne negatives Stimmgewicht: Machbarkeit, Wirkungen, Beurteilung. *Zeitschrift für Parlamentsfragen* 41(2), 260–278; Behnke, J./Grotz, F. (2011). Das Wahlsystem zwischen normativer Begründung, empirischer Evidenz und politischen Interessen. Ein Kommentar zu Gerd Strohmeier sowie Franz Urban Pappi und Michael Herrmann. *Zeitschrift für Parlamentsfragen* 42(2): 426–432.

In ihrem Beitrag klassifizieren Pappi und Herrmann das Wahlsystem zum Deutschen Bundestag, das bis 2013 in Kraft war, nicht – wie allgemein üblich – als personalisierte Verhältniswahl, sondern als „Mischwahlsystem" mit Mehrheitsbonus.
1. Wie begründen die Autoren ihre ungewöhnliche Interpretation des deutschen Wahlsystems?
2. Welche Argumente kann man ihnen entgegenhalten, um die gängige Klassifikation als personalisierte Verhältniswahl aufrechtzuerhalten (vgl. Behnke/Grotz 2011)?

Großbritannien

Dunleavy, P./Margetts, H. (2004). How Proportional are the ‚British AMS' Systems? *Representation* 40(4): 316–328.

Der Aufsatz vergleicht die kombinierten Wahlsysteme, die Ende der 1990er-Jahre für die Wahl des *Scottish Parliament*, der *Welsh Assembly* und der *Greater London Assembly* eingeführt wurden.
1. Welche strukturellen Gemeinsamkeiten weisen die drei Wahlsysteme auf? In welchen Hinsichten unterscheiden sich ihre technischen Elemente?
2. Inwiefern haben die institutionellen Besonderheiten der drei Wahlsysteme auch ihre jeweilige Funktionsweise geprägt?

Frankreich

Elgie, R. (2005). France: Stacking the Deck, in: Gallagher, M./Mitchell, P. (Hrsg.): *The Politics of Electoral Systems*. Oxford: Oxford University Press, 119–136.

Der Beitrag stellt die Entstehung und Funktionsweise der absoluten Mehrheitswahl in Frankreich dar.

1. Welches sind nach Ansicht des Autors die wichtigsten Auswirkungen der französischen Mehrheitswahl? Inwieweit resultieren sie unmittelbar aus der formal-institutionellen Struktur des Wahlsystems?
2. Inwiefern kann man das französische Wahlsystem angesichts seiner Auswirkungen noch dem Repräsentationsprinzip „Mehrheitswahl" zuordnen? Welche anderen Kontextbedingungen ließen sich denken, in denen dasselbe Wahlsystem wesentlich stärkere Mehrheitseffekte hervorbringen würde?

Polen

Ramírez González, V./Delgado Márquez, B. L./López Carmona, A. (2015). Electoral System in Poland: Revision and Proposal of Modification Based on Biproportionality. *Representation* 51(2): 187–204.

Die Autoren untersuchen die institutionelle Struktur des polnischen Wahlsystems und seine politischen Effekte, bevor sie einen Reformvorschlag präsentieren, der die von ihnen festgestellten Funktionsdefizite beseitigen soll.

1. Welche Wahlsysteme kamen in Polen bei den Sejm-Wahlen von 1991, 1993, 1997 und 2001 zur Anwendung? Welchem Wahlsystemtyp sind sie jeweils zuzuordnen?
2. Berechnen Sie für jedes dieser Wahlsysteme die Effektive Sperrklausel (nach Lijphart und nach Taagepera). Inwiefern haben sich diese institutionellen Veränderungen auch in den empirischen Effekten des Wahlsystems niedergeschlagen?

Mexiko

Massicotte, L./Blais, A. (1999). Mixed Electoral Systems: A Conceptual and Empirical Survey. *Electoral Studies* 18 (3): 341–366.

Der Beitrag gibt einen systematischen Überblick über kombinierte Wahlsysteme im historischen und internationalen Vergleich.

1. Zu welchem der Typen kombinierter Systeme, wie sie Massicotte und Blais definieren, gehört das mexikanische Wahlsystem? Ist dieser Typ im weltweiten Vergleich besonders häufig oder eher wenig verbreitet?
2. Welche institutionellen Besonderheiten weist der mexikanische Fall im Vergleich zu denjenigen kombinierten Wahlsystemen auf, die Massicotte und Blais demselben Typ zuordnen?

Südafrika

Faure, M./Venter, A. (2003). Electoral Systems and Accountability: A Proposal for Electoral Reform in South Africa, in: Konrad-Adenauer-Stiftung (Hrsg.): *Electoral Models for South Africa*. Johannesburg: KAS, 130–155 (http://www.kas.de/wf/doc/kas_4851-544-2-30.pdf, letzter Aufruf: 23.06.2016).

Über die Zuordnung des südafrikanischen Wahlsystems gibt es relativ wenig Kontroversen; am interessantesten ist aus vergleichender Perspektive die doppelte Verrechnung und ihre Effekte auf die natürliche Hürde. Der Text von Faure und Venter diskutiert sowohl die Besonderheiten des bestehenden Systems als auch diejenigen möglicher Alternativen.

1. Wie hoch ist die Effektive Hürde trotz reiner Verhältniswahl, und wie wird sie von den Autoren berechnet?

2. Inwiefern haben regionale Kleinstparteien im südafrikanischen Wahlsystem (noch) bessere Möglichkeiten zum Einzug ins Parlament als Parteien, die nur auf nationaler Ebene kandidieren?

7 Die Wirkungen von Wahlsystemen

Ein Wahlsystem ist das Werkzeug, das der Abgabe und Verrechnung von Wählerstimmen eine konkrete Form gibt und damit das Wahlergebnis maßgeblich mitbestimmt. Wie bei jedem Werkzeug weist ein Wahlsystem dann ein „gutes Design" auf, wenn es den mit ihm verfolgten Zweck in angemessener Weise verwirklicht. Die Anwendung eines jeden Werkzeugs ruft bestimmte Wirkungen hervor. Wir können daher von einem gelungenen Design des Werkzeugs sprechen, wenn die von ihm erzeugten Effekte in möglichst idealer Weise denjenigen entsprechen, die wir uns bei seiner Schaffung hinsichtlich seines Zwecks versprochen haben.

Die Zwecke sind die normativen Anforderungen, denen das Wahlsystem genügen soll. Diese beziehen sich auf die in Kapitel 4.2 erwähnten Bewertungsdimensionen Repräsentation, Regierbarkeit, Personalisierung, Verständlichkeit und Legitimität. Je nachdem, welche Anforderungen man hinsichtlich eines dieser Kriterien an das Wahlsystem stellt, wird seine Bewertung gut oder schlecht ausfallen. Die Kenntnis der Wirkungen bestimmter Typen bzw. Elemente von Wahlsystemen ist daher in zweierlei Hinsicht notwendig. Sie hilft uns erstens zu erklären und zu verstehen, warum ein bestimmtes Design des Wahlsystems zu erwünschten oder unerwünschten Effekten führt, und sie hilft uns zweitens bei der technischen Ausgestaltung des Wahlsystems selbst, wenn wir wissen, welche Effekte es nach unseren normativen Anforderungen haben soll.

Im folgenden Kapitel werden wir uns vor allem mit den Auswirkungen von Wahlsystemen in Bezug auf die beiden Bewertungskriterien Repräsentation und Regierbarkeit beschäftigen. Grundsätzlich gilt es zwischen mechanischen und psychologischen Effekten eines Wahlsystems zu unterscheiden. Damit befasst sich Kapitel 7.1. Die normativen Anforderungen hinsichtlich der Repräsentation umfassen zwei Aspekte, die in Kapitel 7.2 und 7.3 abgehandelt werden. Der erste Aspekt bezieht sich darauf, ob die Kandidaten bzw. Parteien in angemessener Weise repräsentiert sind, womit in der Regel auf das Kriterium der Proportionalität abgehoben wird. Der zweite Aspekt bezieht sich auf die angemessene Vertretung bestimmter gesellschaftlicher Gruppen im Parlament. Hier geht es meist um die Repräsentation von Frauen und bestimmten Minderheiten. Das normative Kriterium der Regierbarkeit bezieht sich vor allem auf die Frage, inwieweit das Wahlsystem eine bestimmte Konzentration des Parteiensystems bewirkt. Mit dieser Art von Effekten beschäftigt sich Kapitel 7.4. In Kapitel 7.5 werden abschließend die psychologischen Effekte gesondert ins Visier genommen, indem gezeigt wird, welche Anreize für strategisches Wählen die verschiedenen Typen von Wahlsystemen bieten.

7.1 Mechanische und psychologische Effekte

Wenn wir von Wirkungen sprechen, gehen wir in der Regel von einem kausalen Zusammenhang aus, in dem eine Ursache eine bestimmte Wirkung bzw. einen bestimmten

DOI 10.1515/9783486855401-008

Effekt hervorruft. In Bezug auf Wahlsysteme müssen mehrere Wirkungszusammen-hänge unterschieden werden, wobei wir hier auf eine klassische Unterscheidung von Maurice Duverger (1959) zwischen mechanischen und psychologischen Effekten zurückgreifen. In Abbildung 7.1 sind diese verschiedenen Wirkungszusammenhänge dargestellt.

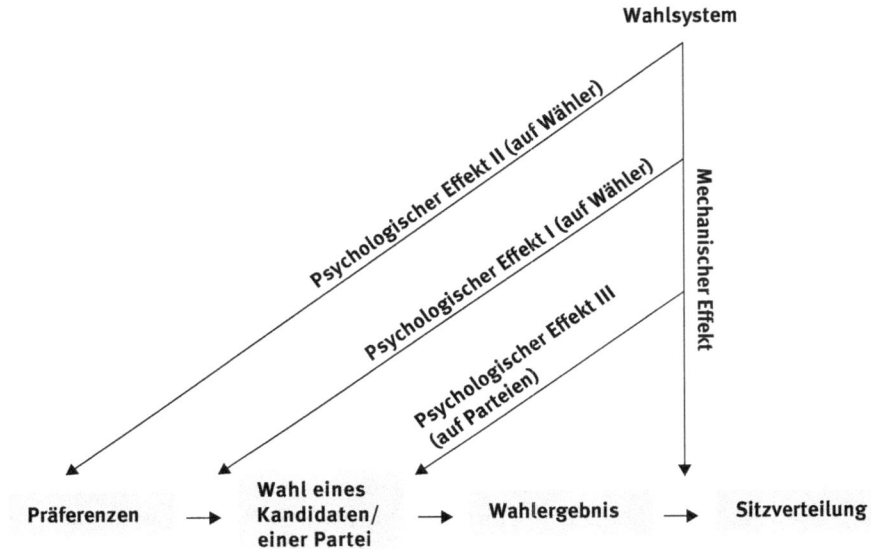

Abbildung 7.1: Mechanische und psychologische Effekte von Wahlsystemen.[19]

Mechanische Effekte beziehen sich auf die technische Wirkungsweise, in der ein Wahlsystem bzw. seine Komponenten eine *gegebene Stimmenverteilung* in eine par-lamentarische Sitzverteilung transformiert. So kann man beispielsweise feststellen, dass die nationale Sperrklausel bei der Bundestagswahl 2013 einen außergewöhnlich großen „Filtereffekt" hatte, weil etliche kleinere Parteien zum Teil knapp unter der 5 %-Marke blieben und daher insgesamt 15,8 % der gültigen Stimmen keine parla-mentarische Repräsentation erfahren haben. Hätte die Hürde nur um einen Prozent-punkt niedriger gelegen, so wären – bei derselben Stimmenverteilung – sowohl die FDP als auch die AfD mit jeweils über 40 Sitzen ins Parlament eingezogen; der Anteil der „verlorenen" Stimmen hätte dann nur noch 6,3 % betragen.

Im Gegensatz zu mechanischen Effekten beziehen sich *psychologische Effekte* auf *Verhaltensänderungen* bestimmter Akteure, die durch das Wahlsystem hervorgerufen werden. Daher könnte man diese Art von Wirkungen auch als verhaltensändernde

---

19 Quelle: Eigene Darstellung.

Effekte bezeichnen. Weil aber der Begriff der psychologischen Effekte in der Literatur fest etabliert ist, wird er auch im Folgenden verwendet. Es lassen sich verschiedene Formen von psychologischen Effekten unterscheiden.

Bei der ersten Form, dem „Psychologischen Effekt I", gehen wir davon aus, dass die Präferenzen der Wähler konstant bleiben. Unter Präferenzen verstehen wir allgemein die Wünsche der Akteure hinsichtlich der Ergebnisse. Wähler haben in der Regel bestimmte Wünsche in Bezug auf politische Programme, z. B. möchten sie, dass die nächste Landesregierung das achtjährige Gymnasium (G8) einführt, beibehält oder wieder abschafft. Diese Präferenzen stellen eine Rangordnung über verschiedene politische Zustände dar und sind daher sehr grundlegend. Präferenzen, so verstanden, geben lediglich an, in welchem Maße die Bürger bestimmte Politikprogramme für wünschenswert halten, also was die Regierung ihrer Meinung nach tun sollte; sie müssen nicht zwangsläufig mit den eigennützigen Interessen der Bürger übereinstimmen. Auch ein Reicher kann für höhere Einkommensteuern sein, und auch ein wohlsituierter Bürger mit einem begabten Kind kann sich für Gesamtschulen aussprechen. Je stärker die nächste Regierung in ihrer politischen Gestaltung die Präferenzen der Wähler verwirklicht, desto besser ist dies aus deren Sicht. Die Wahl einer bestimmten Partei oder eines bestimmten Kandidaten ist für den Wähler also lediglich ein Mittel zum Zweck, das er einsetzt, um auf die optimale Verwirklichung seiner Präferenzen hinzuwirken. Vor diesem Hintergrund können Wahlsysteme als eine spezifische Anreizstruktur betrachtet werden, in der die verschiedenen Verhaltensweisen mehr oder weniger „belohnt" werden. Denn auch wenn es dem Wähler um die Verwirklichung einer bestimmten Politik geht, so heißt das keineswegs, dass er unbedingt die Partei wählen sollte, die seinen politischen Vorstellungen am nächsten steht. Wenn der Wähler seine Stimme so einsetzen will, dass sie seinen *Einfluss* auf das politische Ergebnis der Wahl maximiert, dann sollte er unter bestimmten Umständen auch eine ganz andere als die ihm nächststehende Partei wählen. Dieser Komplex an Erwägungen und Kalkülen wird unter dem Konzept des *strategischen Wählens* zusammengefasst (siehe Kapitel 7.5). In Abbildung 7.1 ist strategisches Wählen als „Psychologischer Effekt I" dargestellt. Wie darin ebenfalls gut zu erkennen ist, geht dieser Effekt nicht direkt vom Wahlsystem aus, sondern er entsteht gewissermaßen als vorweggenommene Reaktion der Wähler auf die mechanischen Wahlsystemeffekte. Die Wähler antizipieren die mechanischen Effekte des Wahlsystems und adaptieren ihr Verhalten entsprechend. Weil die Wähler z. B. bei einem Mehrheitswahlsystem wissen, dass es wenig Sinn ergibt, ihre Stimme einem aussichtslosen Kandidaten zu geben, wählen sie häufig denjenigen, der ihnen unter den aussichtsreichen Kandidaten noch immer am liebsten ist.

Während sich der „Psychologische Effekt I" lediglich darauf bezieht, wie gegebene politische Präferenzen in eine Wahlentscheidung umgesetzt werden, zielt der „Psychologische Effekt II" auf das *preference shaping*, also die Bildung und Änderung der Präferenzen selbst. Wenn durch das Wahlsystem eine Kanalisierung von Präferenzen so erfolgt, dass diese nur noch auf realistische bzw. wahrscheinliche Politikergebnisse gerichtet sind, so ist entsprechend der Theorie der Vermeidung kognitiver Dissonanz zu erwarten, dass nach den Wahlen eine *Ex-post*-Rationalisierung des eigenen Handelns geschieht. Tatsächlich ist der Anteil in Umfragen, die nach einer Wahl angeben, die Siegerpartei oder -koalition gewählt zu haben, üblicherweise höher als der Anteil, der diese in der Wahl tatsächlich gewählt hat. Auch bei Fragen nach dem Wahlverhalten in der letzten Wahl sind solche Effekte selektiver oder „gefakter" Erinnerungen bekannt (Schoen 2009). Mittelfristig führen diese *Ex-post*-Rationalisierungen zu einer *Ex-ante*-Rationalisierung, die zukünftige *Ex-post*-Rationalisierungen überflüssig machen soll. Anhänger kleiner chancenloser Parteien werden durch das Wahlsystem unter Umständen nicht nur abgeschreckt, diese zu wählen, sondern entmutigt durch deren permanenten Misserfolg werden sie auch immer weniger zu Anhängern der Partei. Die Präferenzen bezüglich der Wahlentscheidung können sich allerdings nicht nur im inhaltlichen Sinn ändern, also in Bezug auf die Bewertung der Kandidaten und Parteien, sondern auch in Bezug auf die Wahl als solche. Bürger, die ihrer Ansicht nach unter den Kandidaten bzw. den Parteien keine einzige attraktive Option vorfinden, wenden sich unter Umständen von der Wahl ab und machen von ihrem Wahlrecht keinen Gebrauch mehr. In dem Maße, in dem das Wahlsystem den Raum der Entscheidungsoptionen der Wähler beeinflusst, übt es damit also auch einen Einfluss auf die Zufriedenheit bzw. Frustration aus, den die Bürger bei der Wahlhandlung erfahren, und damit auch auf ihre Bereitschaft, sich an den Wahlen zu beteiligen.

Eine zweite wichtige Gruppe von Akteuren, auf die das Wahlsystem einen psychologischen Effekt ausübt, sind die Kandidaten bzw. die Parteien. Je nachdem, wie die durch das Wahlsystem etablierten Hürden aussehen, fühlen sich potenzielle Kandidaten zu einer Wahlbewerbung ermutigt oder von derselben abgeschreckt. Zwar gibt es schon zahlreiche kleine Parteien, die mehr oder weniger chancenlos sind; viel größer aber dürfte die Anzahl der Parteien sein, die es erst gar nicht gibt bzw. die niemals bei einer Wahl antreten. Dieser Effekt, der bei den Akteuren der Wahl auftritt, die überhaupt erst die zur Wahl stehenden Alternativen generieren, ist in Abbildung 7.1 als „Psychologischer Effekt III" dargestellt. Er ähnelt dem Psychologischen Effekt I insofern, als er nicht die Präferenzen der Parteien bzw. Kandidaten verändert, denn diese bestehen darin, Wahlen zu gewinnen bzw. mithilfe des Wahlgewinns in bestimmte Ämter zu gelangen oder eine bestimmte Politik umzusetzen. Vielmehr geht es hier um strategische Überlegungen der Parteien und Kandidaten, die genau wie die Wähler die mechanischen Effekte des Wahlsystems antizipieren, um zu einer sinnvollen Bewertung zu kommen, ob es sich überhaupt für sie lohnt, ihre knappen Ressourcen für eine Kandidatur einzusetzen.

7.2 Proportionalität

Wird auf das normative Kriterium der Repräsentation (siehe Kapitel 4.2 und 6.1) Bezug genommen, so geschieht dies meist im Zusammenhang mit dem Konzept der Proportionalität. In diesem Sinne ist Proportionalität eine positiv zu beurteilende

Eigenschaft. Der Zweck des Wahlsystems ist demnach dann am ehesten erfüllt, wenn das Parlament die Bürger bzw. Wähler auf bestmögliche Weise repräsentiert, wofür eine möglichst proportionale Abbildung als notwendig erachtet wird. Der Zweck von Verhältniswahlsystemen besteht daher, wie schon der Name sagt, in der Herstellung von Proportionalität. Mehrheitswahlsysteme hingegen, die in erster Linie eine Konzentration des Parteiensystems hervorbringen sollen, um Einparteiregierungen zu ermöglichen (siehe Kapitel 6.1), ignorieren das Prinzip der Proportionalität nicht nur, sondern versuchen es zu diesem Zweck sogar bewusst zu unterlaufen. Denn eine hohe Konzentration des Parteiensystems beruht in aller Regel auf einem disproportionalen Verhältnis von Stimmenverteilung zur Sitzverteilung, wenn man den Begriff der Konzentration als eine „Verengung" des elektoralen Parteiensystems zum parlamentarischen Parteiensystem versteht.

7.2.1 Die Messung von Disproportionalität

Die Messung von Proportionalität ist keineswegs trivial. Streng genommen stellt Proportionalität ein diskretes Merkmal dar, d. h. eine Verteilung ist proportional zu einer anderen oder sie ist es nicht. Die Verteilung der Stimmen ist genau dann proportional zu der der Sitze, wenn gilt:

$$\frac{V_i}{V} = \frac{S_i}{S} \text{ bzw. } v_i = s_i$$

mit

V_i Stimmenzahl der i-ten Partei
V Anzahl aller abgegebenen Stimmen
S_i Anzahl der Mandate der i-ten Partei
S Anzahl aller zu vergebenden Mandate
v_i relativer Stimmenanteil der i-ten Partei in Prozent
s_i relativer Sitzanteil der i-ten Partei i Prozent.

Wonach wir aber für den Vergleich der Effekte verschiedener Wahlsysteme suchen, ist ein Maßstab für die Verletzung der Proportionalität, also das Ausmaß der Disproportionalität. Grundlegend für alle gängigen Disproportionalitätsmaße ist die Verwendung von Differenzen der Stimmenanteile und der Sitzanteile. Die Logik dieser Vorgehensweise ergibt sich unmittelbar aus der Umformung der Proportionalitätsbedingung:

$$v_i = s_i \Leftrightarrow v_i - s_i = 0$$

Wenn der Stimmenanteil einer Partei genau identisch mit ihrem Sitzanteil ist, dann ist die Differenz der beiden Anteile gleich Null. Da es für das Ausmaß, in dem die

Proportionalität verletzt ist, irrelevant ist, ob der Sitzanteil den Stimmenanteil oder umgekehrt der Stimmenanteil den Sitzanteil übertrifft, muss das Vorzeichen der Differenzen neutralisiert werden, z. B. indem man den absoluten Betrag derselben bildet. Das Gesamtausmaß der Abweichungen erhält man dann, wenn die so transformierten Ausdrücke aufsummiert werden:

$$SAD = \sum_{i=1}^{N} |v_i - s_i|$$

mit

SAD Disproportionalitätsmaß, das auf der Summe der absoluten Abweichungen (*Sum of Absolute Deviations*) beruht

N Anzahl der Parteien

Eine wichtige Frage besteht darin, wie man die Summe der Abweichungen in Bezug auf die Anzahl der Parteien normiert. Das älteste aller Disproportionalitätsmaße, Raes I (Rae 1967), gibt die durchschnittliche absolute Abweichung der Sitzanteile von den Stimmanteilen an:

$$I = \frac{SAD}{N} = \frac{1}{N} \sum_{i=1}^{N} |v_i - s_i|$$

mit

I Raes Disproportionalitätsmaß

Bei der Konstruktion eines sinnvoll zu interpretierenden Maßes muss immer bedacht werden, welche theoretisch interessanten Fragestellungen damit fruchtbar bearbeitet werden können. Für die politischen Auswirkungen der Disproportionalität, etwa im Hinblick auf sich neu ergebende Koalitionsmöglichkeiten durch die Abweichungen von der Proportionalität, ist eher das Gesamtmaß der Disproportionalität entscheidend. Loosemore und Hanby schlagen daher das folgende Maß vor (Lijphart 1994: 60):

$$D = \frac{SAD}{2} = \frac{1}{2} \sum_{i=1}^{N} |v_i - s_i|$$

mit

D Disproportionalitätsmaß von Loosemore und Hanby

Der gleichen Logik folgt der *Least-Square*-Index von Gallagher (1991). Dieser quadriert zusätzlich die Abstände zwischen Stimmen- und Mandatsanteile der einzelnen Parteien, wodurch eine stärkere Gewichtung besonders großer Abstände erreicht wird, da diese besonders deutliche Auswirkungen auf das politische Ergebnis einer Wahl haben können. Kommt es z. B. bei vielen Parteien zu kleinen Abweichungen, dann werden sich diese in der Regel zwischen verschiedenen Lagern von Parteien ausbalancieren. Kommt es hingegen zu massiven Verlusten oder Gewinnen einer Partei, dann ist die Wahrscheinlichkeit groß, dass ein Lager einen deutlichen Nachteil oder Vorteil dadurch erleiden wird, sodass es unter Umständen auch zu einer Veränderung der Mehrheitsverhältnisse kommt.

$$LSq = \sqrt{\frac{1}{2} \sum_{i=1}^{N} (v_i - s_i)^2}$$

mit
LSq Disproportionalitätsmaß von Gallagher

Wegen dieser speziellen Eigenschaften ist der Index von Gallagher inzwischen sehr beliebt und wohl das am häufigsten angewandte Maß zur Messung von Disproportionalität in der vergleichenden Wahlsystemforschung.

7.2.2 Der Einfluss von verschiedenen Wahlsystemelementen auf die Disproportionalität zwischen Stimmen und Mandaten

Im Zusammenhang mit den Effekten von Wahlsystemen sind vor allem zwei Aspekte einer Kausalbeziehung besonders erwähnenswert. Der erste ist die *Manipulierbarkeit*, der zweite der von *kontrafaktischen Aussagen* (Woodward 2003). Eine der am weitesten verbreiteten Auffassung von Kausalität definiert diese auf folgende Weise: X ist eine Ursache von Y, wenn eine Manipulation (Veränderung) von X eine Veränderung von Y zwangsläufig nach sich zieht. Solange wir allerdings nicht in der Lage sind, kontrollierte Experimente durchzuführen, in denen wir die Ursache systematisch variieren können, haben wir ein Problem. In der Regel beobachten wir nur das gleichzeitige Auftreten eines bestimmten Ergebnisses Y, das wir erklären wollen, und einer Bedingung X, von der wir annehmen, dass sie die Ursache des Auftretens von Y sein könnte. Wenn diese Annahme über den kausalen Zusammenhang richtig ist, bedeutet dies, dass Y nicht in dieser Form oder in diesem Ausmaß zustande käme, wenn X gar nicht oder in einem anderen Ausmaß vorliegen würde. Die Aussage „X ist die Ursache von Y" impliziert also die kontrafaktische Aussage „Wenn X nicht vorgelegen hätte, wäre es nicht zum Auftreten von Y gekommen". In der Realität haben wir aber, zumindest in Bezug auf die Einzelbeobachtung von Y, das Problem, dass wir nur die Wirklichkeit, die „wirklich" vorliegt, kennen und keine verlässlichen Aussagen über nicht-existente Wirklichkeiten machen können, zumindest nicht mithilfe von empirisch gewonnenen Beobachtungen.

Um diesem Problem zu entgehen und den kausalen Einfluss bestimmter Elemente eines Wahlsystems auf die Disproportionalität zwischen Stimmen- und Sitzverteilung zu untersuchen, gibt es verschiedene Vorgehensweisen. Eine Möglichkeit besteht darin, von der Wirklichkeit mehr oder weniger vollständig zu abstrahieren und sich auf die Untersuchung theoretischer Modelle der Wirklichkeit zu konzentrieren. Zum Beispiel kann man für eine konstant gehaltene Verteilung der Stimmen die verschiedenen Ergebnisse berechnen, wie sie sich unter den verschiedenen Wahlsystemmodellen ergeben würden. Dabei geht man bei der Ausgangsverteilung der Stimmen von einer hypothetischen Verteilung für hypothetische Parteien aus. Diese Vorgehensweise ist vor allem in der ökonomisch geprägten *Social-Choice*-Literatur beliebt. Sie ist besonders geeignet, um die Bandbreite der Möglichkeiten aufzuzeigen, die sich unter den jeweiligen Annahmen generieren lassen, oft mit einem speziellen Fokus auf extreme Ergebnisse. So lässt sich z. B. recht einfach zeigen, dass bei k Parteien unter einem relativen Mehrheitswahlsystem theoretisch $\frac{100}{k}$ % der Stimmen ausreichen können, um alle Sitze in einem Mehrpersonenwahlkreis zu gewinnen. Eine typische Beschreibung eines solchen hypothetischen Szenarios könnte so aussehen:

Angenommen, wir haben zwei Parteien A und B, wobei A 60 % aller Wählerstimmen erhält und B 40 %. Des Weiteren gibt es drei verschiedene Wahlsysteme M, P und D. M sei die relative Mehrheitswahl. In diesem Fall nehmen wir an, es gäbe insgesamt zehn Wahlkreise und in jedem Wahlkreis ist die Verteilung der Stimmen genauso wie die im gesamten Wahlgebiet. P sei die reine Verhältniswahl mit nationalen Parteilisten. D sei die personalisierte Verhältniswahl, wie sie in Deutschland angewandt wird. Dabei gibt es fünf Wahlkreise, in denen die Direktkandidaten der Parteien antreten. Auch in diesen fünf Wahlkreisen sei die Verteilung der Stimmen so wie im gesamten Wahlgebiet. Es lässt sich dann leicht zeigen, dass Partei A unter der relativen Mehrheitswahl (M) alle zehn Sitze erhält und in den beiden anderen Systemen jeweils sechs der zehn Sitze. Die Disproportionalität beträgt für das Mehrheitswahlsystem, gemessen mit Raes Index oder dem von Loosemore und Hanby oder auch Gallaghers Index, jeweils 40, während sie für die beiden anderen Systeme 0 beträgt.

Diese rein hypothetische Vorgehensweise ist sehr gut geeignet, um den Effekt bestimmter Mechanismen bzw. Wahlsystemelemente aufzuzeigen, *unter Annahme des Vorliegens bestimmter Bedingungen*. Die wichtigsten Annahmen im eben angewandten Beispiel bestanden in bestimmten Stimmenverteilungen für zwei Parteien im gesamten Wahlgebiet einerseits und in der Anzahl und Größe der Wahlkreise andererseits. Allerdings sind diese Annahmen womöglich wenig realistisch, weil sie Fälle beinhalten, die empirisch kaum vorkommen. Dies würde die Relevanz der Ergebnisse entsprechend einschränken. Um eine größere Realitätsnähe herzustellen, gehen viele Analysen von konkreten Wahlergebnissen aus und versuchen die Effekte alternativer Wahlsysteme dadurch zu illustrieren, dass sie die unterschiedlichen Ergebnisse aufzeigen, die unter den jeweiligen Wahlsystemen bei ein und derselben Stimmenverteilung entstanden wären.

Diese Vorgehensweise wird in der vergleichenden Wahlsystemforschung vor allem bei der Diskussion konkreter Fallbeispiele angewandt. Sie fand auch in der jüngsten Debatte um die Reform des Bundestagswahlsystems der letzten Jahre vielfach Verwendung. Um z. B. die Vor- und Nachteile der verschiedenen Reformentwürfe, die von den Bundestagsparteien 2011 präsentiert wurden, zu demonstrieren, wurde in der Regel die Sitzverteilung berechnet, wie sie sich unter dem entsprechenden Modell ergeben hätte. Dabei wurde meist von den Verteilungen der gültigen Stimmen ausgegangen, wie sie in vorhergehenden Bundestagswahlen aufgetreten waren, wobei noch einmal ein besonderer Fokus auf der letzten Bundestagswahl von 2009 lag. Als Beispiel für diese Vorgehensweise zeigt Tabelle 7.1, welche Sitzverteilungen sich im Deutschen Bundestag auf der Basis der Stimmenverteilung von 2013 ergeben hätten, wenn man statt des aktuell gültigen Wahlsystems von 2012 dasjenige von 2008, ein Grabenwahlsystem oder ein relatives Mehrheitswahlsystem angewandt hätte. Beim Grabenwahlsystem wird lediglich der Verhältnisausgleich weggelassen, d. h. die eine Hälfte der Sitze wird nach relativer Mehrheitswahl vergeben und die andere proportional nach den Zweitstimmenanteilen (siehe Kapitel 6.2). Bei der relativen Mehrheitswahl berücksichtigen wir nur die Erststimmen, die für die Kandidaten in den Wahlkreisen abgegeben wurden, die Sitzzahlen entsprechen daher einfach nur den gewonnenen Wahlkreismandaten. Ausgehend von diesen Sitzverteilungen kann dann das Maß für Disproportionalität berechnet werden.

Unabhängig vom gewählten Disproportionalitätsmaß ergibt sich, dass die Abweichungen von der Proportionalität unter dem relativen Mehrheitswahlsystem am gravierendsten ausfallen, gefolgt vom Grabenwahlsystem. Etwas überraschender ist das Ergebnis, dass das Wahlsystem von 2008, in dem es noch keinen Ausgleich der Überhangmandate gab, nicht wesentlich disproportionaler ausfällt als das von 2013, in dem ebendieser Ausgleich stattfindet. Dies liegt jedoch an der geringen Anzahl von Überhangmandaten, die 2013 anfielen. Da alle im Parlament vertretenen Parteien im Verhältnis zu ihrem Anteil an Zweitstimmen überrepräsentiert sind, verschieben sich die Mandatsüberschüsse nur zwischen den parlamentarischen Parteien, d. h. was die eine Partei an Überschuss gewinnt, verliert die andere; es bleibt aber auch bei dieser bei einem Mandatsüberschuss gemessen an ihrem Anteil an den gültigen Zweitstimmen. Berücksichtigt man nur die absoluten Abstände, dann verändert sich dementsprechend gar nichts. An diesem einfachen Beispiel sieht man, warum das auf den absoluten Abständen basierende Maß von Rae gewisse Mängel aufweist. Nach dem Maß von Gallagher fällt das Ergebnis nach dem Wahlgesetz von 2013 erwartungsgemäß proportionaler aus als nach dem Wahlgesetz von 2008, auch wenn der Unterschied nur gering ist.

Tabelle 7.1: Sitzverteilung und Disproportionalitätsmaße verschiedener Wahlsysteme bei der Bundestagswahl 2013.[20]

	Zweitstimmen		Sitze							
			BWahlG. 2013		BWahlG. 2008		Relative MW		Grabenwahl	
Partei	Anzahl	Prozent	Anzahl	Prozent	Anzahl	Prozent	Anzahl	Prozent	Anzahl	Prozent
SPD	11.252.215	25,7	193	30,6	182	30,2	58	19,4	149	24,9
CDU	14.921.877	34,1	255	40,4	246	40,9	191	63,9	312	52,2
CSU	3.243.569	7,4	56	8,9	53	8,8	45	15,1	71	11,9
FDP	2.083.533	4,8	0	0,0	0	0,0	0	0,0	0	0,0
Grüne	3.694.057	8,4	63	10,0	60	10,0	1	0,3	31	5,2
Die Linke	3.755.699	8,6	64	10,1	61	10,1	4	1,3	35	5,9
Piraten	959.177	2,2	0	0,0	0	0,0	0	0,0	0	0,0
NPD	560.828	1,3	0	0,0	0	0,0	0	0,0	0	0,0
Tierschutzpartei	140.366	0,3	0	0,0	0	0,0	0	0,0	0	0,0
REP	91.193	0,2	0	0,0	0	0,0	0	0,0	0	0,0
ÖDP	127.088	0,3	0	0,0	0	0,0	0	0,0	0	0,0
Familie	7.449	0,0	0	0,0	0	0,0	0	0,0	0	0,0
Bündnis 21/RRP	8.578	0,0	0	0,0	0	0,0	0	0,0	0	0,0
Rentner	25.134	0,1	0	0,0	0	0,0	0	0,0	0	0,0
BP	57.395	0,1	0	0,0	0	0,0	0	0,0	0	0,0
PBC	18.542	0,0	0	0,0	0	0,0	0	0,0	0	0,0
BüSo	12.814	0,0	0	0,0	0	0,0	0	0,0	0	0,0
Die Violetten	8.211	0,0	0	0,0	0	0,0	0	0,0	0	0,0
MLPD	24.219	0,1	0	0,0	0	0,0	0	0,0	0	0,0
Volksabstimmung	28.654	0,1	0	0,0	0	0,0	0	0,0	0	0,0
PSG	4564	0,0	0	0,0	0	0,0	0	0,0	0	0,0
AfD	2.056.985	4,7	0	0,0	0	0,0	0	0,0	0	0,0
BIG	17.743	0,0	0	0,0	0	0,0	0	0,0	0	0,0
Pro Deutschland	73.854	0,2	0	0,0	0	0,0	0	0,0	0	0,0
Die Rechte	2.245	0,0	0	0,0	0	0,0	0	0,0	0	0,0
Die Frauen	12.148	0,0	0	0,0	0	0,0	0	0,0	0	0,0
Freie Wähler	423.977	1,0	0	0,0	0	0,0	0	0,0	0	0,0
Nichtwähler	11.349	0,0	0	0,0	0	0,0	0	0,0	0	0,0
Partei der Vernunft	24.719	0,1	0	0,0	0	0,0	0	0,0	0	0,0
Die Partei	78.674	0,2	0	0,0	0	0,0	0	0,0	0	0,0
Raes Index			1,05		1,05		2,49		1,50	
Loosemore-Hanby			15,69		15,69		37,39		22,50	
Gallagher-Index			61,27		62,41		577,34		208,49	

Der Vergleich des tatsächlichen Wahlergebnisses mit einem kontrafaktischen, wie es sich bei gleicher Stimmenverteilung unter einem modifizierten Wahlsystem ergeben hätte, kann besonders aufschlussreich sein, wenn ein Wahlsystem gerade geändert

---

20 Quelle: Eigene Berechnungen auf Grundlage der vom Bundeswahlleiter zur Verfügung gestellten Daten (2014).

wurde oder eine Änderung bevorsteht. So lässt sich der Effekt von gesetzlichen Hürden auf die Disproportionalität besonders passend mit den Daten der Europawahl von 2009 oder 2014 illustrieren (vgl. hierzu und zum Folgenden auch Grotz/Weber 2016), nachdem das Bundesverfassungsgericht in zwei nicht unumstrittenen Urteilen für die Wahlen zum Europäischen Parlament zuerst die 5 %-Hürde (2011) und dann die 3 %-Hürde (2014), die von den Parteien in Reaktion auf das Urteil von 2011 eingeführt worden war, für verfassungswidrig erklärt hatte. Grundsätzlich handelt es sich bei dem Europawahlsystem um Verhältniswahl in einem nationalen Wahlkreis, wobei die Sitze nach dem Sainte-Laguë-Verfahren verteilt werden.

In der vierten Spalte von Tabelle 7.2 sind die Ergebnisse für die Sitzverteilung eingetragen, wie sie sich aufgrund des realen Europawahlgesetzes von 2014 ergeben haben, also ohne Anwendung einer Sperrklausel. Die Verteilung der 96 Sitze ist – wenig überraschend – höchst proportional, der Gallagher-Index weist einen sehr niedrigen Wert von 1,374 auf. Es genügten der Partei DIE PARTEI etwas über 180.000 Stimmen bzw. 0,6 % der gültigen Wählerstimmen, um einen Sitz im Europaparlament (EP) zu erhalten. Insgesamt zogen sieben Kleinstparteien mit jeweils einem Sitz ins EP ein, was entsprechende Diskussionen über eine Zersplitterung des Parteiensystems nach sich zog. In der fünften und sechsten Spalte sind die Sitzverteilungen aufgeführt, wie sie sich bei einer 5 %- bzw. 3 %-Hürde ergeben hätten, immer auf dieselbe Stimmenverteilung bezogen. In beiden Fällen wären die sieben Kleinstparteien an den Hürden gescheitert, die FDP hätte zwar die 3 %-Hürde gemeistert, allerdings nicht die 5 %-Hürde. Der Gallagher-Index steigt dementsprechend bei der 3 %-Hürde auf einen Wert von 12,675, bei Anwendung der 5 %-Hürde auf einen Wert von 26,662.

Die Intention von Sperrklauseln besteht ja darin, den Einzug von Kleinst- bzw. Splitterparteien ins Parlament zu verhindern. Wie die Ergebnisse unserer kontrafaktischen Berechnung zeigen, erfüllen Sperrklauseln diesen Zweck im vorliegenden Fall auf höchst erfolgreiche Weise. Sperrklauseln führen zu einer politisch gewollten Disproportionalität, indem sehr kleine Parteien zwar nicht von der Wahl selbst, wohl aber von der Vergabe der Sitze ausgeschlossen werden. Der gleiche Effekt kann jedoch auch durch eine Verringerung der Wahlkreisgröße erzielt werden (siehe hierzu auch Kapitel 5.1 und 6.3). Je weniger Sitze in einem Wahlkreis vergeben werden, desto höher die erforderliche Stimmenzahl zur Erlangung eines Mandats (siehe die Ausführungen zu *threshold of representation* und *threshold of exclusion* in Kapitel 6.3), desto mehr Parteien fallen unter die kritische Schwelle und desto disproportionaler das Ergebnis. Kleine oder mittlere Wahlkreisgrößen führen zu einem „effektiven Schwellenwert", dessen Wirksamkeit dem einer gesetzlichen Sperrklausel vergleichbar ist. Wären z. B. bei der Europawahl statt der 96 Sitze, die tatsächlich verteilt wurden, nur 50, 20 oder gar nur 10 Sitze verteilt worden, dann wäre Gallaghers Disproportionalitätsmaß auf 3,552 bzw. 17,432 bzw. 32,531 gestiegen. Bezogen auf unsere Ausgangsverteilung der Stimmen hätte also eine Wahlkreisgröße von 20 Mandaten einen größeren Effekt in punkto Disproportionalität als die Errichtung einer 3 %-Hürde, und eine Wahlkreisgröße von zehn Mandaten hätte einen größeren Effekt als eine 5 %-Hürde. Bezogen auf die Zusammensetzung des Europäischen Parlaments aus den verschiedenen nationalen Sitzkontingenten bedeutet dies, dass die Parteien in kleinen Ländern immer eine höhere Effektive Hürde zu bewältigen haben als es einer gesetzlichen Hürde von 3 % oder 5 % entspricht (vgl. Grotz/Weber 2016: 497ff.).

Der Vergleich kontrafaktischer Ergebnisse, wie sie unter Anwendung verschiedener Wahlsysteme auf Grundlage derselben Stimmenverteilung zustande gekommen wären, operiert analog zur Logik eines Experiments, bei dem das Treatment isoliert variiert wird, während alle anderen potenziellen Einflussfaktoren konstant gehalten werden (vgl. Behnke et al. 2010). Verändert man nur spezifische Wahlsystemelemente, wie wir es oben gemacht haben, indem man z. B. eine 5 %-Hürde hinzufügt, dann lassen sich die Unterschiede des Ergebnisses bezüglich der Sitzverteilung eindeutig auf diese institutionelle Modifikation zurückführen. Die Logik dieses Vorgehens ist der eines Gedankenexperiments vergleichbar und besteht in der Simulation eines kontrafaktischen Ereignisses: „Wie hätte das Sitzverteilungsergebnis ausgesehen, wenn bei gleicher Stimmverteilung eine 5 %-Hürde existiert hätte?" Doch das Problem von simulierten Daten besteht immer darin, dass sie den kausalen Prozess, den datengenerierenden Prozess, den sie eigentlich untersuchen wollen, schon voraussetzen müssen, um ihre Daten überhaupt generieren zu können (vgl. Behnke 2009). Unser Ergebnis der obigen Simulation mit der 5 %-Hürde z. B. lässt sich folgendermaßen formulieren: „Hätte es bei der Europawahl 2014 eine 5 %-Hürde gegeben, dann wären nur die sechs erfolgreichsten Parteien ins Parlament eingezogen, *unter der Annahme, dass alle übrigen Bedingungen dieselben gewesen wären (lat.: ceteris paribus)*." Aber in der Realität sind die übrigen Bedingungen niemals dieselben. Vor allem handelt es sich um eine „heroische" Annahme, dass die Stimmenverteilung immer gleich bliebe, selbst wenn das Wahlsystem sich in grundlegenden Aspekten ändern würde. Dies würde ja bedeuten, dass das Wahlverhalten der Bürger in keiner Weise vom Wahlsystem beeinflusst wird, d. h. dass keine der in Abbildung 7.1 dargestellten psychologischen Effekte auftreten. Dies ist jedoch alles andere als plausibel. Was wir also mithilfe des Gedankenexperiments und der simulierten Daten präzise untersuchen können, sind die mechanischen Effekte des Wahlsystems bei der Transformation von Stimmen in Sitze; diese machen aber nur einen Teil des gesamten Kausalkomplexes aus, über den das Wahlsystem die Sitzverteilung beeinflusst. Natürlich können in Simulationen auch weitere theoretische Verhaltensannahmen integriert werden; im Gegensatz zu den mechanischen Wahlsystemeffekten können diese jedoch nicht rein analytisch erschlossen werden, sondern müssen auf schon bekannten empirischen Zusammenhängen beruhen. Um also realistische Ergebnisse bezüglich der Effekte einzelner Wahlsystemelemente zu erhalten, kommt man nicht umhin, reale Daten unter mehr oder weniger realistischen Bedingungen zu sammeln.

Tabelle 7.2: Wahlsysteme und Sitzverteilung bei der Europawahl 2014.[21]

Partei	Stimmen	Stimmanteil	o. H.	5 %-H.	3 %-H.	o.H./50S	o.H./20S	o.H./10S
CDU	8.807.500	30,0	29	32	31	15	6	3
SPD	7.999.955	27,3	27	30	29	14	6	3
Grüne	3.138.201	10,7	11	12	11	5	2	1
Die Linke	2.167.641	7,4	7	8	8	4	2	1
AfD	2.065.162	7,0	7	8	7	3	2	1
CSU	1.567.258	5,3	5	6	6	3	1	1
FDP	986.253	3,4	3	0	4	2	1	0
Freie Wähler	428.524	1,5	1	0	0	1	0	0
Piraten	424.510	1,4	1	0	0	1	0	0
Tierschutzpartei	366.303	1,2	1	0	0	1	0	0
NPD	300.815	1,0	1	0	0	1	0	0
Familie	202.871	0,7	1	0	0	0	0	0
ÖDP	185.119	0,6	1	0	0	0	0	0
Die Partei	184.525	0,6	1	0	0	0	0	0
REP	109.856	0,4	0	0	0	0	0	0
Volksabstimmung	88.430	0,3	0	0	0	0	0	0
BP	62.542	0,2	0	0	0	0	0	0
PBC	55.377	0,2	0	0	0	0	0	0
PRO NRW	54.456	0,2	0	0	0	0	0	0
AUF	51.048	0,2	0	0	0	0	0	0
CM	30.124	0,1	0	0	0	0	0	0
DKP	25.204	0,1	0	0	0	0	0	0
MLPD	18.479	0,1	0	0	0	0	0	0
BüSo	10.695	0	0	0	0	0	0	0
PSG	9.852	0	0	0	0	0	0	0
Summe	29.340.700	100	96	96	96	50	20	10
Gallagher-Index			1,374	26,662	12,675	3,552	17,432	32,531

Abkürzungen: H. =Hürde; o.H.= ohne Hürde; S = Sitze.

Die meisten Studien zu den Effekten von Wahlsystemen sind daher länder- oder systemvergleichende Untersuchungen, die als Fälle konkrete Wahlergebnisse nationaler Parlamentswahlen oder aggregierte Daten für bestimmte Wahlsysteme enthalten. Zu den Klassikern solcher quantitativ-vergleichenden Studien zählen Raes „*The Political Consequences of Electoral Laws*" (1967), Lijpharts „*Electoral Systems and Party Systems*" (1994) sowie Taagepera und Shugarts „*Seats and Votes*" (1989).

---

21 Quelle: Eigene Berechnungen auf Grundlage der vom Bundeswahlleiter zur Verfügung gestellten Daten (2014).

Die Untersuchungsergebnisse solcher vergleichenden Studien bestehen dann meist in der tabellarischen Darstellung von bestimmten *Outcome*-Faktoren wie z. B. der Disproportionalität, in Abhängigkeit von den verschiedenen Wahlsystemtypen oder bestimmter wesentlicher Elemente der Wahlsysteme. Als Beispiele dafür sind in Tabelle 7.3 die aggregierten Effekte der Wahlkreisgröße und in Tabelle 7.4 jene der Verrechnungsformel aufgeführt, die die jeweiligen Wahlsysteme bei nationalen Parlamentswahlen in 78 liberalen Demokratien weltweit Ende der 2000er-Jahre hervorgerufen haben.

Tabelle 7.3: Durchschnittliche Disproportionalität in Abhängigkeit von der Wahlkreisgröße.[22]

Wahlkreisgröße	Anzahl der Länder	Gallagher-Index
1	20	13,36
2–4	10	8,33
5–9	16	5,50
>9	28	3,48

Wie zu erkennen ist, sinkt das Ausmaß der Disproportionalität kontinuierlich mit steigender Größe der Wahlkreise. Während Wahlsysteme, die ausschließlich aus Einerwahlkreisen bestehen, einen Wert von 13,36 in Bezug auf Gallaghers Index aufweisen, sinkt der Wert auf 3,48 für Wahlkreise, in denen mehr als neun Mandate vergeben werden.

Das mit Abstand größte Ausmaß von Disproportionalität tritt, wie theoretisch zu erwarten, bei den Mehrheitswahlsystemen auf, wobei es dort keinen nennenswerten Unterschied zwischen den Systemen mit relativer und denen mit absoluter Mehrheitswahl gibt. Während Gallaghers Maß einen Wert von mehr als 13 für die Mehrheitswahlsysteme aufweist, beträgt er für alle Proportionalwahlsysteme weniger als fünf.

Solche quantitativ-vergleichenden empirischen Analysen werfen allerdings wieder spezifische Probleme auf. Insbesondere sind sogenannte bivariate Analysen wie die obigen, in denen die Variation der zu erklärenden Variable Y (Disproportionalität) auf die Variation einer einzigen Ursachenvariablen X (Wahlkreisgröße bzw. Verrechnungsformel) zurückgeführt wird, mit äußerster Vorsicht zu genießen. Denn die Ergebnisvariable, also in diesem Fall die beobachtete Disproportionalität, hängt ja nicht nur von dieser einen Variablen ab, sondern auch von einer Vielzahl anderer Variablen. Solange diese sogenannten Drittvariablen, die in der bivariaten Analyse außer Acht gelassen werden, zufällig streuen, d. h. solange sie sich in den Untergruppen, die durch die betrachtete Ursachenvariable gebildet werden, ähnlich verteilen,

---

22 Quelle: Farrell (2011: 158). Die Daten beziehen sich auf 78 liberale Demokratien in den späten 2000ern (Farrell 2011: 234–237).

Tabelle 7.4: Durchschnittliche Disproportionalität in Abhängigkeit von der Verrechnungsformel.[23]

Verrechnungsformel	Anzahl der Länder	Gallagher-Index
Modifiziertes Sainte-Laguë	2	2,62
LR-Hare	14	3,36
STV	2	3,94
Sainte-Laguë	2	4,24
d'Hondt	20	4,53
LR-Droop	5	4,63
Relative Mehrheitswahl	18	13,33
Absolute Mehrheitswahl	2	13,59

sind die Ergebnisse der bivariaten Analyse aussagekräftig. Oft kommt es jedoch dazu, dass die untersuchte Ursachenvariable sich mit einer oder mehreren der ausgelassenen Drittvariablen, die ebenfalls einen Einfluss auf die zu erklärende Variable ausübt, auf systematische Weise vermischt. Dann können die Ergebnisse der bivariaten Analyse unter Umständen auch irreführend sein. Wenn z. B. sowohl X_1 als auch X_2 einen positiven Effekt auf Y ausüben, aber in unserem vorliegenden Datensatz hohe Werte von X_1 unglücklicherweise immer mit niedrigen Werten von X_2 zusammenfallen, dann wird der tatsächliche Effekt von X_1 auf Y vermindert oder sogar gänzlich unterdrückt. Wird der Zusammenhang tabellarisch wie oben angegeben, dann sieht es so aus, als ob X_1 keinen Effekt ausüben würde, weil ja nur die Werte von X_1 und Y aufgezeigt werden, aber nicht die den Effekt von X_1 konterkarierenden Werte von X_2. Die Gefahr einer solchen Konfundierung von Effekten ist besonders groß, wenn bestimmte Gruppen, die hinsichtlich der Ursachenvariablen gebildet werden, sehr klein sind. Betrachten wir dazu nochmals Tabelle 7.4. Dort weisen die zwei Länder mit einem modifizierten Sainte-Laguë-System eine geringere Disproportionalität auf als die Systeme mit der reinen Sainte-Laguë-Formel. Dies ist insofern irreführend, als bei gleicher Stimmenverteilung die modifizierte Sainte-Laguë-Formel immer disproportionalere Ergebnisse hervorbringt, da hier für Kleinstparteien eine höhere Hürde gesetzt wird als beim reinen Sainte-Laguë-System. Die beiden Fälle, in denen die modifizierte Sainte-Laguë-Formel auftritt, Norwegen und Schweden, haben aber Wahlsysteme, die im Durchschnitt relativ große Wahlkreise besitzen. Wie in Kapitel 6.3 erläutert und oben anhand der Europawahl empirisch gezeigt wurde, übt die Wahlkreisgröße einen sehr bedeutenden Einfluss auf die Disproportionalität aus. In vielen Studien wird sie sogar als der einflussreichste Faktor von allen betrachtet, gewichtiger noch als die Verrechnungsformel selbst. In Norwegen und Schweden wird der die Disproportionalität fördernde Effekt der durch die Verrechnungsformel bedingten höheren

---

[23] Quelle: Farrell (2011: 157). Die Daten beziehen sich auf 78 liberale Demokratien in den späten 2000ern (Farrell 2011: 234–237).

Eingangshürde für den ersten Sitz mehr als kompensiert durch die Disproportionalität verhindernde Wahlkreisgröße, sodass beide Länder immer noch eine geringere Disproportionalität aufweisen als Länder mit einer reinen Sainte-Laguë-Formel, vor allem wenn die Verrechnungsformel mit weiteren Wahlsystemelementen kombiniert wird, die die Disproportionalität erhöhen (z. B. kleine Wahlkreise oder eine deutlich höhere gesetzliche Sperrklausel).

Die multikausale Natur von Disproportionalität sollte also dazu führen, bivariate Analysen, in denen anhand eines einzigen Ursachenfaktors Untergruppen gebildet werden, für die dann Mittelwerte der Disproportionalität berechnet werden, nur mit Vorsicht zu genießen. Aber auch arrivierte statistische Modelle, die die tatsächlich vorliegende multivariate Struktur abbilden sollen, indem sie mehrere Ursachenfaktoren in ihre Gleichungen aufnehmen, stoßen an ihre Grenzen. Der Sinn solcher multivariaten Analysen besteht in der Kontrolle des Effekts der erwähnten Drittvariablen. Dabei versucht man mit statistischen Methoden den Effekt eines bestimmten Ursachenfaktors so zu „isolieren", dass er dem durchschnittlichen Effekt entspricht, wie er in Gruppen auftritt, die hinsichtlich weiterer relevanter Ursachenfaktoren homogen zusammengesetzt sind. Würde man z. B. den Effekt von Disproportionalität zwischen Systemen mit der modifizierten Sainte-Laguë-Formel und der reinen Sainte-Laguë-Formel nur innerhalb von Gruppen vergleichen, die dieselbe Wahlkreisgröße aufweisen, dann hätte man auf diese Weise den Effekt von Wahlkreisgröße gewissermaßen „herausgerechnet" und verhindert, dass er sich mit dem der Verrechnungsformel vermischt bzw. „konfundiert", wie es in der Sprache der Statistik heißt. Eine solche statistische Kontrolle kann aber optimal nur dann durchgeführt werden, wenn es für eine Gruppe, die hinsichtlich des einen Merkmals konstant gehalten wird, dennoch eine Variation des anderen Merkmals gibt, sodass man den auf diese Weise „isolierten" Effekt für die variierende Variable berechnen kann. Wenn keine beidseitige unabhängige Variation der Merkmale vorliegt, d. h. wenn keine Variation des einen Merkmals bei Konstanthaltung des anderen besteht, und zwar in beiden Richtungen, dann kann es zu einer Fehleinschätzung der Effekte aufgrund einer verzerrten Stichprobe (*„sample bias"*) kommen. Diese Verzerrung entsteht dadurch, dass die Auswahl der betrachteten Fälle selbst mit einem Bias (*„selection bias"*) versehen ist, weil bestimmte Wahlsysteme eben nur in bestimmten Ländern vorkommen, die in Hinsicht auf andere relevante Merkmale untereinander relativ homogen sind. Bei einem Vergleich von Wahlsystemtypen wird wegen der Konfundierung der interessierenden Ursachenvariablen mit anderen Störvariablen zum Beispiel auch die Proportionalität des *Single Transferable Vote*-Systems (STV) üblicherweise unterschätzt, da dieses an sich hochproportionale System nur in Kombination mit einer kleinen Anzahl von Wahlkreisen vorkommt, nämlich in Irland und Malta. Dies ist insofern durch das Wahlsystem indirekt bedingt, als die Wähler hier eine Präferenzliste über die Kandidaten angeben müssen, und daher aus reinen Praktikabilitätsgründen die Anzahl der Kandidaten überschaubar gehalten werden muss. Die Durchführung von STV ist also nur sinnvoll, wenn man die Wahlkreisgröße gleichzeitig auf fünf bis sieben Sitze beschränkt.

Dennoch muss natürlich der die Disproportionalität fördernde Effekt kleiner Wahlkreisgrößen von der Form der Verrechnung an sich getrennt betrachtet werden.

Es gibt verschiedene Möglichkeiten, die durch den Selektionsbias entstandene Problematik zu beheben. Eine Vorgehensweise besteht darin, die Auswirkungen von Wahlsystemänderungen innerhalb ein und desselben Landes zu untersuchen. Auf diese Weise hält man gewissermaßen alle Faktoren, die ansonsten mit der spezifischen Identität, Geschichte und Kultur dieses Landes zu tun haben, konstant und isoliert den Aspekt, der im Wahlsystem geändert wird. Lijphart untersucht daher in einem gesonderten Kapitel seiner Studie die Effekte, die Wechsel des Wahlsystems innerhalb eines Landes auf die Disproportionalität und die Struktur des Parteiensystems haben (Lijphart 1994: 78ff.). In den letzten Jahren waren insbesondere auch kombinierte Wahlsysteme wie das der Bundesrepublik Deutschland beliebter Untersuchungsgegenstand für den Vergleich von Effekten unterschiedlicher Wahlsysteme (vgl. u. a. Gschwend 2007; Moser/Scheiner 2012). Hier geben die Wähler in zwei verschiedenen Kontexten jeweils eine Stimme ab, mit der Erststimme wählen sie einen Kandidaten nach Mehrheitswahl in Einerwahlkreisen, mit der Zweitstimme wählen sie nach Verhältniswahl eine Parteiliste. Die Modifikation des Wahlsystems innerhalb eines Wahlvorgangs lässt sich – so die Ansicht dieser Forscher – wie ein „natürliches Experiment" (Gschwend 2007) betrachten. Der Vorteil eines solchen Vorgehens scheint auf der Hand zu liegen: Nicht nur werden die kontextuellen Störfaktoren kontrolliert, sondern darüber hinaus auch die individuellen, die in den Teilnehmern der Untersuchung zu finden sind. Denn jeder Befragte gibt ja einmal seine Stimme unter Mehrheitswahl und einmal unter Verhältniswahl gleichzeitig ab. Das Problem dieser Vorgehensweise aber liegt in der Unterstellung, die Wähler würden sich unter der Komponente der Mehrheitswahl in einem kombinierten System genauso verhalten, wie sie sich in einem reinen Mehrheitswahlsystem verhalten würden. Bei kombinierten Systemen kommt es aber zu „Kontaminationseffekten" (Ferrara et al. 2005) zwischen den verschiedenen Ebenen. Das jeweilige Wahlverhalten in den beiden Komponenten, Mehrheitswahl und Verhältniswahl, darf daher nicht betrachtet werden, als ob es isoliert vor sich gehen würde, sondern die Abgabe der beiden Stimmen muss als eine „Paketlösung" (Behnke 2008) angesehen werden. Dies zeigt sich z. B. auch beim sogenannten *Koalitionswählen*, bei dem die Wähler mit ihrem Stimmensplitting ihre Präferenz für eine bestimmte Koalition ausdrücken wollen, indem sie mit der Erststimme und der Zweitstimme zwei verschiedene Parteien wählen (vgl. u. a. Linhart 2007; Bytzek 2013). In einer isolierten Betrachtungsweise kann dieses Verhalten nicht sinnvoll erklärt werden.

7.3 Der Einfluss des Wahlsystems auf die Repräsentation von Frauen und ethnischen Minderheiten

Nationale Parlamente stellen demokratietheoretisch die wichtigste der drei klassischen Staatsgewalten dar, da sie als Legislative das Repräsentativorgan des

Souveräns selbst, des Volkes, sind. Ein Parlament kann daher nur dann in vollem Umfang legitimiert sein und seine Aufgabe erfüllen, wenn es seine Bürger in angemessener Weise repräsentiert. Werden bestimmte Bevölkerungsgruppen systematisch von der Repräsentation im Parlament ausgeschlossen, dann kann das entsprechende Regime nicht im vollen Sinn des Begriffs als Demokratie gelten. Die Inklusion aller gesellschaftlich relevanten Gruppen ist nicht nur ein hinreichendes, sondern auch ein notwendiges Merkmal einer Demokratie (Dahl 1989). In der Literatur wird hier zwischen *substanzieller* und *deskriptiver Repräsentation* unterschieden. Die Philosophin Hanna Pitkin (1967) spricht in ihrer klassischen Studie „*The Concept of Representation*" von substanzieller Repräsentation in dem Sinne, dass sich jemand für die Interessen der betroffenen Personen einsetzt, ohne diese Interessen selbst notwendigerweise teilen zu müssen. Unter deskriptiver Repräsentation versteht man hingegen das Ausmaß, in dem die betroffenen Gruppen selbst in den Entscheidungsgremien, also im Parlament, vertreten sind. Deskriptive Repräsentation garantiert keineswegs, dass es zu substanzieller Repräsentation kommt; nur weil z. B. Frauen im Parlament sitzen, heißt dies nicht zwangsläufig, dass Fraueninteressen besser vertreten werden bzw. dass sie speziell von weiblichen Abgeordneten vertreten werden. Aber es entspricht wohl den Annahmen des gesunden Menschenverstands, dass die Wahrscheinlichkeit der Vertretung von Fraueninteressen zumindest zunimmt, wenn Frauen selbst im Parlament vertreten sind. Dies deckt sich mit der Idee der „*Politics of Presence*" der Philosophin Anne Phillips (1995). Würden Frauen entsprechend ihres Anteils an der Bevölkerung im Parlament vertreten sein, so wäre die deskriptive Repräsentation in dieser Hinsicht auf jeden Fall erfüllt. Insofern ist es auch kein Zufall, dass Vorkämpfer von Frauenrechten wie John Stuart Mill gleichzeitig vehemente Befürworter der Verhältniswahl waren. Allerdings bedeutet dies nicht unbedingt, dass Frauen oder bestimmte Minderheiten strikt proportional zu ihrem Anteil im Parlament vertreten sein müssen, wie es z. B. bei den politischen Parteien nach der Logik der Verhältniswahl sein sollte. Dies wäre nur dann der Fall, wenn die Frauen oder diese Minderheiten als politische Parteien zur Wahl anträten und diese Parteien ausschließlich von Frauen oder diesen Minderheiten gewählt würden. Wenn aber bestimmte gesellschaftliche Gruppen in einer auffälligen Weise im wichtigsten Repräsentationsorgan, dem Parlament, unterrepräsentiert sind, dann kann dies oft als Anzeichen gedeutet werden, dass diese Gruppen in der politischen Willensbildung und Entscheidung strukturell benachteiligt sind. Das Wahlsystem kann im negativen Fall eine wichtige Rolle spielen, dass es zu dieser strukturellen Benachteiligung kommt, oder es kann im positiven Fall gezielt dazu eingesetzt werden, ihr entgegenzuwirken. In diesem Zusammenhang wird ein Vorteil von Verhältniswahlsystemen in ihrer niedrigen Repräsentationshürde gesehen, die auch von diskriminierten Gruppen leichter überwunden werden kann. Außerdem treten Verhältniswahlsysteme meist in Kombination mit Parteilisten auf, bei denen eine zentrale Selektion der Kandidaten durch die Parteiführung möglich ist (siehe auch Kapitel 4.2).

Es ist daher wenig überraschend, dass die Frage, welches Wahlsystem die Repräsentation von Frauen in welcher Weise beeinflusst, von der empirisch-vergleichenden Wahlsystemforschung intensiv untersucht wird. Dabei liegt der Fokus fast ausschließlich auf der deskriptiven Repräsentation, also auf dem Frauenanteil im Parlament.

Die parlamentarische Repräsentation von Frauen hat in den letzten Jahrzehnten grundsätzlich stark zugenommen. Unabhängig von diesem allgemeinen Trend ist allerdings zu beobachten, dass Verhältniswahlsysteme und kombinierte Systeme mit Mehrpersonenwahlkreisen durchschnittlich einen deutlich höheren Frauenanteil aufweisen als Mehrheitswahlsysteme in Einerwahlkreisen. In einer vergleichenden Studie konnte Matland (2005) zeigen, dass zwischen 1945 und 2004 der Frauenanteil bei Verhältniswahlsystemen und kombinierten Systemen mit Mehrpersonenwahlkreisen von knapp 3 % auf 27 % angestiegen ist, während er bei den Mehrheitswahlsystemen von 3 % auf nur 18 % zugenommen hat (vgl. Tabelle 7.5).

Tabelle 7.5: Frauenanteil im Parlament nach Wahlsystemtyp.[24]

Jahr	1945	1950	1960	1970	1980	1990	1997	2004
Mehrheitswahl in EWK[*]	3,05	2,13	2,51	2,23	3,37	8,16	15,42	18,24
Verhältniswahlsystem[**]	2,93	4,73	5,47	5,86	11,89	18,13	21,93	27,49

[*] Australien, Kanada, Frankreich (ab 1960), Japan (bis 1990), Neuseeland (bis 1990), Großbritannien, USA.
[**] Österreich, Belgien, Dänemark, Finnland, Frankreich (1945 und 1950), Griechenland (ab 1980), Island, Irland, Israel (ab 1950), Italien, Japan (nach 1993), Luxemburg, Niederlande, Neuseeland (nach 1990), Norwegen, Portugal (ab 1980), Spanien (ab 1980), Schweden, Schweiz und Deutschland (ab 1950).

Auch wenn die Grundtendenz eindeutig ist, dass Verhältniswahl die Repräsentation von Frauen begünstigt, so muss dieser Zusammenhang offensichtlich noch modifiziert werden, da es zahlreiche Fälle gibt, die von dieser einfachen Erklärung abweichen. Auffällig sind vor allem die großen Unterschiede des Frauenanteils, die zwischen den Parlamenten in den verschiedenen Weltregionen bestehen.

Vor allem die skandinavischen Staaten weisen einen besonders hohen Anteil weiblicher Abgeordneter auf, während sich in asiatischen und arabischen Parlamenten besonders wenige Frauen finden (vgl. http://www.ipu.org/wmn-e/world. htm, letzter Aufruf: 22.07.2016). Dies legt die Vermutung nahe, dass neben institutionellen Faktoren vor allem kulturelle Faktoren für die Repräsentation von Frauen eine wichtige Rolle spielen bzw. dass diese mit den Wahlsystemeigenschaften interagieren. So können z. B. die skandinavischen Länder im Sinne der drei Welten von Wohlfahrtsstaatsregimen nach Esping-Andersen (1990) als die prototypischen Vertreter eines stark egalitär orientierten „sozialdemokratischen" Staats- und

---

24 Quelle: Matland (2005).

Gesellschaftsmodells angesehen werden (vgl. Krook 2010). Die Konzentration von Frauen in den skandinavischen Ländern findet also in einer egalitaristischen Kultur statt, die für ihre Offenheit und Chancengleichheit bekannt ist und in der auch eine breite Akzeptanz von Frauen in Führungspositionen vorhanden ist. Nimmt man tatsächlich die auf ein Land aggregierte Einstellung zu genau diesem Item mit in die Analyse auf, wie sie in bekannten Umfragen wie dem *World Value Survey* oder dem *European Social Survey* erhoben werden, dann verschwinden die Unterschiede zwischen den verschiedenen Weltregionen nahezu vollständig (Ruedin 2013: 51). Die Regionen stellen somit nur eine grobe Annäherung an geografisch konzentrierte kulturelle Einstellungen dar, die die parlamentarische Repräsentation von Frauen wesentlich beeinflussen.

Verhältniswahlsysteme führen also nicht *per se* zu einer besseren Repräsentation von Frauen. Wenn aber die gesellschaftlichen und kulturellen Verhältnisse derart sind, dass eine politische Repräsentation der Frauen gewollt wird, dann sind Verhältniswahlsysteme die Institution der Wahl, da sich mit ihnen dieser gesellschaftliche Wunsch am besten umsetzen lässt. Ähnliches gilt für Quotenregelungen. Dort, wo sie zur Anwendung kommen, ist der Anteil der Frauen im Parlament deutlich höher, aber sie bestehen vor allem dort, wo ein höherer Frauenanteil auch gesellschaftlich oder politisch besonders erwünscht ist. Ein Beispiel für diesen komplexen Wirkungszusammenhang ist die parteiinterne Quotenregelung, die die bundesdeutschen Grünen eingeführt haben. Seit ihrer Gründung 1979 hatten die Grünen eine Frauen-Quote von 50 % bei ihren Abgeordneten und gingen teilweise mit dem Slogan „Jede zweite Abgeordnete ist ein Mann" in den Wahlkampf. Die anderen Parteien – mit Ausnahme der FDP – zogen in den 1990er-Jahren mit mehr oder weniger starken und mehr oder weniger verbindlichen Regelungen nach. Lediglich die Linke gab sich ebenfalls eine 50 %-Quote. Auch wenn die Frauenquote bei den Grünen selbst womöglich am wenigsten nötig war, so kann man, ganz im Sinne der „*Affirmative-Action*"-Idee davon ausgehen, dass die Grünen die Frauenrepräsentation damit zu einem relevanten politischen Thema gemacht und die anderen Parteien so unter Handlungsdruck gesetzt haben.

Der positive Effekt von Verhältniswahlsystemen und Quotenregelungen auf die Frauenrepräsentation ist darauf zurückzuführen, dass sie bessere oder zumindest einfachere Möglichkeiten einer politischen Steuerung geben als die Mehrheitswahl. Insbesondere Listensysteme eröffnen die Möglichkeit für die Parteien, sogenanntes „*ticket-balancing*" zu betreiben, d. h. alle Gruppen angemessen durch entsprechende Rangpositionen auf den Listen zu besetzen. Je größer die Liste, desto vielfältiger die Möglichkeiten, die sich durch *ticket-balancing* eröffnen. Neben dem Grundtyp des Wahlsystems hat also auch die Wahlkreisgröße erheblichen Einfluss auf die parlamentarischen Repräsentationschancen von Frauen.

Höchst aufschlussreiche Befunde zur Repräsentation von Frauen finden sich in der Studie von Moser und Scheiner (2012) über „*mixed-member proportional systems*", von denen die personalisierte Verhältniswahl in Deutschland der prominenteste Fall ist. Bekanntlich gibt es im Deutschen Bundestag einerseits „direkt" gewählte Abgeordnete in Einerwahlkreisen und andererseits Abgeordnete, die über Parteilisten ins Parlament einziehen. Im Sinne einer experimentellen Logik (vgl. dazu auch die Ausführungen am Ende von Kapitel 7.2) kann man daher die isolierten Effekte der beiden Wahlsystemelemente, die hier innerhalb eines Systems anzutreffen sind, auf die Repräsentation von Frauen untersuchen. Der besondere Vorteil dieser Untersuchungsmethode liegt darin, dass damit für alle länderspezifischen Störfaktoren kontrolliert werden kann, da man für jede Wahl in einem Land beide Arten der Sitzkontingente hat, die durch die Mehrheitswahl bestimmten Mandate einerseits und die durch die Verhältniswahl bestimmten andererseits. In der Tat bestätigen sich die theoretisch erwarteten Ergebnisse. Der Anteil von Frauen ist im durch Verhältniswahl bestimmten Sitzkontingent höher als in dem, der durch Mehrheitswahl in Einerwahlkreisen bestimmt wird (Moser/Scheiner 2012: 218f.). Allerdings fällt dieser Effekt in den etablierten Demokratien stärker aus als in den neu entstandenen Demokratien im post-kommunistischen Osteuropa, wobei der Frauenanteil in den erstgenannten Fällen sowohl insgesamt als auch innerhalb der beiden Sitzkontingente deutlich höher liegt als in den letztgenannten Fällen. Die einzigen Ausnahmen in diesem Zusammenhang bilden Wales und Schottland, wo der Anteil weiblicher Abgeordneter unter Verhältniswahl geringer ausfiel als unter Mehrheitswahl; dies erklärt sich freilich daraus, dass es in beiden Regionen eine Frauenquote für die Kandidaturen in den Einerwahlkreisen gibt. In Übereinstimmung mit den oben angeführten Ergebnissen finden auch Moser und Scheiner (2012: 225), dass die Ländervarianz zum großen Teil auf kulturellen Unterschieden, hier gemessen als Einstellungsunterschiede zur Eignung von Frauen für Führungspositionen, beruhen: Dominieren ablehnende Haltungen zu dieser Frage, dann gibt es keinen höheren Frauenanteil im Sitzkontingent, das durch die Verhältniswahl bestimmt wird. Der besonders große Vorteil, den Verhältniswahlsysteme in etablierten Demokratien zu Gunsten der Frauenrepräsentation hervorbringen, ist unter anderem darauf zurückzuführen, dass dort die Parteiensysteme weniger fragmentiert sind als in neuen Demokratien. Auch wenn die Parteiensysteme bei Verhältniswahlsystemen insgesamt stärker fragmentiert sind als bei Mehrheitswahlsystemen, so gibt es in den meisten etablierten Demokratien dennoch mehrere relativ große Parteien, die über einen größeren Spielraum für *ticket-balancing* verfügen. Bei einem stark fragmentierten Parteiensystem hingegen, wie es für post-kommunistische Staaten typisch ist, ist auch in Einerwahlkreisen der effektive Schwellenwert relativ niedrig, sodass auch kleine Gruppen erfolgreich sein können, wenn sie sich gut organisieren und mit potenziellen Partnern verbünden. Der relative Vorteil, den Verhältniswahl gegenüber der Mehrheitswahl in Bezug auf die Repräsentation von Frauen hat, vermindert sich daher in den post-kommunistischen Systemen.

Theoretisch sollten in Bezug auf die Repräsentation von ethnischen Minderheiten ähnliche Zusammenhänge zu finden sein wie in Bezug auf die Repräsentation von Frauen. Allerdings kommt hier das Problem ins Spiel, wie ethnisch geteilte oder gar gespaltene Gesellschaften den innergesellschaftlichen Konfliktaustrag auf friedliche Weise gestalten können. Überwiegend wird auch hier die Ansicht vertreten, dass es zu einer substanziellen Repräsentation dieser ethnischen Gruppen nur durch eine Steigerung der deskriptiven Repräsentation im Parlament kommen kann (Reynolds 2011). Umstritten ist allerdings, ob die deskriptive Repräsentation auch eine proportionale sein sollte (z. B. Lijphart 1990) oder ob die parlamentarische Präsenz dieser Gruppen an sich hinreichend für deren Interessenwahrnehmung ist (z. B. Horowitz 1993).

Für eine angemessene deskriptive Repräsentation ist es vor allem von Bedeutung, dass die betroffenen Gruppen in der Lage sind, sich und ihren Interessen im parlamentarischen Prozess Gehör und Aufmerksamkeit zu verschaffen. Meistens gilt, dass Gruppen, die annähernd proportional repräsentiert sind, mit Sicherheit hinreichend deskriptiv repräsentiert sind. Wer also deskriptive Repräsentation für unerlässlich hält, befindet sich mit dem Ideal der spiegelbildlichen Repräsentation auf der sicheren Seite, selbst wenn die dafür adäquaten Auswahlverfahren zu nötigen Abstrichen bei der Qualität der Repräsentanten führen sollten (vgl. Mansbridge 1999).

Empirische Befunde lassen allerdings keinen klaren Zusammenhang zwischen den institutionellen Regelungen des Wahlsystems und der deskriptiven Repräsentation ethnischer Minderheiten erkennen. Entgegen den theoretischen Erwartungen ergeben sich keine eindeutigen Vorteile bezüglich der Repräsentation ethnischer Minderheiten in Verhältniswahlsystemen oder bei der Einführung von Quoten (Ruedin 2013: 69). Allerdings sind diese Ergebnisse abhängig von der Art der Messung der Repräsentation ethnischer Minderheiten, die sich deutlich komplizierter und weniger eindeutig gestaltet als bei der Frauenrepräsentation, da es bezüglich der Ethnien in der Regel mehr als zwei Gruppen gibt. Bezieht man alle betreffenden Gruppen in die Berechnung des Repräsentationsindex ein, so erhält man im Grunde nichts anderes als ein Disproportionalitätsmaß für ethnische Gruppen. Bezieht man hingegen nur die ethnischen Minderheiten ein und berechnet deren mittlere, absolute oder relative Unterrepräsentation, dann stellt sich die Frage, ab wann eine „Minderheit" tatsächlich eine Minderheit ist. Ergibt sich dann ein Zusammenhang wie der, dass die Repräsentation ethnischer Gruppen mit dem Grad ethnischer Heterogenität in einer Gesellschaft *abnimmt* (vgl. Ruedin 2013: 69), so ist unter Umständen keineswegs klar zu erkennen, ob es sich bei diesem Ergebnis tatsächlich um ein substanziell aufschlussreiches Ergebnis handelt. Trifft letzteres zu, so gäbe es dafür durchaus eine einleuchtende Erklärung: Gerade in ethnisch gespaltenen Gesellschaften kann es für die dominante ethnische Gruppe ein politisches Ziel sein, konkurrierende ethnische Gruppen von der Macht fernzuhalten. Die Perspektive des aufgeklärten politischen Reformers muss nicht unbedingt die Perspektive des (aufgeklärten oder nicht aufgeklärten) Machtpolitikers sein. Ganz im Gegenteil kann es dann sogar zu dem repräsentationstheoretisch absurden, aber machtpolitisch höchst nachvollziehbaren Ergebnis kommen, dass eine Minderheit desto weiter von der idealen deskriptiven Repräsentation entfernt ist, je größer sie ist.

7.4 Der Effekt des Wahlsystems auf das Parteiensystem

Wie oben ausgeführt, muss Disproportionalität nicht zwingend als negativ zu bewertender Effekt eines Wahlsystems angesehen werden. Disproportionalität tritt meist gleichzeitig mit Konzentrationseffekten auf und wirkt dann einer Zersplitterung des Parteiensystems entgegen (siehe Kapitel 4.2, insbesondere 4.2.2). Besonders in Deutschland wurde aufgrund der Erfahrungen in der Weimarer Republik die Gefahr eines stark fragmentierten Parteiensystems häufig beschworen. Daher fanden und finden sich immer wieder Befürworter von institutionellen Vorkehrungen, die eine solche Zersplitterung des Parteiensystems verhindern sollen. Dazu zählen die 5%-Sperrklausel, aber auch das Mehrheitswahlsystem, über dessen Einführung in den 1960er-Jahren eine intensiv geführte Diskussion stattfand. Auch wenn sich die Mehrheitswahlanhänger bis heute nicht durchsetzen konnten, so zeigte doch die hochemotionale Debatte um die Abschaffung der Sperrklausel bei der Europawahl, wie sehr die 5%-Hürde inzwischen als ein bewährtes Element des deutschen Wahlsystems angesehen wird (Haug 2014; Hrbek 2013).

7.4.1 Die Konzentration des Parteiensystems

Wenn Disproportionalitätseffekte in einem signifikanten Maß auftreten, dann immer in einer Weise, dass die Fragmentierung des Parteiensystems reduziert und somit die *Konzentration* des parlamentarischen Parteiensystems erhöht wird. Konkret manifestiert sich ein solcher Konzentrationseffekt darin, dass größere Parteien im Parlament relativ zu ihren Stimmenzahlen überrepräsentiert sind. Dass Disproportionalität positiv mit Konzentration korreliert, d. h. je größer die Disproportionalität, desto höher auch der Konzentrationseffekt, ist allerdings nur ein empirisch zu beobachtender Zusammenhang, d. h. er tritt nicht notwendig auf. Theoretisch könnte auch ein Disproportionalitätseffekt auftreten, der kleinere Parteien bevorzugt, der also mit einer Dekonzentration des Parteiensystems einhergeht. Beispielsweise garantieren manche Wahlsysteme bestimmten Parteien eine Mindestanzahl an Sitzen, z. B. durch eine Verrechnungsformel wie jener von Adams (Behnke 2007: 141), bei der jede antretende Partei mindestens einen Sitz erhält, oder durch die Bereitstellung reservierter Sitze für bestimmte Minderheiten. In diesem Fall kann ein Wahlsystem sowohl zu Disproportionalität führen als auch dekonzentrierend wirken. Dieser Effekt tritt daher mitunter in Bezug auf geografische oder ethnische Repräsentationskriterien auf, wenn es durch eine garantierte Mindestrepräsentation bestimmter Gruppen zu einer (im Sinne der Proportionalität) Überrepräsentation derselben kommt.

Disproportionalität führt in der Regel zu Konzentration des Parteiensystems, aber es ist auch möglich, dass ein stark konzentriertes Parteiensystem existiert, obwohl die Verrechnung von Stimmen in Sitze mehr oder weniger proportional erfolgt. Dies ist z. B. in Südafrika der Fall. Dort erlangte der Afrikanische Nationalkongress (ANC) bei den Parlamentswahlen von 2009 und 2014 jeweils mehr als 60 % der Stimmen und über 60 % der Sitze. Die dominante Rolle des ANC ist aber historisch bedingt und keine Folge des reinen Verhältniswahlsystems (siehe Fallbeschreibung im Anhang).

Der Konzentrationseffekt von Wahlsystemen tritt in zwei Formen auf. Erstens als *separierender Effekt*, der die Menge der Parteien in zwei Teilmengen zerlegt, die der im Parlament vertretenen Parteien und die der Parteien, die nicht ins Parlament einziehen. Dieser Konzentrationseffekt bezieht sich nur auf die Relation zwischen diesen beiden Teilmengen, in der Form, dass jede im Parlament vertretene Partei im Verhältnis zu ihren Stimmen gegenüber jeder nicht vertretenen Partei deutlich überrepräsentiert ist. Der separierende Konzentrationseffekt ist bei Verhältniswahlsystemen mit gesetzlicher Sperrklausel besonders deutlich zu erkennen, da hier die Separierung anhand eines klar definierten Schwellenwerts erfolgt. Bei der zweiten Form der Konzentration kommt es zu einem *verstärkenden Effekt*. Er tritt auf, wenn das Maß der Überrepräsentation kontinuierlich mit der Größe der Partei, also der Zahl ihrer erhaltenen Stimmen, zunimmt. Hier wirkt der Konzentrationseffekt bei allen Parteien und nicht nur zwischen zwei Klassen, wobei der Vorteil desto größer ausfällt, je größer die Partei ist. Man kann diesen Effekt daher mit einer Art von Gravitationskraft vergleichen, die allerdings nicht nur proportional zur Masse, sondern überproportional dazu ansteigt. Der verstärkende Konzentrationseffekt kann daher mehr oder weniger gut mit Polynomen zweiten oder höheren Grades approximiert werden (vgl. Behnke 2002a: 15ff.), d. h. die Sitzstärke nimmt nicht linear, d. h. proportional zur Stimmenstärke zu, sondern in einem quadratischen oder einem kubischen Verhältnis. Letzteres entspricht einem bekannten Sachverhalt, der im Zusammenhang mit der Mehrheitswahl unter dem Begriff *Kubus-Regel* in die wahltheoretische Literatur eingegangen und ursprünglich sogar als Gesetz bezeichnet worden ist (*„cube law"*). Die Kubus-Regel bezieht sich auf die relative Mehrheitswahl in Einerwahlkreisen und postuliert, dass sich die Anteile der Sitze zweier Parteien im Parlament wie die dritten Potenzen ihrer Stimmenzahlen zueinander verhalten (Kendall/Stuart 1950). Erhält z. B. Partei A 60 % der Stimmen und Partei B 40 %, dann beträgt das Verhältnis ihrer Sitzanteile die dritte Potenz von 60/40, also $1,5^3$ bzw. 3,375. Der Sitzanteil der ersten Partei fiele also mehr als dreimal so hoch aus wie der der zweiten Partei. Wären nur diese beiden Parteien im Parlament vertreten, erhielte Partei A 77,1 % der Sitze und Partei B 22,9 %. Die Kubus-Regel gilt nur unter ganz bestimmten Bedingungen, die sich auf den Grad der Homogenität der Wahlkreise beziehen. Auch wenn der Erfolg der Kubus-Regel als brauchbare Daumenregel für die Voraussage von Sitzverhältnissen aufgrund der Stimmenverteilung seit den 1970er-Jahren für Großbritannien deutlich nachgelassen hat, so kann man mit ihr immer noch brauchbare grobe Schätzungen anstellen, in welcher Richtung und in welcher Größenordnung der Verstärkereffekt ausfällt, auch wenn für genaue Prognosen andere Modelle besser geeignet sind (vgl. Behnke 2002a; Manow 2010).

Vom Standpunkt des „*electoral engineer*" (Norris 2004), also des Designs des Wahlsystems, kann eine mittlere angestrebte Konzentration durch die Eliminierung sehr kleiner Splitterparteien erzielt werden, indem z. B. eine gesetzliche Hürde eingeführt wird. Wird hingegen eine hohe Konzentration des Parteiensystems angestrebt, indem vor allem der Anteil der größten Partei deutlich erhöht werden soll, womöglich bis zur annähernd sicheren Gewährleistung einer Mehrheit, dann benötigt man hierfür mehrheitsbildende Systeme, also z. B. ein relatives Mehrheitswahlsystem in Einerwahlkreisen oder ein anderes System, das kleine Wahlkreise und damit eine hohe natürliche Hürde aufweist, oder ein System mit einer Sitzprämie für die stärkste Partei. Wird eine parlamentarische Mehrheit erst durch das Wahlsystem geschaffen, spricht man in der Literatur auch von „*manufactured majorities*" (vgl. Lijphart 1994: 72ff.). Befürworter der Mehrheitswahl sehen gerade in der Schaffung dieser „künstlichen" Mehrheiten den eigentlichen Zweck eines Wahlsystems.

In Referenz zur Kubus-Regel wurde z. B. in der deutschen Reformdebatte der 1960er-Jahre von Unkelbach und Hermens das sogenannte „kubische Wahlsystem" vorgeschlagen, nach dem Sitze nicht im Verhältnis der Stimmenanteile, sondern im Verhältnis zu deren dritter Potenz verteilt werden sollten (vgl. Jesse 1985: 184ff.). Liegt die stärkste Partei weit genug vor den anderen Parteien, würde sie unter diesem Wahlsystem – auch wenn sie keine Mehrheit der Stimmen erhält – eine parlamentarische Mehrheit erhalten. 2013 z. B. hatte die CDU bei der Bundestagswahl 34,1 % der Zweitstimmen erhalten, die CSU 7,4 %, die SPD 25,7 %, die Linke 8,6 % und die Grünen 8,4 %. Damit verpasste die CDU/CSU nur knapp eine Sitzmehrheit. Nach dem kubischen System hingegen hätte alleine die CDU mehr als zwei Drittel der Sitze erhalten, während Linke und Grüne jeweils nur wenig mehr als 1 % der Sitze erhalten hätten.

Eine andere Möglichkeit, wie sie etwa in Italien und Griechenland angewandt wird, besteht in der Verleihung eines Sitzbonus' für die stärkste Partei. In Griechenland erhielt die stärkste Partei 2015 einen Sitzbonus von 50 Mandaten unter dem zu diesem Zeitpunkt gültigen Wahlsystem. Bei einem solchen Bonus kommt es zu einer starken Konzentration des Parteiensystems; da aber der Bonus eine absolute Zahl darstellt, kann es dennoch nicht für das Zustandekommen einer Einparteiregierung reichen. So bekam die linke Partei SYRIZA bei der Parlamentswahl von 2015 mit 36,4 % der Stimmen 149 der 300 Sitze und verpasste damit äußerst knapp eine eigene parlamentarische Mehrheit.

7.4.2 Die Effektive Parteienzahl

Um den Konzentrationseffekt eines Wahlsystems zu messen, benötigen wir ein Maß für den Konzentrationsgrad einer gegebenen Verteilung von Stimmen oder Sitzen. Es ist offensichtlich, dass ein Parteiensystem desto konzentrierter ist, je weniger Parteien es umfasst. Allerdings ist die reine Anzahl der Parteien, die bei einer Wahl antreten bzw. im Parlament sitzen, die sogenannte nominale Parteienzahl, nicht geeignet, die Fragmentierung bzw. Konzentration eines Parteiensystems zu erfassen. Denn offensichtlich macht es einen großen politischen Unterschied, ob z. B. in einem Dreiparteiensystem alle Parlamentsparteien jeweils gleich viele Sitze innehaben oder ob die Mandatsmehrheit auf eine dieser Parteien entfällt, während die beiden anderen Parteien zusammen weniger als die Hälfte der Sitze erhalten. Ausgehend von früheren Arbeiten von Rae (1967) haben daher Laakso und Taagepera (1979) die folgende Berechnungsformel für die sogenannte „Effektive Anzahl von Parteien" vorgeschlagen, die auf dem Konzentrationsmaß von Herfindahl und Hirschman beruht (vgl. Taagepera/Shugart 1989: 77ff.):

$$ENP = \frac{1}{\sum_{P \in MPP} z_P{}^2}$$

mit

ENP   Effektive Anzahl der Parteien (*effective number of parties*)
MPP   Menge aller im Parlament vertretenen Parteien
z_P Sitzanteil der Partei P

Die effektive Anzahl der Parteien entspricht genau dann der nominalen Parteienzahl, wenn die Anteile aller Parteien exakt gleich verteilt sind. Besitzen z. B. drei Parteien jeweils 33,33 % der Sitze, dann beträgt auch die Effektive Parteienzahl 3. Je stärker die Sitzanteile auf bestimmte Parteien konzentriert sind, desto kleiner fällt die Effektive Parteienzahl aus. Verteilen sich z. B. die Sitzanteile der drei Parteien auf 45 %, 45 % und 10 %, dann beträgt die Effektive Parteienzahl 1 / (0,2025 + 0,2025 + 0,01) = 1 / 0,415, also 2,4. Abbildung 7.2 zeigt, wie sich die Effektive Parteienzahl im Deutschen Bundestag von 1949 bis 2013 entwickelt hat. Dabei wurden CDU und CSU als eine Partei behandelt, da sie sich niemals als Konkurrenten gegenüberstanden und bisher immer beide gemeinsam in einer Regierung vertreten waren.

Tatsächlich startete die junge Bundesrepublik mit einem relativ stark fragmentierten Parlament: 1949 lag die Effektive Parteienzahl bei 4. Für die 1950er- bis 1970er-Jahre spricht man hingegen von einem „Zweieinhalbparteiensystem", da es aus den zwei großen Parteien, der SPD und der CDU/CSU, und einer kleinen Partei, der FDP, bestand. Mit dem parlamentarischen Einzug der Grünen Anfang der 1980er-Jahre und jenem der PDS nach der Wiedervereinigung stieg die Effektive Parteienzahl kontinuierlich, aber mäßig an. 2005 und 2009 wird der größte Fragmentierungsgrad mit einer effektiven Parteienzahl von etwa 3,5 bzw. 4 erreicht, um dann 2013 wieder auf einen Wert unter 3 zu fallen.

Der Konzentrationseffekt des Wahlsystems lässt sich nicht durch eine einzelne Zahl, sondern nur durch den Vergleich der ENP auf Ebene der Stimmenverteilung und der ENP auf Mandatsebene ermitteln. Der Nachweis eines Zusammenhangs zwischen dem Typ des Wahlsystems und der effektiven Parteienzahl gehört zu den zentralen Ergebnissen der quantitativ-vergleichenden Wahlsystemforschung. So haben Parteiensysteme unter Verhältniswahl im Durchschnitt eine höhere Effektive Parteienzahl als unter Mehrheitswahl (Lijphart 1994: 96), und die Effektive Parteienzahl ist desto größer, je niedriger der effektive Schwellenwert ausfällt (Lijphart 1994: 99). Das heißt, dass die Elemente des Wahlsystems, die in der Regel eine größere Disproportionalität bewirken, auch dort zu finden sind, wo die Anzahl der Parteien eher gering ausfällt (Farrell 2001: 163). Zur Illustration sind in Tabelle 7.6 die entsprechenden Zahlen für das deutsche System der personalisierten Verhältniswahl einerseits und für die relative Mehrheitswahl in Großbritannien und den USA andererseits dargestellt.

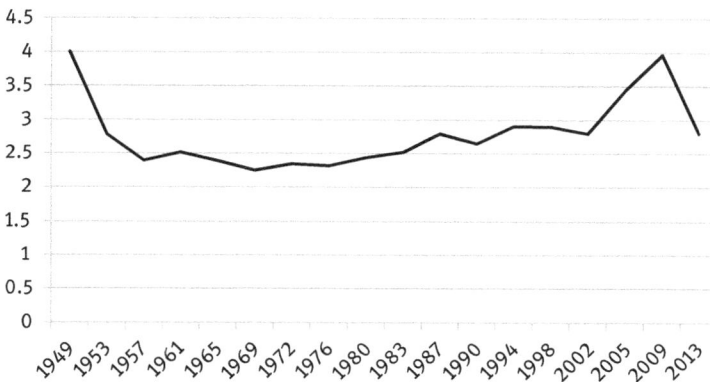

Abbildung 7.2: Effektive Parteienzahl im Deutschen Bundestag zwischen 1949 und 2013.[25]

Bei der Bundestagswahl 2013 betrug die Effektive Parteienzahl – wenn CDU und CSU als eigenständige Parteien gezählt werden – auf Ebene der Stimmenanteile 4,81. Die Effektive Parteienzahl bezüglich der Sitzanteile der im Parlament vertretenen Parteien betrug dagegen nur 3,51. Durch die Transformation der Stimmen in Sitze kommt es also zu einer Konzentration, die einer Abnahme der Effektiven Parteienzahl um 1,3 bzw. um 27 % entspricht. Behandelt man CDU und CSU – analog zu Abbildung 7.2 – wie eine einzige Partei, sinken zwar die ENP-Werte entsprechend, das Ergebnis ist aber weitgehend gleich: Es kommt zwischen Wahl und Sitzverteilung zu einer Verminderung der effektiven Parteienzahl von ursprünglich 3,87 auf 2,8. Dieser starke Konzentrationseffekt ist in der Größenordnung durchaus dem des britischen Systems vergleichbar, wie er bei der Wahl von 2015 auftrat: Dort wurde die Effektive Parteienzahl von 3,92 (Stimmenebene) um ca. 35 % auf 2,53 bezüglich der im Parlament

---

25 Quelle: Eigene Berechnungen auf Basis der Zahlen von wahlrecht.de (http://www.wahlrecht.de/ergebnisse/bundestag.htm, letzter Aufruf: 25.7.2016).

vertretenen Parteien reduziert. Die starke Ähnlichkeit in der Größenordnung des Konzentrationseffekts ist nicht so überraschend, wie es auf den ersten Blick scheint. Denn bei der Bundestagswahl 2013 kam es wegen des großen Anteils nicht berücksichtigter Stimmen zu einem ungewöhnlich starken Konzentrationseffekt. Ungefähr 15 % der abgegebenen Zweitstimmen wurden für Parteien abgegeben, die jeweils unterhalb der 5 %-Schwelle blieben und somit nicht ins Parlament einzogen. Der relative Sitzanteil aller Parteien vergrößerte sich entsprechend, die CDU/CSU scheiterte nur knapp an einer absoluten Mandatsmehrheit.

Tabelle 7.6: Effektive Parteienzahl unter verschiedenen Wahlsystemen.[26]

	Effektive Parteienzahl bei Wahl	Effektive Parteienzahl in Parlament	Differenz	Relative Verringerung in Prozent
Personalisierte Verhältniswahl				
Bundestagswahl 2013*	4,81	3,51	1,30	27,0
Bundestagswahl 2009*	5,58	4,83	0,75	13,4
Bundestagswahl 2013**	3,87	2,80	1,06	27,5
Bundestagswahl 2009**	4,66	3,97	0,69	14,8
Relative Mehrheitswahl in EWKs				
Wahl zum britischen Parlament 2016	3,92	2,53	1,39	35,4
Wahl zum britischen Parlament 2010	3,68	2,58	1,09	29,8
...Wahl zum britischen Parlament 2005	3,61	2,46	1,16	32,0
...US-Repräsentantenhaus 2012	2,15	1,99	0,16	7,4

* CDU und CSU als einzelne Parteien behandelt
** CDU und CSU wie eine Partei behandelt

Wegen des untypischen Wahlausgangs von 2013 – zum ersten Mal in der Geschichte der Bundesrepublik verpassten zwei Parteien knapp den Einzug ins Parlament – ist es sinnvoll, sich noch eine andere Bundestagswahl, z. B. die von 2009, genauer anzusehen. Hier reduzierte sich die Effektive Parteienzahl durch die Sitzverteilung von ursprünglich 4,66 auf 3,97 (CDU und CSU als eine Partei behandelt). Auch wenn die Effektive Parteienzahl von ungefähr 4 auf Mandatsebene ihrerseits einen relativ hohen Wert darstellt, so ist die Größe des Konzentrationseffekts mit einer Reduktion um knapp 15 % wohl eher in einem Bereich zu verorten, wie er für ein Verhältniswahlsystem mit gesetzlicher Sperrklausel typisch ist.

Betrachtet man das britische Wahlergebnis von 2010, so kam es dort ebenfalls zu einer klaren Reduktion der Effektiven Parteienzahl von 3,68 auf 2,58. Dennoch

---

26 Quelle: Eigene Berechnungen.

konnten die Konservativen 2010 keine Alleinregierung bilden und waren auf eine Koalition mit den Liberaldemokraten angewiesen. Dies stellt allerdings eine der seltenen Ausnahmen im Vereinigten Königreich dar. 2005 verringerte sich die Effektive Parteienzahl zwischen Stimmen- und Sitzverteilung um 32 % auf 2,46, was in diesem Fall der *Labour Party* problemlos für eine Alleinregierung reichte. Trotz relativer Mehrheitswahl kommt es also in Großbritannien üblicherweise zu einer Effektiven Parteienzahl von ungefähr 2,5, wie sie auch für die Bundesrepublik in den 1960er- und 1970er-Jahren üblich war. Dennoch wurden in Großbritannien seit dem Zweiten Weltkrieg mit Ausnahme von 2010 immer Einparteiregierungen gebildet, während es in der Bundesrepublik lediglich 1957 zu einer absoluten Mehrheit einer Partei kam (die allerdings zu keiner Einparteiregierung, sondern zu einer Koalition der CDU/CSU mit der DP führte). Dies liegt vor allem darin begründet, dass sich der Konzentrationseffekt im deutschen Wahlsystem nur auf die Verhältnisse zwischen den „*ins*" und „*outs*" bezieht, während im britischen Mehrheitswahlsystem Stimmenverschiebungen von wenigen Prozentpunkten in der Regel Sitzverschiebungen nach sich ziehen, die um ein Vielfaches größer sind. So führte 2010 ein Gewinn von knapp 4 % der Stimmen der Konservativen und ein Verlust von etwas über 6 % der Stimmen der *Labour Party* zu einem Nettogewinn von 97 Sitzen bei den Konservativen und einem Nettoverlust von 91 bei *Labour*, bei insgesamt 650 Sitzen. Während sich also die Stimmendifferenz um ungefähr zehn Prozentpunkte veränderte, veränderte sich die Sitzdifferenz um ungefähr 30 Prozentpunkte. Tatsächlich fällt der Konzentrationseffekt im britischen System etwas geringer aus, als man es für ein relatives Mehrheitswahlsystem der Theorie nach erwarten würde. Dies zeigt, dass die Wirkungen von Wahlsystemelementen mit vielen anderen Faktoren interagieren und dadurch moderiert werden. Im Falle Großbritanniens ist z. B. von Bedeutung, dass sich die Parteienlandschaft nicht flächendeckend homogen gestaltet. Vor allem in Schottland und Wales gibt es Hochburgen von Regionalparteien, die in der jeweiligen Region Wahlkreise gewinnen, obwohl diese Parteien auf Großbritannien insgesamt bezogen nur einen kleinen Wähleranteil haben. 2015 allerdings konnte die Schottische Nationalpartei (SNP) fast alle Einerwahlkreise in Schottland gewinnen.

Für die Illustration des Konzentrationspotenzials eines relativen Mehrheitswahlsystems mit territorial homogener Parteienlandschaft eignen sich insbesondere die Wahlen in den USA, wo nur Kandidaten von Republikanern und Demokraten eine realistische Chance auf parlamentarische Repräsentation haben. Dies zeigt sich auch in den Kongresswahlen. In Tabelle 7.7 sind die Ergebnisse der Wahlen zum Repräsentantenhaus von 2012 enthalten. Es kommt hier nur zu einem sehr geringen Konzentrationseffekt zwischen Stimmen- und Mandatsebene, die effektive Anzahl der Parteien reduziert sich lediglich um 7 % von 2,15 auf 1,99. Der durch die Wahl selbst bedingte mechanische Konzentrationseffekt fällt also deutlich geringer aus als der eines Verhältniswahlsystems, wie es in Deutschland zur Anwendung kommt. Dies liegt allerdings daran, dass von vornherein im Grunde nur die Kandidaten zweier Parteien antreten, alle anderen Parteien können getrost als irrelevant für das Ergebnis vernachlässigt werden. Die eigentliche Konzentrationswirkung des US-amerikanischen Mehrheitswahlsystems besteht also gerade nicht in dem mechanischen Effekt, wie er sich bei der Transformation von Stimmen in Sitze vollzieht, sondern in der Herausbildung eines Parteiensystems, in dem überhaupt nur noch die Kandidaten zweier Parteien realistische Chancen auf einen Sitzgewinn haben. Das gleichzeitige Auftreten eines fast reinen Zweiparteiensystems in einem Wahlsystem mit relativer Mehrheitswahl in Einerwahlkreisen in den USA kann als geradezu idealtypische Illustration des Duvergerschen Gesetzes[27] (Duverger 1959) betrachtet werden.

Dieses „Gesetz" war unter anderem Auslöser einer bedeutsamen wissenschaftstheoretischen Debatte, inwiefern es so etwas wie sozialwissenschaftliche Gesetze überhaupt geben kann. Hier soll uns allerdings nur der inhaltliche Kern des „Gesetzes" interessieren. Er besagt, dass ein relatives Mehrheitswahlsystem zur Herausbildung eines Zweiparteiensystems führt. Dies ist auf ein komplexes Interagieren von mechanischen und psychologischen Effekten zurückzuführen. Der mechanische Effekt eines relativen Mehrheitswahlsystems, nach dem sich lediglich die zwei stärksten Kandidaten ernsthaft um den Gewinn des Wahlkreises streiten, führt zu dem psychologischen Effekt, dass die Wähler nur noch einen dieser beiden Kandidaten wählen. Wenn die Wähler sich bei der Wahl eines Kandidaten darüber hinaus vor allem an der Partei des Kandidaten orientieren, dann hat dies zur Folge, dass nur die Kandidaten der beiden stärksten Parteien als ernstzunehmende und wählbare Kandidaten wahrgenommen werden. Die Parteizugehörigkeit vermittelt sozusagen das informative Signal, welche beiden Kandidaten die aussichtsreichen sind, zwischen denen sich die Wahl entscheiden wird. Duvergers Gesetz ist eine der meist erforschten Aussagen der Theorie der Wahlsysteme, und diese Forschung hat einen immensen Beitrag zum vertieften Verständnis von Wahlsystemen geliefert (vgl. Riker 1982a). Auf die für diesen Zusammenhang so wichtigen psychologischen Effekte gehen wir im folgenden Unterkapitel in Bezug auf das sogenannte strategische Wählen genauer ein.

7.5 Strategisches Wählen

Wie in Kapitel 7.1 angesprochen, lassen sich die mechanischen Wirkungen eines Wahlsystems von den psychologischen Wirkungen unterscheiden. Mechanische Wirkungen sind struktureller und unpersönlicher Art, d. h. sie gehen von einer gegebenen

---

27 Tatsächlich formulierte Duverger drei Gesetze über die Effekte von Verhältniswahlsystemen, von Systemen mit absoluter Mehrheitswahl und von Systemen mit relativer Mehrheitswahl in Einerwahlkreisen. Meist wird aber in der Literatur nur auf das letzte Bezug genommen, das dann auch als *das* Duvergersche Gesetz bezeichnet wird.

Stimmenverteilung aus, anhand welcher dann die Sitzverteilung berechnet wird. Der mechanische Effekt des Wahlsystems besteht in dieser rein technischen Transformation von Stimmen in Sitze. Der psychologische Effekt hingegen zeigt sich darin, inwiefern das Wahlsystem das Verhalten von Wählern und Parteien verändert, weil diese bei ihrer Handlungswahl auf die vom Wahlsystem gesetzte Anreizstruktur reagieren. Der wohl am meisten untersuchte Aspekt psychologischer Wahlsystemeffekte ist das sogenannte *strategische Wählen*.

7.5.1 Das Konzept strategischen Wählens

Etwas lapidar ausgedrückt sprechen wir von strategischem Wählen, wenn Wähler nicht gemäß ihren „eigentlichen", d. h. ihren „wahren" Präferenzen entsprechend abstimmen (Riker 1982b: 297). Diese Definition ist etwas irreführend, denn gleichzeitig wird in der Literatur meist davon ausgegangen, dass strategisches Wählen eine besonders rationale Verhaltensweise darstellt. Rationalität besteht aber gerade darin, dass ein Akteur unter den ihm zur Verfügung stehenden Handlungsoptionen diejenige auswählt, die seine Präferenzen in bestmöglicher Weise verwirklicht. Insofern würde strategisches Wählen streng genommen eigentlich ein Paradox darstellen, denn die beste Wahl im Sinne strategischen Wählens besteht in der Wahl der nichtbesten Option unter allen zur Verfügung stehenden Optionen. Tatsächlich aber lässt sich dieses „Paradox" sehr leicht auflösen bzw. als nur scheinbares Paradox entlarven, wie im Folgenden deutlich wird.

Unter einer Präferenzordnung verstehen wir eine Anordnung von Alternativen in einer Reihenfolge, sodass eine bessere Alternative vor einer schlechteren steht. Eine Präferenzordnung eines hypothetischen Wählers in der Form CDU-FDP-SPD-Grüne-Linke bedeutet dann einfach, dass die CDU aus seiner Sicht „besser" als die FDP ist, die wiederum gegenüber der SPD bevorzugt wird, welche eine immer noch attraktivere Alternative zu den Grünen und zur Linken darstellt. Eine solch eindeutige Konstruktion von Präferenzordnungen auf intern konsistente Weise ist nur möglich, wenn man von der Bedingung ausgeht, dass die die Präferenzordnung konstituierende Vergleichsoperation transitiv ist. Damit ist der Umstand gemeint, dass jemand, der die CDU der FDP und die FDP der SPD vorzieht, auch die CDU der SPD vorziehen sollte. Das „Paradox" strategischen Wählens entsteht nun dadurch, dass wir zwei solche Präferenzordnungen mit identischen Benennungen der Alternativen haben, die aber etwas gänzlich Verschiedenes meinen. Zum einen kann die Präferenzordnung nämlich eine Bewertung der politischen Ziele bzw. Programme der Parteien beinhalten. Eine Präferenzordnung CDU-FDP-SPD bedeutet dann schlicht, dass aus der Sicht des Wählers die politischen Inhalte der CDU die besten sind, die der FDP die zweitbesten usw. Aus Sicht dieses Wählers wäre demnach eine Regierung, die die Politik der CDU eins zu eins umsetzt, die bestmögliche aller Regierungen, und je weiter die umgesetzte Politik von dieser entfernt ist, desto schlechter wird die

Regierung bewertet. Man kann sich dies als eine oder auch mehrere kontinuierliche Dimensionen der Evaluation möglicher Regierungspolitiken vorstellen. Die Präferenzordnung über die Parteien gibt dann die relative Bewertung singulärer, ausgewählter Positionen wieder, d. h. der jeweiligen Regierungspolitiken, die entstehen würden, wenn eine Regierung das Programm einer bestimmten Partei hundertprozentig umsetzen würde (was in der Realität bestenfalls bei einer Alleinregierung dieser Partei der Fall wäre). Würde nun ein Wähler mit seiner Wahlentscheidung zwingend die Regierungspolitik bestimmen, d. h. wenn ein Wähler, der CDU wählt, dann als Bürger auch die Steuer- und Infrastrukturpolitik der CDU erhalten würde, dann käme es zu keinerlei Widerspruch. Ein solcher Wähler wäre aber eine Art von „Wählerdiktator", weil sein Votum allein das Ergebnis der Wahl festlegen würde. Es ist aber nicht nur logisch unmöglich, dass jeder Wähler durch sein Votum die Politik derart festlegt, sondern auch aus demokratietheoretischen Gründen unerwünscht. In einer Demokratie bedeutet die Wahl nicht, dass der Bürger eine bestimmte Politik „auserwählt", d. h. sie mit der Wahl determiniert, sondern er wählt lediglich eine bestimmte Partei, von der er sich die Durchführung einer bestimmten Politik erhofft. Die Politik, die er letztlich erhält, ergibt sich aus dem Resultat der Wahl insgesamt, das sich wiederum durch die Aggregation des Abstimmungsverhaltens aller Bürger ergibt. Um die konkrete Auswirkung seiner Stimmabgabe auf das Wahlergebnis und damit auf die letztlich daraus resultierende Politik abzuschätzen, muss der Wähler also das Stimmverhalten seiner Mitbürger mitberücksichtigen. Je nachdem, wie er wählt, wird seine Stimme einen größeren oder geringeren Einfluss auf das Ergebnis haben. Um am Ende das zu erhalten, was dem, was er will, am nächsten kommt, muss er daher nicht zwangsläufig das wählen, was er am meisten will. Tatsächlich ist dies ein uns aus dem Alltag vertrauter und ganz normaler Entscheidungskontext. Wir setzen die uns zur Verfügung stehenden Ressourcen immer dort ein, wo sie die optimale Wirkung erzielen, zumindest tun wir das, wenn wir vernünftig, also rational, sind. Eine Filmkarriere wie die von George Clooney oder Bradley Cooper (respektive Jennifer Lawrence) zu machen, wäre für viele sicherlich attraktiver als eine Arbeitsstelle in der Accounting-Abteilung eines Unternehmens. Dennoch spricht vieles dafür, dass es oft vernünftiger ist, sich statt für den Besuch einer Schauspielschule doch lieber für ein BWL-Studium zu entscheiden (oder eben gleich für die verheißungsvolle Kombination von Abenteuer, intellektueller Herausforderung und guten Berufsaussichten eines Studiums der Politikwissenschaft). Die Optimierung der eigenen Wirksamkeit beim strategischen Handeln läuft häufig vor allem darauf hinaus zu vermeiden, dass das eigene Handeln überhaupt keine Wirkung erzielt. Die einer Person zur Verfügung stehenden Ressourcen sollten von ihr dort eingesetzt werden, wo sie zumindest eine gewisse Wahrscheinlichkeit und Möglichkeit besitzen, einen realen Einfluss auf das Ergebnis auszuüben. In Bezug auf Wahlen bedeutet dies, dass das wohl stärkste Motiv strategischen Wählens darin besteht zu verhindern, dass die eigene Stimme zu einer sogenannten „verschwendeten Stimme" (*„wasted vote"*; Downs 1957: 48; Fisher 1973), wird.

7.5.2 Die Verhinderung von „wasted votes" als Motiv strategischen Wählens

Der bekannteste Fall strategischen Wählens, der durch Wahlsysteme ausgelöst wird, tritt im Zusammenhang mit der relativen Mehrheitswahl in Einerwahlkreisen auf, wie sie etwa in Großbritannien angewandt wird. Auch bei Bundestagswahlen in Deutschland wählen die Bürger mit ihrer Erststimme einen der Direktkandidaten in ihrem Wahlkreis, von denen derjenige gewinnt, der die größte Anzahl von Erststimmen auf sich vereinigt. Allerdings hatten in den westdeutschen Bundesländern bislang nur die Kandidaten der CDU/CSU und der SPD realistische Chancen, einen Wahlkreis zu gewinnen (Behnke 2003a; Manow 2010; Herrmann 2015). Ein Anhänger einer kleinen Partei weiß also von vornherein, dass seine Erststimme sinnlos verschwendet wäre, wenn er sie dem Kandidaten seiner Partei gäbe. Ledigllich wenn er einen Kandidaten der beiden großen Parteien wählt, kann er darauf hoffen, dass seine Stimme eventuell den Ausschlag gibt für den Gewinn des Wahlkreises. Ein Wähler, der seine Chancen wahrnehmen will, den Ausgang der Wahl zu seinen Gunsten zu beeinflussen, muss demnach seine Stimme so einsetzen, dass sie zur Entscheidung beiträgt und zugleich ein bestmögliches Ergebnis in seinem Sinn erzielen kann, d. h. das beste unter den Ergebnissen, zu deren Entstehung beizutragen ihm möglich ist. Rational ist es daher, aus der Untermenge der aussichtsreichen Kandidaten denjenigen zu wählen, der in der eigenen Präferenzordnung am weitesten vorne steht. Besitzt ein Wähler z. B. die Präferenzordnung FDP-CDU-SPD-Grüne-Linke, dann wird er seine Stimme dem Kandidaten der CDU geben, während Wähler, in deren Präferenzordnung die SPD oder die CDU vorne stehen, „ehrlich", d. h. gemäß ihren Präferenzen wählen werden. Dass diese Option zu strategischem Wählen wahrgenommen wird, ist in Deutschland nicht zuletzt daran abzulesen, dass der Anteil der „Stimmensplitter", also der Wähler, die ihre Erststimme dem Kandidaten einer Partei geben, die sie nicht mit der Zweitstimme wählen, in den letzten Jahrzehnten kontinuierlich zugenommen hat und sich bei den letzten beiden Bundestagswahlen bei einem Niveau von ca. 25 % eingependelt hat (Bundeswahlleiter 2014: 8). Zudem haben Personen, die mit ihrer Zweitstimme die FDP gewählt haben, zu einem sehr großen Teil mit der Erststimme die CDU gewählt, während Personen, die mit der Zweitstimme für die Grünen gestimmt haben, tendenziell ihre Erststimme öfter zu Gunsten der SPD abgegeben haben (vgl. Tabelle 7.7) – also ganz genau so, wie es aufgrund der Theorie des strategischen Stimmensplittings zu erwarten wäre.

Durch die beschriebene Form des strategischen Stimmensplittings steigt der Vorsprung der beiden großen Parteien, die sich ernsthaft um den Wahlkreis bemühen, gegenüber den kleinen Parteien noch stärker an. In einem Mehrheitswahlsystem wie dem von Großbritannien bedeutet dies, dass nicht nur gewöhnlich die meisten Sitze aufgrund des mechanischen Wahlsystemeffekts an die beiden stärksten Parteien gehen (also *Tories* und *Labour*), sondern dass auch die Wähler ihre Stimmen auf eben diese Parteien konzentrieren, da sie aufgrund ihrer Kenntnis der Wirkungsweise des Wahlsystems zum großen Teil strategisch wählen (vgl. Herrmann et al. 2016), d. h.

sich sehr stark auf die großen Parteien bei ihrer Stimmabgabe konzentrieren. Streng genommen gilt dieser Zusammenhang immer nur für den einzelnen Wahlkreis. Wenn die Wahlkreise aber relativ homogen sind, d. h. das Parteiensystem in den jeweiligen einzelnen Wahlkreisen dem Parteiensystem auf nationaler Ebene strukturell ähnlich ist, dann findet der Konzentrationseffekt in allen Wahlkreisen auf gleichförmige Weise statt und es kommt zu der Herausbildung eines Zweiparteiensystems auf nationaler Ebene.

Tabelle 7.7: Stimmensplitting von FDP- und Grünen-Wählern bei Bundestagswahlen (2002–2013).[28]

Zweitstimme	Erststimme	2002	2005	2009	2013
FDP	CDU	32,5	51,5	39,3	53,8
	SPD	11,9	7,1	4,8	5,4
	FDP	47,7	29,0	44,8	27,4
	Die Linke	1,0	1,1	1,1	0,6
	Grüne	1,9	1,4	2,1	1,2
	CSU	3,6	8,7	6,5	9,3
Grüne	CDU	3,3	3,8	5,0	6,5
	SPD	59,7	56,7	33,3	34,4
	FDP	1,4	1,1	2,1	0,6
	Die Linke	1,5	2,0	3,6	3,2
	Grüne	32,6	34,7	53,6	51,4
	CSU	0,7	0,8	1,1	1,3

Anmerkungen: Die Referenzgruppe ist die mit der Zweitstimme gewählte Partei. Die Werte im oberen Teil der Tabelle geben den Anteil der FDP-Zweitstimmenwähler an, die mit der Erststimme die in der zweiten Spalte genannte Partei gewählt haben.

Dies ist die Quintessenz des Duvergerschen Gesetzes (siehe oben den letzten Abschnitt von Kapitel 7.4), dass Mehrheitswahlsysteme zur Bildung von Zweiparteiensystemen führen (Duverger 1959; Riker 1982a). In abgemilderter Form kann man sagen, dass ein Mehrheitswahlsystem in der Regel zu einem konzentrierten Parteiensystem führt, in dem es nur zwei starke Parteien gibt (Cox 1997). In einzelnen Wahlkreisen oder Regionen kann diese Struktur durchaus durchbrochen werden, wenn es entsprechende lokale Hochburgen bzw. starke Regionalparteien gibt. So erzielte die Schottische Nationalpartei (SNP) bei der Unterhauswahl 2015 ein sensationelles Ergebnis, als sie 56 der 59 schottischen Wahlkreise gewinnen konnte (die zuvor fast alle noch bei *Labour* gewesen waren).

---

28 Quelle: Bundeswahlleiter (2014).

Der im Duvergerschen Gesetz beschriebene Mechanismus kann sich offensichtlich nur entwickeln, wenn die Wahlkreise hinsichtlich ihres Parteiensystems relativ homogen sind. Zuerst einmal gilt lediglich, dass in jedem einzelnen Wahlkreis nur die zwei höchstbewerteten Favoriten um den Gewinn des Wahlkreises ernsthaft kämpfen und daher strategisch denkende und handelnde Wähler nur einen dieser beiden wählen. Zu einer Konzentration im nationalen Parlament kommt es aber nur dann, wenn in fast allen oder zumindest einem sehr großen Anteil der Wahlkreise die Favoriten aus denselben zwei Parteien stammen. Anders ausgedrückt: Das vom Parteilabel ausgehende Signal muss den Wählern die Information vermitteln, dass es sich hier um die Favoriten handelt. Die Parteien müssen also national handelnde und sichtbare Akteure sein, es muss national geteilte Identifikationen bestimmter Wählergruppen mit bestimmten Parteien geben und die nationalen Parteien müssen über lokal vorhandene Organisationsstrukturen verfügen, um in den einzelnen Wahlkreisen für ihre Kandidaten effektiven Wahlkampf machen zu können. Das Wirken des Duvergerschen Gesetzes setzt also einen hohen Organisationsgrad von national agierenden Parteien voraus. In einem sowohl national als auch regional stark fragmentierten Parteiensystem, in dem sozusagen jeder Wahlkreis seine eigenen Favoriten hinsichtlich der Parteizugehörigkeit hat, wird es zu keiner Konzentration des Parteiensystems kommen.

Das Motiv, verschwendete Stimmen zu vermeiden, kann auch bei Verhältniswahlsystemen eine Rolle spielen, insbesondere wenn es dort gesetzliche Sperrklauseln gibt. Anhänger einer kleinen Partei, die befürchten, dass ihre Partei an dieser Hürde scheitern wird, können dann ebenfalls dazu neigen, ihre Stimme derjenigen Partei zu geben, die mit annähernder Sicherheit die Prozenthürde überwinden wird und zugleich unter den verbleibenden Parteien aus ihrer Sicht immer noch die beste ist. Die Literatur spricht in diesem Zusammenhang auch von einem „Fallbeileffekt" (Schoen 1999; Faas/Huber 2015): Eine Partei, deren Erfolgsaussichten als schlecht eingeschätzt werden, schneidet demnach noch schlechter ab, weil es zu einer „strategischen Desertion" eines Teils ihrer Anhänger kommt. Im schlimmsten Fall kann der Fallbeileffekt zu einer selbsterfüllenden Prophezeiung werden. Weil viele Anhänger der kleinen Partei davon ausgehen, dass diese den kritischen Grenzwert nicht überwinden wird, wählen sie stattdessen eine andere Partei, wodurch die kleine Partei tatsächlich die Hürde nicht mehr erreicht, obwohl sie es getan hätte, wenn es zu keiner strategisch bedingten Abwendung ihrer Anhänger gekommen wäre. Hier wird offensichtlich, welch große Bedeutung Umfragen und die öffentliche Berichterstattung für den Wahlausgang besitzen, wenn dieser durch strategische Überlegungen der Wähler beeinflusst worden ist. Da strategisches Wählen davon abhängt, wie die Wähler das beabsichtigte Wahlverhalten ihrer Mitbürger einschätzen, spielen insbesondere Meinungsumfragen eine gewichtige und manchmal nicht unproblematische Rolle (vgl. hierzu Zeitschrift für Parlamentsfragen, Heft 4/2015). Bei der Bundestagswahl 2013 scheiterte z. B. die AfD mit 4,7 % der Zweitstimmen sehr knapp an der gesetzlichen Sperrklausel von 5 %. Da die Partei in den Meinungsumfragen vor der Wahl durchweg unter fünf Prozent lag, ist es nicht unwahrscheinlich, dass es hier tatsächlich zu dem beschriebenen Fallbeileffekt im Sinne einer selbsterfüllenden Prophezeiung gekommen ist.

7.5.3 Begünstigung einer bestimmten Koalitionsbildung als Motiv strategischen Wählens

Ein anderes Motiv für strategisches Wählen, das vor allem bei Verhältniswahlsystemen eine bedeutende Rolle spielen kann, besteht in dem Verhalten, das im Deutschen als „Leihstimme" und im Englischen als *„threshold insurance"* bezeichnet wird. Bei Verhältniswahl kommt es selten zu einer Mehrheitsregierung aus einer Partei, stattdessen ist eine Koalition aus zwei oder mehreren Parteien der Regelfall. Unter diesen Umständen kann es sein, dass ein Wähler seine Ziele am besten dadurch verwirklichen kann, indem er nicht die eigene Partei mit seiner Stimme unterstützt, sondern den bevorzugten Koalitionspartner. Dies ist insbesondere dann wahrscheinlich, wenn eine gesetzliche Sperrklausel besteht. Ist zu befürchten, dass der prospektive Koalitionspartner an der Prozenthürde scheitert, kann es dem Wähler als sinnvoll erscheinen, diese andere Partei zu unterstützen, um damit die Bildung seiner Wunschkoalition zu befördern. Dies ist insbesondere dann ein rationales Verhalten, wenn der Wähler davon ausgeht, dass seine Lieblingspartei nur in Kombination mit dem Wunschpartner überhaupt an die Regierung kommen kann und die Wahrscheinlichkeit, dass der Wunschpartner durch die 5 %-Hürde gefährdet ist, als groß angenommen wird.

In der Bundesrepublik Deutschland trat das Phänomen üblicherweise in der Form auf, dass Anhänger der CDU/CSU ihre Zweitstimme der FDP gaben, wenn sie die Befürchtung hegten, die Liberalen könnten an der 5 %-Hürde scheitern. Da bei dieser Form strategischen Verhaltens die Leihstimme die Zweitstimme ist, diese aber die wesentliche Stimme für die gesamte Sitzverteilung des Bundestages ist, ist das Abgeben einer solchen Leihstimme immer mit einem hohen Risiko verbunden. Denn der Wunschkoalitionspartner kann trotz der Leihstimmen immer noch an der Prozenthürde scheitern, womit die Leihstimmen dann „verschwendet" wären. Dass die FDP bei der Bundestagswahl 2013 mit 4,8 % der Zweitstimmen knapp an der Sperrklausel scheiterte, kann daher einerseits darauf zurückgeführt werden, dass es zu wenige Leihstimmen von Unionsanhängern für die Liberalen gab. Da die Meinungsumfragen vor der Wahl die FDP mehr oder weniger durchweg über der 5 %-Schwelle sahen, könnte bei den Wählern eine unbegründete Gewissheit über den Einzug der FDP entstanden sein, die potenzielle Leihstimmenwähler dann davon abgehalten hat, ihre Zweitstimme tatsächlich der FDP zu geben (Faas/Huber 2015). Andererseits stammte allerdings auch ein nicht unbedeutender Anteil der FDP-Zweitstimmen von Wählern, die gar keine Erstpräferenz für diese Partei hatten. Falls es sich hierbei um Leihstimmen von CDU/CSU-Anhängern gehandelt haben sollte, so hätten diese ihre einzig bedeutsame Stimme für die Sitzverteilung in der Tat verschwendet, da sie so keine Wirkung mehr entfalten konnte. Hätten 2013 alle Wähler, die die CDU/CSU am besten bewerteten, tatsächlich die Union gewählt, hätte es vermutlich sogar zu einer (wenn auch knappen) absoluten Mehrheit für die CDU/CSU gereicht (Behnke 2015a).

Kombinierte Wahlsysteme, die ein nach Mehrheitsregel vergebenes Mandatskontingent mit einem nach Proporzprinzip vergebenen Mandatskontingent verrechnen, können noch weitere Anreize für strategisches Wählen generieren. Ein bedeutendes strategisches Moment entsteht dann, wenn die nach Mehrheitswahl vergebenen Mandate nicht zu 100 % mit den Verhältniswahlmandaten verrechnet werden können. Diese ebenso spezifische wie komplexe Verrechnungsstruktur kann man sich zunutze machen und durch gezielte Stimmabgabe die Mandatsanzahl einer Partei bzw. Parteienkoalition maximieren. Erheblich erleichtert wird das dadurch, wenn der Wähler zwei Stimmen hat: die eine für einen Wahlkreiskandidaten und die zweite für eine Parteiliste.

Der Prototyp dieses Wahlsystems ist die deutsche personalisierte Verhältniswahl, die weltweit lange ein Solitär war. Seit Ende der 1980er-Jahren haben dann weitere Länder wie Neuseeland, Lesotho oder Albanien ähnliche Wahlsysteme eingeführt, wobei die Verrechnungsstruktur jeweils gesondert ausgestaltet wurde und entsprechend spezifische Effekte zeigte. Im Fall der deutschen Bundestagswahlen ergab sich das erwähnte strategische Moment durch die sogenannten Überhangmandate, die seit 1990 verstärkt auftraten und bis 2013 nicht ausgeglichen wurden. Damit entstanden zusätzliche Sitze für eine Partei bzw. Koalition, die nicht durch den Anteil an Zweitstimmen abgedeckt waren. Unter den Bedingungen des gesamtdeutschen Parteiensystems konnten die Wähler nun durch gezieltes Stimmensplitting die Anzahl der Überhangmandate vergrößern, indem sie mit ihrer Erststimme zum Gewinn eines Direktkandidaten beitrugen, mit ihrer Zweitstimme jedoch nicht die Partei wählten, für die ihr Direktkandidat angetreten war, sondern eine mit dieser „befreundete" Partei. Entgegen dem ursprünglichen Sinn der personalisierten Verhältniswahl wirkten diese Wähler mit beiden Stimmen unabhängig an der Entstehung von Bundestagsmandaten mit und erhielten so gewissermaßen ein doppeltes Stimmgewicht im Vergleich zu Wählern, die ihre beiden Stimmen nicht gesplittet hatten.

Bei der Bundestagswahl 2009 kam es allein in Baden-Württemberg zu zehn Überhangmandaten. Diese nichtausgeglichenen Zusatzmandate entstanden unter anderem deshalb, weil die CDU ein historisch schlechtes Ergebnis bei den Zweitstimmen erzielte und die FDP gleichzeitig einen historischen Rekord. Es ist anzunehmen, dass einige dieser Überhangmandate aufgrund von Stimmensplitting entstanden, weil Anhänger der CDU ihre Zweitstimme der FDP gaben (Behnke/Bader 2013). Ob dies tatsächlich aus strategischen Motiven erfolgte oder gewissermaßen als nicht-intendierter Nebeneffekt einer symbolischen Abstrafung der damals keineswegs unumstrittenen Kanzlerin Merkel geschuldet war, spielt für den aufgetretenen Effekt selbst keine Rolle. Entscheidend ist, dass hier ein Potenzial der strategischen Nutzung des Wahlsystems zur Schaffung von Überhangmandaten vorhanden war, das der Union zu einer im Verhältnis zu ihren Zweitstimmen zusätzlichen Menge von Mandaten verhalf. Es ist in jedem Fall problematisch, wenn die splittenden Wähler ein doppeltes Stimmgewicht erhalten. Als noch gravierender wäre es allerdings zu beurteilen, wenn sich Wähler durch eine besonders „geschickte" Form ihrer Stimmabgabe selbst ein doppeltes Stimmgewicht bewusst verschaffen könnten. Mit der Wahlsystemreform von 2013 wurde dieser Anreiz für strategisches Wählen allerdings weitgehend neutralisiert (Behnke 2015b; siehe auch Kapitel 8.5).

Auch in anderen kombinierten Wahlsystemen kann man Formen strategischen Wählens feststellen, die deren komplexe Verrechnungsstruktur zum je eigenen Vorteil nutzen. Ein besonders krasser Fall zeigte sich bei den albanischen Parlamentswahlen von 2005. Dort wurde nach einem kombinierten Wahlsystem gewählt, dessen Grundstruktur dem deutschen Modell der personalisierten Verhältniswahl ähnelte. Allerdings war das zahlenmäßige Verhältnis zwischen Wahlkreis- und Listenmandatskontingenten genau umgekehrt: 100 Mandate wurden nach relativer Mehrheitswahl in Einerwahlkreisen vergeben und nur 40 proportional über nationale Parteilisten. Da aufgrund dieser asymmetrischen Verteilung die zahlreichen Mehrheitswahlmandate unter realistischen Bedingungen nur sehr partiell mit den Listenmandaten verrechnet werden konnten, macht es nicht viel Sinn, das damalige albanische Wahlsystem ebenfalls als personalisierte Verhältniswahl zu bezeichnen; vielmehr war es ein Mehrheitswahlsystem mit Kompensationsmandaten, wobei diese Kompensation allerdings bei einer extremen Verteilung der Mehrheitswahlmandate nur unzureichend stattfinden konnte. Interessant ist nun, wie dieses Wahlsystem von den beiden großen Parteien – den Demokraten (PD) und den Sozialisten (PSSH) – strategisch genutzt wurde (Bochsler 2012). Dass die PD und die PSSH aufgrund ihrer Stimmenstärke die (zahlreichen) Mehrheitswahlmandate mehr oder minder unter sich aufteilen würden, stand fest. Ebenso klar war, dass die beiden großen Parteien nicht an den (relativ wenigen) Kompensationsmandaten partizipieren würden, da diese auf die Mehrheitswahlmandate angerechnet wurden. Offen war mithin, an wen die 40 Kompensationsmandate gehen würden. Vor diesem Hintergrund riefen sowohl die PD als auch die PSSH ihre Anhänger dazu auf, mit ihrer Zweitstimme jeweils „befreundete" Kleinparteien zu wählen, die so einen Großteil der proportionalen Kompensationsmandate auf sich vereinigen konnten. Diese Strategie ging auf: Während der Erststimmenanteil der Demokraten und der Sozialisten jeweils bei ca. 40 % lag, betrug ihr Zweitstimmenanteil lediglich knapp 8 % bzw. 9 %. Diese enorme Diskrepanz lässt sich nur durch strategisches Stimmensplitting erklären. Vermutlich trug dieses extreme Ergebnis auch dazu bei, dass das kompensatorische Wahlsystem in Albanien – unter dem Einfluss der Venedig-Kommission des Europarats – 2008 abgeschafft und durch ein „normales" Verhältniswahlsystem mit Parteilisten ersetzt wurde.

7.5.4 Die normative Bewertung strategischer Anreize

Anreize zu strategischem Verhalten gibt es in jedem Wahlsystem (Gibbard 1973; Satterthwaite 1975). In seiner klassischen Studie *„Making Votes Count"* beschreibt Gary W. Cox (1997) für eine Vielzahl verschiedener Wahlsysteme die von diesen generierten Anreize zu strategischem Verhalten bei Wählern und Parteien. Ein Wahlsystem, das überhaupt keinerlei Anreize schafft, strategisch zu wählen, ist also gar nicht möglich. Jedoch unterscheiden sich die einzelnen Wahlsysteme sehr deutlich in dem Ausmaß, in dem sie strategische Anreize schaffen.

Ungeachtet dessen ist es alles andere als eindeutig, wie strategisches Wählen normativ zu bewerten ist, d. h. ob es als erwünschtes oder unerwünschtes Element eines Wahlsystems angesehen werden sollte. Einerseits gibt es beim strategischen Wählen häufig „Missbrauch" in dem Sinn, dass es der Intention entgegenläuft, mit der das Wahlsystem ursprünglich geschaffen wurde. Der dann auftretende Effekt kann sicherlich als „Defekt" betrachtet werden, zumal wenn er so offensichtlich wie bei der albanischen Parlamentswahl von 2005 zutage tritt. Wenn man die Hauptfunktion eines Wahlsystems darin sieht, ein „echtes" Abbild des Wählerwillens zu liefern, dann sollte das Wahlsystem möglichst zu einer „ehrlichen" Stimmabgabe ermutigen. Ist es dazu nicht in der Lage, kann man dies als Fehler im Design betrachten. Ein „gutes" Wahlsystem ist dann eines, das möglichst wenig Anreize zu strategischem Wählen bietet oder zumindest dafür sorgt, dass strategisches Wählen das Ergebnis nicht in einem normativ unerwünschten Sinn verfälschen kann. Eine solche Ansicht wird etwa von dem Philosophen Michael Dummett (1997) vertreten.

Andererseits führt strategisches Wählen oft erst dazu, dass das betreffende Wahlsystem überhaupt in seinem intendierten Sinn funktionieren kann. Wenn man es z. B. als den erwünschten Zweck der relativen Mehrheitswahl in Einerwahlkreisen betrachtet, durch Konzentration des Parteiensystems das Zustandekommen einer Einparteiregierung zu ermöglichen, dann ist der psychologische Effekt, aus strategischen Gründen eine große Partei zu wählen, eine erwünschte Verstärkung des mechanischen Konzentrationseffekts. Erst das Zusammenwirken beider Effekte garantiert in der Regel, dass die relative Mehrheitswahl auch die erwünschte „künstliche" Parlamentsmehrheit produziert. Das Verfehlen dieses Zwecks bei der Unterhauswahl von 2010 in Großbritannien, als es zu einer Koalition aus Konservativen und Liberalen kam, kann genau damit erklärt werden, dass sich die Wähler der *Liberal Democrats* durch das Mehrheitswahlsystem nicht davon abhielten ließen, für ihre Partei zu stimmen. Ebenso kann sich die Wirkung von Sperrklauseln in Verhältniswahlsystemen nur im normativ erwünschten Sinn entfalten, wenn die Wähler ihr Verhalten strategisch an das Wahlsystem anpassen. Die mit einer Prozenthürde beabsichtigte Konzentrationswirkung kann auch durch einen rein mechanischen Effekt zustande kommen, indem die Stimmen für kleinere Parteien „ausgesiebt" werden und auf diese Weise eine Zersplitterung des parlamentarischen Parteiensystems vermieden wird. Wenn der mechanische „Filter" einer Sperrklausel allerdings über einen längeren Zeitraum hinweg einen größeren Anteil „verlorener" Stimmen produziert, kann es sein, dass die Prozenthürde im demokratiepolitischen Diskurs zunehmend infrage gestellt wird, weil ihre sichtbare Wirkung in deutlicher Diskrepanz zur Idee der proportionalen Repräsentation steht, die der Verhältniswahl zugrunde liegt. Für die Rechtfertigung einer Sperrklausel ist daher entscheidend, dass sie auch eine psychologische Wirkung dergestalt entfaltet, dass sie die Wähler dazu anhält, sich von „chancenlosen" Kleinparteien abzuwenden und stattdessen aus strategischen Gründen für eine der wenigen größeren Parteien zu votieren, die „sicher" ins Parlament einziehen. Auf diese Weise kommt es zu einer hohen Stimmenkonzentration, die sich in eine hohe Mandatskonzentration übersetzt, ohne dass dadurch die formale Proportionalität zwischen Stimmen und Mandaten allzu stark tangiert wird.

Die genannten Zusammenhänge können wiederum am Beispiel des Bundestagswahlsystems illustriert werden (Grotz 2009b: 160f.). So führte die bundesweite 5 %-Klausel zwischen 1953 und 1969 sowohl zu deutlichen Filtereffekten (mit durchschnittlich über sieben Prozent an „verlorenen" Stimmen) als auch zu psychologischen Wirkungen, die sich in einer höheren Konzentration der Stimmen und Mandate manifestierten. In den 1970er- und 1980er-Jahren trug die Prozenthürde allenfalls noch in psychologischer Hinsicht zur hochgradigen Parteienkonzentration bei, während der mechanische Effekt nur etwa ein Prozent verlorene Stimmen produzierte und damit minimal blieb. Nach der Wiedervereinigung erhöhte sich jedoch der Anteil „verlorener" Stimmen deutlich (auf durchschnittlich 4,1 % zwischen 1990 und 2005), ohne dass dies der Fragmentierung des parlamentarischen Parteiensystems Einhalt geboten hätte. Bei der Bundestagswahl 2013 führte der mechanische Filtereffekt der Sperrklausel dann zu einer erheblichen Konzentration der Mandatsverteilung. Allerdings kam dies nur auf Kosten von über 15 % nicht verrechneter Stimmen zustande – ein Ergebnis, das in einer politischen Kultur wie der deutschen nicht unproblematisch ist. Daher wurden auch nach der Wahl schnell Forderungen laut, die Sperrklausel zu senken oder ganz abzuschaffen. Im Zusammenhang mit dem ungewöhnlich hohen Ausmaß nicht verwerteter Stimmen bei der Wahl 2013 wurde auch die Einführung einer „Ersatzstimme" wieder ins Spiel gebracht (Decker 2016). Sowohl die Absenkung oder Abschaffung der Sperrklausel als auch die Einführung einer Ersatzstimme würden den Wählern ihre Stimme zurückgeben, die sie aufgrund der 5 %-Hürde verloren haben. Damit aber verschwindet die Notwendigkeit, sich strategisch auf die Wirkung der 5 %-Hürde einzustellen, d. h. die Abschreckungswirkung der Sperrklausel wäre dahin und damit könnte sie auch nicht mehr die Funktion erfüllen, einer zu großen Fragmentierung des Parteiensystems entgegenzuwirken. Denn das bewusst so entworfene Design, das die in diesem Fall gewünschte strategische Adaption des Wählerverhaltens an die Wirkungsweise des Wahlsystems hervorbringen soll, resultiert gerade aus der Befürchtung, dass risikoloses „ehrliches" Wählen systemische Kosten, z. B. in Form der Unregierbarkeit, nach sich ziehen könnte.

Allerdings ist es demokratietheoretisch auch nicht leicht zu begründen, warum ein „ehrliches" Wahlverhalten mit einem Verlust der Wirksamkeit der eigenen

Stimme bestraft werden soll. (Die *Liberal Democrats* in Großbritannien hatten 2005 und 2010 mit mehr als 20 Prozent der Stimmen jeweils weniger als zehn Prozent der Sitze erhalten.) Das Gerechtigkeitsproblem zeigt sich in der Asymmetrie, in der strategische Anreize bei verschiedenen Präferenzen auftreten. Denn nicht alle Wähler müssen sich überlegen, ob sie strategisch wählen sollten. Die Anhänger großer Parteien im Mehrheitswahlsystem z. B. können in jedem Fall der Partei ihre Stimme geben, der sie auch ohne strategische Erwägungen ihre Stimme geben würden. Nur die Anhänger kleiner Parteien kommen in das Dilemma, sich überhaupt erst zwischen einer „ehrlichen" Stimmabgabe und ihrem Einfluss auf das Wahlergebnis entscheiden zu müssen. Strategische Anreize sind eben nie gleich verteilt, sie entstehen immer asymmetrisch zu den existierenden Präferenzen. Wenn aber das Risiko einer verschwendeten Stimme ungleich verteilt ist, heißt dies nichts anderes, als dass manche Wähler höhere Kosten zu entrichten haben, wenn sie mit ihrer Wahl ihren Präferenzen zu einem ehrlichen Ausdruck verhelfen wollen. Zudem reagieren Parteien und Regierungen in ihrer Politik auf die Signale, die sie durch das Wahlergebnis erhalten haben. Entscheiden sich Wähler zu strategischem Verhalten, sind die Signale, die ihr ehrliches Verhalten ausgesendet hätte, nicht mehr zu sehen und können daher überhaupt keine Folgewirkung entfalten. (Umgekehrt entscheiden sich „Protestwähler" oft deshalb für die strategisch nicht sinnvolle Form ihrer Wahl,[29] wenn sie aussichtslosen oder zumindest politisch wirkungslosen Parteien ihre Stimmen geben, weil sie auf diese Weise zumindest noch ein sichtbares Zeichen setzen können.)

Das Asymmetrie-Problem tritt auch in umgekehrter Weise auf, wenn sich Wähler durch strategisches Verhalten einseitig Vorteile verschaffen können. Denn auch diese Vorteile können nur Wählern mit bestimmten Präferenzen zugutekommen. Wenn z. B. bei Bundestagswahlen vor 2013 Anhänger der FDP mit der Erststimme die CDU oder Anhänger der CDU mit ihrer Zweitstimme FDP gewählt und damit zusätzliche Überhangmandate für die CDU generiert haben, so haben sie nicht einfach eine „clevere" Handlungsoption genutzt, die sich der Finessen des Wahlsystems in ganz besonderer Weise bedient, sondern sie nutzen eine Handlungsoption, die sich anderen Wählern erst gar nicht eröffnet hat. So hatten die Anhänger von SPD, Grünen oder der Linken in Baden-Württemberg 2009 eben nicht die Möglichkeit, sich durch Stimmensplitting ein doppeltes Stimmgewicht zu verschaffen. Wenn sich aber die Möglichkeit eines doppelten Stimmgewichts nur für bestimmte Präferenzen auftut, dann haben die Wähler, die mit diesen Präferenzen „gesegnet" sind, ungerechtfertigt einen stärkeren Einfluss auf das Wahlergebnis.

---

29 Streng genommen ist das Verhalten natürlich nur in Bezug auf die aktuelle Wahl nicht strategisch sinnvoll. Nimmt man die mittel- und langfristig erhoffte Wirkung der Protestwahl durch Disziplinierung der Parteien, die man durch die Protestwahl wieder auf den „rechten" Weg zwingen will, ins Visier, kann die Protestwahl zumindest aus der Perspektive des Protestwählers als rational erscheinen.

---

i Weiterführende Aufgaben

Deutschland

Behnke, J. (2015b). Strategisches Wählen und Wahlabsprachen unter den Bedingungen des neuen Wahlrechts, in: Münch, U./Oberreuter, H. (Hrsg.): *Die neue Offenheit. Wahlverhalten und Regierungsoptionen im Kontext der Bundestagswahl 2013*. Frankfurt/New York: Campus, 117–136.

Der Beitrag untersucht, inwiefern durch das neue Wahlgesetz die Anreize zu strategischem Wählen und zu Wahlkreisabsprachen verändert wurden.

1. Welche Formen strategischen Wählens wurden durch das neue Wahlgesetz obsolet? Welche Formen bestehen weiterhin?
2. Wie und in welche Richtung verändert sich das Ausmaß der Disproportionalität durch das neue Wahlgesetz aus theoretischen Gründen? Unter welchen Umständen sind größere Diskrepanzen bezüglich der Disproportionalität zwischen dem neuen Wahlgesetz von 2013 und dem alten von 2008 zu erwarten?

Großbritannien

Curtice, J. (2015). A Return to Normality? How the Electoral System Operated. *Parliamentary Affairs* 68 (Supplement 1): 25–40.

Der Aufsatz analysiert die politischen Auswirkungen des britischen Wahlsystems bei der Unterhauswahl von 2015.

1. Warum sieht der Autor die Leistungsbilanz des relativen Mehrheitswahlsystems kritisch, obwohl es eine Einparteiregierung hervorgebracht hat? Welche Indikatoren benutzt er, um sein Argument empirisch zu untermauern?
2. Welche Reform des britischen Wahlsystems ist laut dem Wahlprogramm der regierenden *Conservatives* geplant? Würde sie die vom Autor identifizierten Funktionsprobleme beheben?

Frankreich

Blais, A./Loewen, P. J. (2009). The French Electoral System and its Effects. *West European Politics* 32(2): 345–359.

Der Aufsatz untersucht die Funktionsweise der absoluten Mehrheitswahl in Frankreich von der Gründung der V. Republik (1958) bis Ende der 2000er-Jahre.

1. Was sind die charakteristischen mechanischen Effekte des französischen Wahlsystems, was seine wichtigsten psychologischen Effekte auf Parteien und Wähler?
2. Warum kommen trotz der Mehrheitswahl in Einerwahlkreisen so viele kleine Parteien ins Parlament? Welche möglichen Erklärungen haben die Autoren dafür?

Polen

Kunovich, S. (2012). Unexpected Winners: The Significance of an Open-List System on Women's Representation in Poland. *Politics & Gender* 8(2): 153–177.

Der Beitrag befasst sich mit den Auswirkungen, die die Personalstimmgebung im polnischen Wahlsystem auf die parlamentarische Repräsentation von Frauen zwischen 2001 und 2007 gehabt hat.

1. Inwiefern hat die Stimmgebungsform des polnischen Wahlsystems die Repräsentationsquote von Frauen beeinflusst? Wovon hängt die Stärke dieser Wahlsystemeffekte ab?
2. Lassen sich aus den fallbezogenen Untersuchungsergebnissen allgemeinere Schlussfolgerungen zum Zusammenhang von Wahlsystemdesign und Frauenrepräsentation ableiten?

Mexiko

Kerevel, Y. (2010). The Legislative Consequences of Mexico's Mixed-Member Electoral System, 2000–2009. *Electoral Studies* 29(4): 691–703.

Der Aufsatz analysiert die Auswirkungen des kombinierten Wahlsystems auf das Verhalten der Abgeordneten, die zwischen 2000 und 2009 gewählt wurden.

1. Was sind die theoretischen Annahmen, wie sich das Verhalten der in Einerwahlkreisen und über Parteilisten gewählten Parlamentarier unterscheiden sollte? Welche Annahmen treffen für Mexiko zu, welche nicht?
2. Welche Erklärung gibt der Autor für die empirisch identifizierten Gemeinsamkeiten und Unterschiede der Verhaltensmuster der beiden Mandatstypen? Inwieweit sind die genannten Erklärungsfaktoren spezifisch für den mexikanischen Kontext?

Südafrika

Gouws, A./Mitchell, P. (2005). South Africa: One Party Dominance despite Perfect Proportionality, in: Gallagher, M./Mitchell, P. (Hrsg.): *The Politics of Electoral Systems*. Oxford: Oxford University Press, 353–373.

Der Text befasst sich mit der Funktionsweise und den politischen Konsequenzen des südafrikanischen Wahlsystems, das nach dem Ende des Apartheid-Regimes eingeführt wurde.

1. In welcher Hinsicht widerspricht das südafrikanische Parteiensystem dem *„conventional wisdom"* über die Wirkungsweise eines reinen Verhältniswahlsystems?
2. Auf welche Weise gewährleistet das südafrikanische Wahlsystem die Repräsentation auch kleiner politischer Minderheiten? Inwiefern gibt es Anreize zu strategischem Wählen?

8 Genese und Reform von Wahlsystemen

8.1 Wahlsysteme als abhängige Variable

Im vorhergehenden Kapitel wurden die Wirkungen von Wahlsystemen analysiert, d. h. im methodologischen Sinn wurden Wahlsysteme als erklärende oder unabhängige Variablen angesehen und die von ihnen hervorgerufenen Effekte als die zu erklärenden bzw. abhängigen Variablen. Fast alle Klassiker der international vergleichenden Wahlsystemforschung nehmen diese Perspektive ein, von Raes „The Political Consequences of Electoral Laws" (1967) über Taageperas und Shugarts „Seats and Votes" (1989) bis zu Lijpharts „Electoral Systems and Party Systems" (1994). Auch diverse Zusammenstellungen von Länderstudien gehen vornehmlich auf die Effekte von Wahlsystemen ein, so z. B. Shugarts und Wattenbergs „Mixed-Member Electoral Systems. The Best of Both Worlds?" (2001a) und Gallaghers und Mitchells „The Politics of Electoral Systems" (2005). Nachdem die Wahlsystemforschung jahrzehntelang auf diese Richtung der Kausalität fixiert war, hat sich in der jüngeren Vergangenheit ein nicht unerheblicher Teil der Literatur darauf konzentriert, die Fragestellung umzudrehen und Wahlsysteme als abhängige Variable zu betrachten (vgl. u. a. Nohlen/ Kasapovic 1996; Renwick 2010). Genauer gesagt ist dabei nicht das Wahlsystem die abhängige Variable, sondern die Entscheidung für ein bestimmtes Wahlsystem. Dieser neue Forschungszweig beschäftigt sich demnach mit der Einführung und Reform von Wahlsystemen als Resultat politischer Entscheidungen. In der Regel werden diese Entscheidungen von amtierenden Politikern getroffen. Nur in eher seltenen Fällen werden Wahlsysteme durch Volksentscheide eingeführt bzw. abgeschafft.

Die Behandlung von Wahlsystemen als abhängiger Variable steht keineswegs im Gegensatz zum klassischen Untersuchungsfokus, der ihre Effekte behandelt. Beide Aspekte sind vielmehr miteinander verbunden. Denn die Einführung neuer bzw. die Änderung bestehender Wahlsysteme finden häufig gerade deshalb statt, weil ihnen bestimmte Effekte zugeschrieben werden und diese den maßgeblichen Akteuren bekannt sind (siehe auch Kapitel 4.1). Insofern kann man die Entscheidung für ein Wahlsystem weitgehend analog zu einer Entscheidung für eine bestimmte policy betrachten: Wahlsystempolitik ist eine spezifische Variante staatlicher Institutionenpolitik (Kaiser 2002). Die unabhängigen Variablen sind dann die Gründe, aus denen sich die politischen Akteure für ein bestimmtes Wahlsystem entscheiden, wobei dessen vermutete Effekte einen der wichtigsten dieser Gründe darstellen.

In diesem Sinn lässt sich die Genese bzw. Reform eines Wahlsystems als Entscheidungsprozess modellieren, der auf zwei miteinander verknüpften Präferenzordnungen basiert. Zunächst haben (partei-)politische Akteure Präferenzen für bestimmte Ergebnisse von Wahlen, d. h. sie bringen alle theoretisch möglichen Konsequenzen einer Wahl in eine Rangfolge, die die unterschiedliche Erwünschtheit der einzelnen Szenarien widerspiegelt. Aus dieser ersten Präferenzordnung über bestimmte

DOI 10.1515/9783486855401-009

„Zustände der Welt" (Behnke 2013b: 17ff.), z. B. solche, in denen man eine Regierung bildet, sich in einer bestimmten Regierungskoalition befindet oder eine bestimmte Regierungspolitik durchsetzt, lässt sich eine zweite Präferenzordnung über die Mechanismen ableiten, die die Zustände der Welt erst generieren (vgl. auch Tsebelis 1990). Folglich lässt sich die Auswahl eines Wahlsystems dadurch erklären, dass die politischen Entscheidungsträger die wahrscheinlichen Wahlsystemeffekte antizipieren und sich im Lichte dieser Erwartungen für dasjenige institutionelle Design aussprechen, das aus ihrer Sicht besonders vorzugswürdige Ergebnisse hervorbringt.

Damit die maßgeblichen Akteure aber überhaupt in die Situation kommen, sich *für* ein bestimmtes Wahlsystem entscheiden zu können, muss die Entscheidung selbst erst einmal auf die politische Agenda kommen. Die Gründe, aus denen ein Akteur ein bestimmtes System favorisiert, können natürlich auch die Gründe sein, warum die Reform des Wahlsystems zum Thema wird. Wie in anderen Zusammenhängen sind aber auch hier die Gründe, die zur Notwendigkeit einer Entscheidung führen, häufig andere als diejenigen, die sich auf den Inhalt der dann zu treffenden Entscheidung beziehen. Es bietet sich daher an, die Genese bzw. Reform von Wahlsystemen als zweistufigen Prozess zu betrachten.[30] Auf der ersten Stufe geht es um die Entstehung der Entscheidungssituation als solcher, also des Prozesses, wie die Situation zustande kommt, in der eine Wahlsystemreform als unbedingt erforderlich angesehen wird. Auf der zweiten Stufe hingegen geht es um die Entscheidung selbst. Dementsprechend gibt es auch zwei Klassen von Ursachen. Da sind zum einen die Faktoren, die die Entscheidungssituation hervorrufen. Diese sind häufig exogen vorgegeben. Dazu zählen vor allem die Neugründung von Staaten sowie die Transformation politischer Regime. Die Genese von Wahlsystemen ist daher notwendigerweise eng verknüpft mit der Genese von Demokratien. Die Demokratisierung politischer Systeme beginnt definitionsgemäß mit der Ankündigung freier und fairer Wahlen, wofür wiederum die rechtlichen Grundlagen geschaffen bzw. substanziell novelliert werden müssen.

Reilly und Reynolds (1999) unterscheiden daher mehrere *historische „Wellen" der Einführung von Wahlsystemen*, die weitgehend den drei Demokratisierungswellen Huntingtons (1991) entsprechen. Die erste, lange Welle umfasst die Entstehung der ersten modernen Demokratien ab dem Beginn des 19. Jahrhunderts (z. B. Großbritannien, USA) bis zum Ende des Ersten Weltkriegs bzw. der unmittelbar darauf folgenden Entstehung demokratischer Regime vor allem in West- und Osteuropa (u. a. Weimarer Republik, Polen). Auch die zweite Demokratisierungswelle verdankt sich machtpolitischen Veränderungen, vor allem dem Sieg der Alliierten über Deutschland im Zweiten Weltkrieg und der nachfolgenden Um- und Neuordnung Europas. Die darauf

---

30 Dieser zweistufige Prozess der Genese von Wahlsystemreformen ist nicht zu verwechseln mit dem oben beschriebenen zweistufigen Entscheidungsprozess, in dem Präferenzen über institutionelle Spielregeln aus den Präferenzen über erwünschte Ergebnisse abgeleitet werden.

folgende Entlassung ehemaliger Kolonialgebiete in die staatliche Unabhängigkeit in Afrika, Asien und der Karibik ging ebenfalls mit Demokratisierungsprozessen einher, wenngleich diese nur in den wenigsten Fällen von dauerhaftem Erfolg gekrönt waren. Die dritte Welle begann dann in den 1970er-Jahren in Südeuropa (Spanien, Portugal und Griechenland) und Lateinamerika und erfasste schließlich ab Ende der 1980er-Jahre das ehemals kommunistische Osteuropa sowie zahlreiche Länder im sub-saharischen Afrika und in Südostasien. Die Charakterisierung dieser grenzüberschreitenden Prozesse als „Wellen" mag etwas willkürlich erscheinen, zumal wenn damit ein einheitliches Entwicklungsmuster bezeichnet werden soll, das auf gemeinsamen kausalen Faktoren basiert. Entscheidend für unsere Betrachtung ist jedoch nur, dass sich hier die Schaffung eines neuen Wahlsystems als notwendiges Nebenprodukt eines Systemwechsels ergeben hat. Mag auch die eine oder andere Revolution und Bürgererhebung als Folge von Wahlbetrug und offensichtlicher Wahlmanipulation – womöglich begünstigt durch die Anwendung bestimmter Wahlverfahren – entstanden sein, das Ziel dieser Erhebungen und Aufstände war immer die Umwälzung des Regimes als Ganzem und nicht nur die Ersetzung eines missbrauchten Wahlsystems. In diesen Fällen muss also nicht das Zustandekommen der Entscheidungssituation erklärt werden, sondern lediglich die Präferenz für ein bestimmtes Wahlsystem bzw. seine Implementation (vgl. dazu Nohlen/Kasapovic 1996; Grotz 2005).

Gänzlich anders verhält es sich bei *Wahlsystemwechseln in etablierten Demokratien.* Sieht man von eher marginalen technischen Details ab, wie z. B. einer veränderten Verrechnungsformel für die proportionale Sitzzuteilung, so stellt eine substanzielle Reform des Wahlsystems in der OECD-Welt ein ausgesprochen seltenes Ereignis dar, das nur in Zeiten von Systemkrisen (Katz 1980: 123) bzw. in *„extraordinary historical situations"* (Nohlen 1984: 217) auftritt. Wie Tabelle 8.1 zeigt, gab es seit den 1980er-Jahren lediglich sechs Fälle substanzieller Wahlsystemwechsel in insgesamt vier etablierten Demokratien (vgl. Renwick 2010: 6; Farrell 2011: 179). In Frankreich führte die sozialistische Regierung unter Präsident Mitterand 1985 ein Verhältniswahlsystem ein und löste damit die traditionelle absolute Mehrheitswahl ab. Allerdings wurde diese Reform schon ein Jahr später nach einem Machtwechsel wieder rückgängig gemacht. In Italien kam es 1993 zu einer Änderung in die entgegengesetzte Richtung, als das bislang bestehende Verhältniswahlsystem in ein kombiniertes System umgewandelt wurde, bei dem ein Teil der Abgeordneten nach Verhältniswahl und ein anderer nach Mehrheitswahl in Einerwahlkreisen gewählt werden. Um das Auftreten zu starker Disproportionalität zu vermeiden, wurde zusätzlich noch eine Komponente eingebaut, die durch die Mehrheitswahlkomponente entstehende Nachteile für bestimmte Parteien zumindest partiell ausgleichen sollte, weswegen es auch als „kompensatorisches System" bezeichnet wird (siehe Kapitel 6.2). 2005 wurde auch dieses System abgeschafft und wieder durch ein Verhältniswahlsystem ersetzt, nun jedoch ergänzt um einen Mandatsbonus für die stärkste Partei, durch den die Mehrheitsbildung erleichtert werden sollte („Prämienwahlsystem"). Eine der aufsehenerregendsten und meistbeachteten Reformen gab es 1993 in Neuseeland. Dort wurde das klassische Wahlsystem angelsächsischer Prägung, die relative Mehrheitswahl in Einerwahlkreisen, durch ein personalisiertes Verhältniswahlsystem abgelöst, für das das deutsche Wahlsystem als Vorbild gedient hatte. In Japan schließlich wurde 1994 das bis dahin gültige *Single-Nontransferable-Vote*-System durch ein Grabensystem ersetzt.

Tabelle 8.1: Wahlsystemwechsel in etablierten Demokratien seit 1980.[31]

Land	Jahr	Bisheriges Wahlsystem	Neues Wahlsystem
Frankreich	1985	Absolute Mehrheitswahl	Verhältniswahl in MPWK
Frankreich	1986	Verhältniswahl in MPWK	Absolute Mehrheitswahl
Italien	1993	Verhältniswahl in MPWK	Kompensatorisches System
Neuseeland	1993	Relative Mehrheitswahl in Einerwahlkreisen	Personalisierte Verhältniswahl
Japan	1994	Single-Nontransferable-Vote	Grabensystem
Italien	2005	Kompensatorisches System	Verhältniswahl mit Mandatsbonus ("Prämienwahlsystem")

Anmerkungen: Die Bezeichnung der Wahlsystemtypen orientiert sich an der in Kapitel 6.2 vorgestellten Typologie. MPWK = Mehrpersonenwahlkreise.

Das seltene Auftreten von Wahlsystemreformen in gefestigten Demokratien wird von einigen Autoren damit erklärt, dass sich in „normalen Zeiten" eine Art von Gleichgewichtszustand einstellt (Boix 1999, Benoit 2004). In diesem Gleichgewicht befinden sich alle potenziellen Kräfte, die von den maßgeblichen politischen Akteuren ausgehen und die eine Änderung des bestehenden Wahlsystems bewirken könnten, in einem ausbalancierten Zustand. Diese Balance besteht in einer Nichtaktivität der Akteure, die den bestehenden Zustand ändern könnten, die aber im Gleichgewichtszustand keinen Anreiz dazu haben, weil sie sich dadurch nicht besserstellen würden. Diese Modelllogik ist innerhalb des *Rational-Choice*-Ansatzes zu verorten, dem zufolge Akteure in einem „Spiel" immer diejenigen Handlungen wählen, von denen sie glauben, damit das bestmögliche Ergebnis in Hinsicht auf die Verfolgung ihrer Ziele erreichen zu können (vgl. dazu allgemein Behnke 2013b). Reformbedarf entsteht folglich nur, wenn entweder eine „Störung" dieses Gleichgewichts von außen entsteht, oder sich die Umgebung so verändert, dass die Akteure nun durch eine Änderung der Spielregeln eine Verbesserung ihres Ergebnisses erwarten würden. Mit Blick auf die Motivationslage der Akteure können hier zwei paradigmatische Grundkonstellationen unterschieden werden:

1. Die maßgeblichen Akteure sind lediglich an ihrem *eigenen Vorteil* interessiert, d. h. sie setzen sich für diejenige Reform des Wahlsystems ein, von der sie die

---

31 Quelle: Eigene Darstellung nach Renwick (2010a) und Farrell (2011)

größtmögliche Steigerung ihres Eigennutzens (im Sinne von Mandatsgewinnen) erwarten.[32]

2. Die maßgeblichen Akteure sind am *Gemeinwohl* interessiert bzw. identifizieren sich mit den Interessen der Bürgerschaft (*demos*) als ganzer. In diesem Fall setzen sie sich für diejenige Reform des Wahlsystems ein, von der sie glauben, dass mit ihr die Funktionen am besten erfüllt werden, die aus normativen Gründen erforderlich scheinen.

Renwick (2010) beschreibt diese Kategorisierung von einerseits egoistischen und andererseits gemeinwohlorientierten Präferenzen mit den Begriffen „*power interests*" und „*values*". Obwohl es weder semantisch noch theoretisch unsinnig ist zu sagen, dass ein Akteur gemeinwohlbezogene Interessen hat, werden wir uns im Folgenden der auch umgangssprachlich verbreiteten Terminologie von Renwick anschließen und den Begriff „Interessen" im engeren Sinn verwenden, d. h. ihn nur auf den machtpolitischen Eigennutzen der jeweiligen Akteure beziehen.

Interessen und normative Erwägungen („*values*") können als zwei nebeneinanderstehende Klassen von Motiven betrachtet werden. Allerdings liegt es nahe, von einem Widerstreit dieser beiden Motive auszugehen. Dieser Widerstreit kann sich auch in ein und demselben Akteur abspielen. Denn nicht selten kollidiert die konsequente Verfolgung der eigenen Interessen mit der Einhaltung und Befolgung von Normen, die man normalerweise durchaus als gültig erachten würde. Das, was einem nützt, stimmt nicht notwendig mit dem überein, was allgemein als richtig empfunden wird. Der Konflikt von Interessen und Werten ist also in der Sache selbst angelegt. Während Interessen auf die Vorteile, die den beteiligten Parteien entstehen, rekurrieren, ist es ja gerade die herausstechende Eigenschaft normativer Erwägungen, dass sie unparteiisch sein sollen, d. h. dass sie Perspektiven, Urteile und Bewertungen anbieten, die *über* parteiischen Interessen stehen. Interessen finden immer *innerhalb* des Spiels statt, d. h. sie bestimmen die Spielzüge der Akteure im Rahmen der gesetzten Regeln. Die normative Perspektive nimmt dagegen immer einen Blick *von außen* auf das Spiel ein, indem sie den Spielraum definiert, innerhalb dessen sich das Kräftespiel der Interessen auf legitime Weise entwickeln darf. Diese normative „Außenperspektive" ist allerdings nicht zu verwechseln mit der Ebene, auf der die Spielregeln festgelegt werden (vgl. Behnke 2015c). Diese stellt ihrerseits wieder nur ein Spiel dar, nämlich das „konstitutionelle Spiel" auf der nächsten Ebene, bei dem die Motivationen der Akteure wieder im engeren Sinn egoistisch oder wertorientiert sein können. Auf jeder Ebene des Spiels kann die „innere", die interessenorientierte, oder die „äußere" Perspektive, die normative, eingenommen werden.

---

[32] Mitunter wird die *Rational-Choice*-Perspektive mit dieser Annahme von egoistischen Präferenzen der Akteure verknüpft. Dies stellt jedoch eine unnötige und sachlich nicht zu begründende Einschränkung des Anwendungsbereichs des RC-Ansatzes dar.

8.2 Interessenbasierte Erklärungsansätze

„Positive politische Theorie" (Riker/Ordeshook 1973; Buchanan 1984) versucht das Handeln von Akteuren ausschließlich aus deren Interessen zu erklären. Sie ist weitgehend deckungsgleich mit der „realistischen Schule" zur Erklärung politischen Handelns, die mit Hobbes' „Leviathan" ihren Anfang nahm. Soweit hier normative Argumente überhaupt ins Spiel gebracht werden, dienen sie im Rahmen dieses Kommunikations- und Legitimierungsspiels nur der Kaschierung der jeweiligen Eigeninteressen.

Um Wahlsystemreformen interessenbasiert erklären zu können, müssen wir den Akteuren zunächst Interessen *unterstellen*, von denen wir mit plausiblen Gründen annehmen können, dass sie diese haben. Im vorliegenden Zusammenhang muss das Interesse an Macht das grundlegende Interesse überhaupt sein. Denn selbst wenn man annimmt, dass das substanzielle Interesse politischer Akteure in der Umsetzung inhaltlicher Programme liegt, so können diese eben nur realisiert werden, wenn man die nötige Macht besitzt. Die Macht, die man durch demokratische Wahlen erlangen kann, hängt in der Regel von einer Mehrheit an Parlamentssitzen ab. Wir können das Machtinteresse also problemlos als das Interesse an einer Maximierung der Sitzzahl operationalisieren. Akteure in diesem „Spiel" sind in der Regel die politischen Parteien, die wir als unitarische Akteure modellieren, d. h. wir behandeln sie wie Individuen, die eine einheitliche Präferenzordnung besitzen. Im einfachen Fall sollte das Machtinteresse einer Partei zu dem Wunsch führen, ihren eigenen Anteil an Sitzen zu maximieren. Wenn es aber um politische Systeme geht, in denen die Regierung häufig durch eine Koalition mehrerer Parteien gebildet wird, besteht das Machtinteresse einer Partei womöglich eher in der Maximierung des Sitzanteils der von ihr präferierten Mehrheitskoalition. Unter Umständen kann eine Partei sogar bewusst das Risiko eingehen, durch eine Wahlsystemreform selbst an Sitzen zu verlieren, wenn dies durch einen Sitzgewinn ihrer bevorzugten Koalition mehr als kompensiert wird. Beispielsweise könnte sich die zweitstärkste Partei in einem Mehrheitswahlsystem durchaus für die Einführung eines Verhältniswahlsystems einsetzen, wenn sie glaubt, dass sie selbst dadurch zwar weniger Sitze erhält, zugleich aber durch das Erstarken der kleinen Parteien neue Koalitionsoptionen für sie entstehen. Dieses Kalkül geht aber nur auf, solange sie annehmen kann, dass (a) ihr präferierter Bündnispartner auch tatsächlich mit ihr koalieren wird, (b) die Bildung einer gemeinsamen Mehrheitsregierung möglich ist und (c) sich das koalitionsinterne Machtgefüge dabei nicht zu sehr zu ihren Ungunsten verschiebt.

Das Sitzmaximierungsmodell, wie es präzise von Benoit (2004) formuliert worden ist, läuft also auf Folgendes hinaus: Eine Partei wird sich für dasjenige Wahlsystem entscheiden, von dem sie erwartet, dass es ihren Sitzanteil oder denjenigen ihrer bevorzugten Koalition maximiert. Zu einer Reform kann es daher nur dann kommen, wenn die Parteien, die unter dem geltenden Entscheidungsverfahren in der Lage sind, das Wahlrecht zu ändern, erwarten, dass ihr Sitzanteil unter einem neuen

Wahlsystem höher ausfällt als unter dem bestehenden. Da also die Parteien, die in der Lage sind, das Wahlrecht zu ändern, auch diejenigen sind, die eine qualifizierte Parlamentsmehrheit besitzen und demnach in der Regel vom bestehenden Wahlsystem profitieren, stellt sich die Frage, warum überhaupt eine Wahlsystemreform zustande kommen sollte. In diesem Zusammenhang sind mehrere Szenarien denkbar.

Zum einen könnte das Interesse an einer Wahlsystemreform der Mehrheitspartei(en) präventiver Natur sein, d. h. den Versuch darstellen, einem drohenden Machtverlust entgegenzuwirken. Ein Paradebeispiel dafür ist die Wahlsystemreform in Frankreich von 1985 (siehe unten). Zum anderen könnte die Regierungspartei in der Wahlsystemfrage ein zeitlich befristetes Zweckbündnis mit einer anderen Partei eingehen, auch wenn sie nicht in der weiteren Zukunft mit dieser koalieren möchte. Der Sinn eines solchen Zweckbündnisses könnte dann für beide Parteien darin bestehen, die Chancen, bei künftigen Wahlen eine Parlamentsmehrheit zu gewinnen, wechselseitig zu teilen und dabei dritte Parteien effektiv von der Machtteilhabe auszuschließen. Beispielsweise war eines der wichtigsten Reformvorhaben der ersten Großen Koalition, die 1966 in der Bundesrepublik Deutschland gebildet wurde, die personalisierte Verhältniswahl durch ein Mehrheitswahlsystem zu ersetzen. Unter diesem neuen Wahlsystem hätten kleinere Parteien wie die FDP kaum noch Chancen gehabt, in den Bundestag einzuziehen. In der Konsequenz hätten dann die CDU/CSU und die SPD unter sich ausgemacht, wer von beiden bei künftigen Wahlen die Parlamentsmehrheit gewinnt und eine Einparteiregierung bildet. Allerdings rückte die SPD letztlich wieder von diesem Vorhaben ab, als sie in der FDP einen prospektiven Koalitionspartner erkannte und dadurch ihre Machtinteressen unter dem bestehenden System besser gewahrt erschienen (Jesse 1985).

Setzt sich die Regierungsmehrheit mit ihren Machtinteressen einseitig gegen den Willen der Opposition durch, spricht Renwick (2010) von einer „aufgezwungenen Reform" (*„elite majority imposition"*). So erkannte der französische Staatspräsident Mitterand 1985, dass seine Sozialistische Partei unter dem bisherigen Wahlsystem bei der nächsten Parlamentswahl dramatische Einbrüche verzeichnen würde. Um den drohenden Mandatsverlusten entgegenzuwirken, ersetzte die sozialistische Parlamentsmehrheit die absolute Mehrheitswahl durch ein Verhältniswahlsystem (Renwick 2010: 102). Allerdings konnte diese Reform keine bürgerlich-konservative Mehrheit verhindern, die daraufhin 1986 prompt wieder zum alten System der absoluten Mehrheitswahl zurückkehrte. Bei derart opportunistisch gesteuerten Reformen liegt der Vorwurf des Machtmissbrauchs nahe. In Frankreich reicht diese Art von machtbezogener Wahlsystempolitik allerdings schon länger in die Geschichte zurück. Colomer (2004b: 74) zählt insgesamt 18 Änderungen des Wahlverfahrens zum französischen Parlament zwischen 1789 und der Gegenwart; nach dem Zweiten Weltkrieg gab es immerhin noch sieben substanzielle Wahlsystemreformen (Renwick 2010: 89ff.). Es verwundert daher wenig, dass die Änderung des Wahlsystems schon vor den 1980er-Jahren als „traditioneller Zeitvertreib" der französischen Nationalversammlung bezeichnet wurde (Pickles 1958: 33).

Dies sollte allerdings nicht darüber hinwegtäuschen, dass selbst in einem Kontext wie dem von Frankreich eine nur auf die Erweiterung der eigenen Machtbasis fokussierte Wahlsystempolitik damit rechnen muss, auf öffentliche Ablehnung zu stoßen. Auch das französische Wahlsystem von 1951 war von klaren machtpolitischen Interessen geprägt. Um die extremen Parteien am linken und rechten Rand, d. h. die Kommunisten einerseits und die Gaullisten andererseits, möglichst klein zu halten, entschlossen sich die Parteien der bürgerlichen Mitte für die Einführung eines Mehrheitswahlsystems in Mehrpersonenwahlkreisen, bei dem alle Sitze eines Wahlkreises der Listenverbindung zufiel, die eine absolute Mehrheit erzielen konnte. Zwar erreichte dieses Wahlsystem seinen Zweck, indem es der bürgerlichen Koalition der Mitte eine knappe Mehrheit verschaffte. Aber es stellte einen so offensichtlichen Fall von Manipulation dar, dass dadurch nicht nur die Legitimation der Regierung als zweifelhaft erschien, sondern auch die Legitimität des politischen Systems selbst. Die Mängel des Wahlsystems bildeten somit einen der wichtigsten Impulse für die Gründung der Fünften Republik (Renwick 2010: 97).

Dass eine Wahlsystempolitik, die zu offensichtlich machiavellistische Züge annimmt, mit Akzeptanzproblemen in der Öffentlichkeit zu rechnen hat, zeigt sich auch im Fall Italiens. Das dortige Wahlgesetz von 1953, von der damaligen Linksopposition als „Schwindelgesetz" (*legge truffa*") bezeichnet, sah vor, dass eine Listenverbindung, die insgesamt eine absolute Stimmenmehrheit erzielte, ungefähr zwei Drittel der Sitze erhalten sollte (Renwick 2010: 113f.; Caciagli 2010). Dieses Wahlsystem erzeugte insofern keine künstlichen Parlamentsmehrheiten, jedoch verschaffte es der siegreichen Koalition einen massiven Bonus an Sitzen. Auch dieses Gesetz war nur sehr kurzlebig und wurde schon 1954 wieder abgeschafft.

Sowohl die französische Reform von 1951 als auch die italienische von 1953 zeigen also, dass neue Wahlsysteme insbesondere dort mit Legitimitätsproblemen zu kämpfen haben, wo die machtpolitische Motivation allzu deutlich auf der Hand liegt. Machtpolitik gedeiht dort am besten, wo sie sich gleichsam im Schatten demokratischer Legitimität entfalten kann bzw. sich zumindest den Anschein von Legitimität erhält. Die Chancen für erfolgreiche Machtpolitik sind daher dann am größten, wenn es gelingt, die Durchsetzung der eigenen Interessen mit einem Mantel von normativen Prinzipien zu umhüllen, ohne dass die vorgebrachte Argumentation vollkommen unglaubwürdig wirkt. Vor diesem Hintergrund fiel es dem französischen Staatspräsidenten Mitterand 1985 leichter, die Einführung eines Verhältniswahlsystems zu rechtfertigen, weil die Sozialisten schon immer für Verhältniswahl eingetreten waren.

Es ist ebenfalls leichter, die eigenen Interessen bei einer Wahlsystemreform zu vertreten, wenn die Entscheidungssituation „von außen" aufgezwungen worden ist als wenn man sie selbst herbeigeführt hat. Entsteht ein institutioneller Reformbedarf aus einer „objektiven" Notwendigkeit, z. B. aufgrund offensichtlicher Funktionsschwächen des bestehenden Wahlsystems oder aufgrund verfassungsrechtlicher Vorgaben, dann ist es für politische Entscheidungsträger wesentlich leichter, eine Wahlsystemreform, die letztlich ihren eigenen Interessen dient, als von übergeordneten

Prinzipien getrieben darzustellen. Der eigene Vorteil kann dann als unbedeutender Nebeneffekt einer Lösung verkauft werden, die doch einfach nur die „beste", wenn nicht aufgrund äußerer Restriktionen sogar die „einzig mögliche" ist.

In ähnlicher Weise argumentiert auch Shugart (2001b; Shugart/Wattenberg 2001a), der davon ausgeht, dass konkrete Ereignisse oder Interessen als „kontingente" Gründe den Auslöser von Wahlsystemreformen bilden, wenn „inhärente" Ursachenfaktoren, die in der Struktur des Systems begründet sind, zu einem offensichtlichen Versagen des Systems führen und es so infrage stellen. Diese im System angelegten Fehler, die „inhärenten" Ursachen, müssen zwangsläufig früher oder später zu Ergebnissen führen, die so widersinnig oder inakzeptabel erscheinen, dass sie zum Anlass einer Reformdiskussion werden können. Liegt eine Änderung des Wahlsystems im Interesse einer Partei, dann wird sie diesen willkommenen Anlass nutzen, um die ihr genehme Reformdiskussion anzustoßen. Es müssen also zwei Bedingungen vorliegen, damit es zu einer Reformdiskussion kommt. Das bestehende Wahlsystem muss „Fehler" produzieren und es muss einen einflussreichen politischen Akteur geben, der diese Fehler thematisiert und daraus eine Nachfrage nach einer Reform kreieren kann. Dies ist vor allem angesichts des meist notorischen Desinteresses der Bevölkerung in punkto Wahlrechtsfragen keine leichte Aufgabe. Das Funktionsdefizit des Wahlsystems muss daher schon relativ gravierend sein oder zumindest eines, das man in der Öffentlichkeit als „gravierendes Versagen" verkaufen kann.

Inwiefern ein Wahlsystem „versagt", hängt aber von den Erwartungen ab, die an das System gestellt werden. Shugart (2001a, 2001b) unterscheidet zwei Dimensionen, anhand derer die Effizienz eines Wahlsystems beurteilt werden kann, d. h. inwieweit es die Funktionen erfüllt, die es aus Sicht der beteiligten Akteure erfüllen soll. Die beiden Dimensionen werden als „Interparteien-Effizienz" und „Intraparteien-Effizienz" bezeichnet. Die *Interparteien-Effizienz* bezieht sich auf die Fähigkeit des Wahlsystems, dem Wähler klar identifizierbare Alternativen für eine Regierung zu bieten. Gleichzeitig soll sich eine Regierung einem möglichst großen Teil der Wählerschaft gegenüber verantwortlich fühlen. In Bezug auf die Herausbildung klar identifizierbarer Regierungsalternativen erscheint etwa ein relatives Mehrheitswahlsystem wie in Großbritannien als geeignete Lösung, in Bezug auf den zweiten Aspekt eher ein Verhältniswahlsystem. Ideal ist daher ein Verhältniswahlsystem, das klar identifizierbare Regierungskoalitionen als Alternativen anbietet, die dann auch nach der Wahl tatsächlich regierungsfähig sind. Ein Versagen des Wahlsystems besteht dann z. B. darin, wenn es trotz Mehrheitswahlsystem zu keiner Einparteiregierung kommt, wie es 2010 in Großbritannien der Fall war, sodass die Konservativen eine Koalition mit den Liberaldemokraten bilden mussten. Ein noch offensichtlicheres Versagen des Mehrheitswahlsystems liegt vor, wenn es zu *„perverse results"* (Mitchell 2005: 173) in dem Sinn kommt, dass nicht die stärkste, sondern die zweitstärkste Partei eine Mehrheit an Sitzen erhält.

Ein anschauliches Beispiel für Probleme mit der Interparteien-Effizienz stellt auch die Vorgeschichte der Wahlsystemreform in Neuseeland dar. Reformdruck entstand hier dadurch, dass die gewählte Einparteiregierung, die sich auf keine Wählermehrheit stützen konnte, mit ihrer Mandatsmehrheit eine neoliberale Politik verfolgte, die im Wahlprogramm nicht angekündigt worden war und bei der Bevölkerung keine breite Unterstützung fand. Darüber hinaus war es 1978 und 1981 zu „perversen" Ergebnissen gekommen, bei denen nicht die stärkste, sondern die zweitstärkste Partei eine parlamentarische Mehrheit erhalten hatte.

Im Falle eines Verhältniswahlsystems kommt es dann zu einem funktionalen Versagen, wenn Disproportionalität in einem Ausmaß auftritt, das nicht mehr mit dem Grundcharakter der Verhältniswahl vereinbar ist. Besonders problematisch wäre es natürlich, wenn ein Verhältniswahlsystem „falsche Mehrheiten" produziert, wenn also eine Partei oder eine Koalition eine Mehrheit von Sitzen erhält, die nicht auf einer Mehrheit von Wählerstimmen beruht, sondern erst durch einen mehrheitsbildenden Effekt des Wahlsystems zustande kommt. Ebenfalls läge im Sinne der Interparteien-Effizienz ein Versagen vor, wenn eine Regierungskoalition zustande käme, die bei der Wahl nicht identifizierbar war. Diese Gefahr besteht bei Verhältniswahlsystemen insbesondere dann, wenn das Wahlergebnis zwar zur Bildung einer Koalition mit einer stabilen Mehrheit von Sitzen führt, keine der an dieser Koalition beteiligten Parteien sich aber im Wahlkampf für diese Koalition ausgesprochen hat oder sogar mit expliziten Bekenntnissen zu ganz anderen Koalitionen für sich geworben hat.

Die *Intraparteien-Effizienz* bezieht sich auf die doppelte Loyalität des gewählten Abgeordneten einerseits zu den Wählern seines Wahlkreises und andererseits zu seiner Partei. Ineffizienz entsteht nach Shugarts Ansicht hier, wenn sich die Abgeordneten nur noch den Interessen ihrer eigenen Wähler in ihrem Wahlkreis verpflichtet fühlen und nicht mehr dem Programm, das ihre Partei für die gesamte Bürgerschaft umsetzen will. In diesem Fall ist die Regierung ebenfalls womöglich nicht mehr in der Lage, die von ihr im Wahlkampf propagierte Politik umzusetzen. Ein solches System bezeichnet Shugart als „hyper-personalistisch" (2001b: 176). Als Beispiel dafür nennt er Japan vor der Reform von 1994.

Ineffiziente Wahlsysteme, d. h. solche, die die Funktionen, die sie erfüllen sollen, nicht erfüllen, stehen unter entsprechendem Veränderungsdruck. Die Notwendigkeit einer Reform entsteht daher, wenn entweder neue Erwartungen an das Wahlsystem gestellt werden oder das System die Versprechen, die es suggeriert, nicht mehr einzulösen vermag. Wenn die dem Wahlsystem inhärenten Eigenschaften zu offenkundig widersinnigen oder dem jeweiligen Repräsentationsprinzip widersprechenden Ergebnissen führen, dann entsteht für die Parteien die Chance, aber auch die Notwendigkeit, sich zu einer Reform zu positionieren. Wenn die maßgeblichen Akteure, d. h. diejenigen, die in der Lage sind, das Wahlrecht zu ändern, von dem bestehenden Wahlsystem profitieren, dann werden sie die von außen auferlegte Reform nur in dem Umfang realisieren, wie es ihren Interessen am ehesten entspricht. Sie werden also in der Regel versuchen, ein System zu etablieren, dessen Ergebnisse von denen, die der Status quo produziert, so wenig wie möglich abweicht. Da die Parteien, die das geltende Wahlsystem über den Weg der Gesetzgebung ändern könnten, immer diejenigen sind, die aufgrund des geltenden Wahlsystems genau in dieser Position sind, kommt es in „normalen" Zeiten auch so selten zu substanziellen Reformen. Ist eine Änderung unausweichlich, können die an der Aufrechterhaltung des bestehenden Systems interessierten Parteien zumindest noch versuchen, die vom Status quo am stärksten abweichenden Reformvorschläge der anderen Parteien zu verhindern und eine eigene Alternative zu präsentieren, die als objektiv „beste" Lösung präsentiert wird, deren eigentliche Funktion aber in der Verhinderung der für sie selbst schlechteren Lösungen liegt.

Hier kommt etwas ins Spiel, was William H. Riker (1983) als „*heresthetics*" bezeichnet hat, nämlich die Methode, kollektive politische Entscheidungen zu beeinflussen. Diese „Kunst der Manipulation" (Riker 1986) besteht unter anderem darin, die Entscheidungssituation dahingehend zu formen, dass ungünstige Optionen möglichst gar nicht mehr zur Entscheidung stehen bzw. deren Wahrscheinlichkeit, sich bei der Abstimmung durchzusetzen, deutlich verringert wird. Dazu gehört meist auch, die in der Diskussion befindlichen Alternativen als undemokratisch, unpraktisch oder verfassungsrechtlich problematisch zu diskreditieren, sodass sie als unzulässige oder nicht sinnvolle Optionen aus dem Entscheidungsspiel genommen werden. Oder man konstruiert eine Menge von Bedingungen und Kriterien, die ein neues Wahlsystem erfüllen muss, sodass die bevorzugte Lösung die sich dann logisch ergebende ist (oder zumindest suggeriert werden kann, dass dies der Fall sei). Die jüngste Wahlsystemreformdebatte in Deutschland nahm z. B. ihren Ausgangspunkt im Urteil des Bundesverfassungsgerichts von 2008, in dem das negative Stimmgewicht für verfassungswidrig erklärt wurde. Inwieweit jedoch eine Notwendigkeit bestand, bei der Reform auch das Problem der Überhangmandate anzugehen, war höchst umstritten. Je nachdem, ob man eine Lösung für dieses Problem als notwendig erachtete oder nicht, boten sich bestimmte Reformoptionen an, während andere nicht mehr zur Verfügung gestanden hätten (siehe ausführlicher Kapitel 8.5).

Allerdings kann es auch passieren, dass sich eine Partei veranlasst sieht, eine Wahlsystemänderung zu unterstützen, die nicht in ihrem eng verstandenen Machtinteresse liegt. Das ist etwa dann der Fall, wenn ihr eigenes Handeln stark von normativen Erwägungen gesteuert ist oder die Erwartungen seitens der Bevölkerung und der Öffentlichkeit normativ geprägt sind und es ihr unmöglich machen, an einer Lösung festzuhalten, die zu offensichtlich nur ihr Eigeninteresse bedient. Reed und Thies (2001: 153) haben dafür den Begriff der „*Act-Contingent*"-Motivation eingeführt. Parteien verhalten sich hier insofern strategisch, als sie eine Option, die ihrem engeren Interesse entgegenkäme, aufgeben, wenn sie befürchten müssen, durch die Wähler oder andere Akteure, z. B. potenzielle Koalitionspartner, für ein Festhalten an dieser Option bestraft zu werden und die Kosten dieser „Bestrafung" höher ausfielen als der Gewinn durch die eigentlich bevorzugte Option. Wenn die Partei z. B. befürchtet, durch das Festhalten an einem diskreditierten und unpopulären Wahlsystem durch Wählerabwanderungen eine größere Anzahl an Sitzen zu verlieren, als es dem durch die Wahlsystemreform befürchteten Verlust an Sitzen entsprechen würde, wird sie den Widerstand gegen die eigentlich unliebsame Reform unterlassen. Die Parteien, die die Mehrheit und damit die Macht haben, hängen also in diesem Fall am Status quo, verzichten aber aus strategischen Gründen darauf, sich gegen eine Veränderung des Status quo zu stemmen.

Wenn sich hingegen die einflussreichen Akteure selbst unter einem veränderten Wahlsystem bessere Chancen versprechen, werden sie versuchen, das „Fenster der Gelegenheit", das sich durch den Reformdruck ergibt, in ihrem Sinne zu nutzen. Sie werden versuchen dasjenige System durchzusetzen, das unter den Reformvorschlägen, die als akzeptabel und durchsetzungsfähig wahrgenommen werden, ihre Interessen am effektivsten verwirklicht. In diesem Fall wollen die Parteien den Status quo auf substanzielle Weise verändern. Soweit es ihnen möglich ist, werden sie dann den Reformdruck entweder selbst erst herbeiführen oder – soweit er von außen entsteht – diesen noch verstärken. Dies ist der klassische Fall einer Wahlsystemreform, die Renwick (2010) als *„elite majority imposition"* bezeichnet.

Die Erklärungen von Wahlsystemreformen sind ausgesprochen komplex. Auch wenn wir von der grundsätzlichen Annahme ausgehen, dass alle beteiligten Akteure rational und ausschließlich an ihrem Eigennutzen interessiert sind, gilt immer noch: Es gibt keinen einzelnen Faktor, der für sich genommen ausreichend wäre, um eine Reform hervorzubringen. Das Vorhandensein eines Interesses an einer Reform genügt nicht, um eine solche zu befördern. Vielmehr müssen auch die Kontextbedingungen stimmen. Die Ursachen bestehen daher – im Sinne der Kausalitätstheorie und des sogenannten INUS-Schemas von Mackie (1980) – aus einem Komplex von Bedingungen, die zusammengenommen hinreichend, wenn auch nicht immer notwendig für das Entstehen der entsprechenden Wirkung sind. *Jeder* dieser Bedingungskomplexe kann die Wirkung hervorrufen; man spricht daher von „Äquifinalität". Nicht nur nach Rom führen viele Wege, sondern auch zu einer substanziellen Reform des Wahlsystems. Diesbezüglich lassen sich insbesondere die folgenden Konstellationen unterscheiden:

– Ein entscheidungsfähiger Akteur ist interessiert an einer Änderung des Status quo und zudem in der Lage, Entscheidungsdruck zu erzeugen bzw. die Entscheidung einfach durchzuführen, ohne prohibitive Kosten befürchten zu müssen. Dies ist quasi die Reinform einer machtpolitisch motivierten Änderung des Wahlsystems. Die Reform in Frankreich von 1985 wäre ein paradigmatisches Beispiel für diese Konstellation. Wäre die ursprünglich von der Großen Koalition ins Auge gefasste Einführung der Mehrheitswahl in der Bundesrepublik Deutschland zwischen 1966 und 1969 verabschiedet worden, so hätte dies ebenfalls dieser Konstellation entsprochen.

– Der Entscheidungsdruck entsteht ohne Zutun des Akteurs, er selbst hat Interesse an der Durchführung der Reform und die Änderung zählt zu den „akzeptablen" Lösungen. Die Möglichkeit, ein für ihn günstiges Wahlsystem zu schaffen, fällt dem Akteur gewissermaßen in den Schoß. Er hat hier den größten Spielraum, wenn das vorherige System vollständig diskreditiert ist, sodass auch keine historischen Pfadabhängigkeiten mehr zu berücksichtigen sind. Dann kann das neue System gewissermaßen *„from scratch"*, also von Grund auf neu entworfen werden. Dies ist eine Situation, wie sie häufig bei demokratischen Regimewechseln vorkommt.

– Der Akteur hat kein Interesse an einer Veränderung des Status quo, aber der Entscheidungsdruck entsteht von außen und es sind nur Lösungen „akzeptabel", die von der favorisierten des entscheidungsmächtigen Akteurs substanziell abweichen. Die Reform des deutschen Wahlgesetzes von 2013 wäre hierfür ein Beispiel. Nach dem Urteil des Bundesverfassungsgerichts von 2012 war die CDU/CSU gezwungen, das von ihr gemeinsam mit der FDP erst 2011 verabschiedete Wahlgesetz zu reformieren. Modelle, die nach dem Urteil grundsätzlich möglich gewesen wären, wie z. B. die Zulassung von bis zu 15 ausgleichslosen Überhangmandaten, deren Vermittelbarkeit in der Öffentlichkeit und gegenüber dem Koalitionspartner offensichtlich zweifelhaft war, wurden daher auch von der Union selbst nicht mehr verfolgt.

8.3 Wertbezogene Erklärungsansätze

Das institutionelle Design von Wahlsystemen ist nicht nur durch machtpolitische Eigeninteressen geprägt, sondern kann sich auch an wertbezogenen Ideen ausrichten. Bei bestimmten Akteuren sind normative Erwägungen sogar die ausschlaggebenden Gründe, ein bestimmtes Wahlsystem zu favorisieren, gerade weil sie von dessen Auswirkungen nicht unmittelbar betroffen sind und daher mit dem Wahlsystemdesign keine machtpolitischen Eigeninteressen verbinden. Im Wesentlichen handelt es sich dabei um Vertreter der Zivilgesellschaft, die Reformdruck durch Öffentlichkeitsarbeit, Petitionen, Volksabstimmungen oder durch Klagen erzeugen können, aber auch um Experten aus der Wissenschaft, die sich mit Wahlen und Wahlsystemen beschäftigen. Diese gehen häufig von einem Katalog normativer Kriterien aus, anhand derer die Qualität oder Angemessenheit eines Wahlsystems beurteilt wird. Wie in Kapitel 4.2 ausgeführt, ist dieser Katalog jedoch multidimensional, und seine Kriterien verlaufen nicht gleichsinnig, d. h. ein Wahlsystem, das nach dem einen Kriterium gut abschneidet, kann nach einem anderen Kriterium eine schlechte Lösung darstellen. Dieses Spannungsverhältnis zwischen den normativen Kriterien ist in vielen Fällen unauflösbar, wie der klassische Zielkonflikt zwischen Regierbarkeit bzw. der Bildung stabiler Regierungen einerseits und proportionaler Repräsentation andererseits verdeutlicht. Während das erste Kriterium Systeme mit mehrheitsfördernden Elementen nahelegt und demnach bewusst eine disproportionale Verteilung der Sitze und die Konzentration des parlamentarischen Parteiensystems anstrebt, zielt das zweite Kriterium ausschließlich auf die proportionale Abbildung der Stimmenverteilung in der parlamentarischen Sitzverteilung und damit auf ein Verhältniswahlsystem. Man kann das eine Kriterium daher nur auf Kosten des anderen besser erfüllen, der „Trade-off" zwischen

ihnen ist unausweichlich.[33] Erschwerend kommt hinzu, dass die Kriterien Repräsentation und Regierbarkeit nicht *kommensurabel* sind, d. h. die Vorteile bezüglich
des einen Kriteriums können nicht mit Nachteilen bezüglich des anderen verrechnet werden. Empfehlungen für das eine oder andere Wahlsystem lassen sich daher
nur aussprechen, wenn man eine Priorisierung der Kriterien vornimmt. Vor diesem
Hintergrund sprechen sich wissenschaftliche Experten durchaus häufig eindeutig für
bestimmte Wahlsysteme aus – nur sind sich eben nicht alle Experten einig, welches
Wahlsystem am besten passt, da sie ihre Empfehlungen an unterschiedlichen Kriterien ausrichten. Es herrscht also unter Wissenschaftlern genauso wenig Einigkeit
über das „beste" Wahlsystem wie unter Praktikern der Politik. Allerdings gibt es unter
Experten meist einen tatsachenbezogenen Konsens, welche Wahlsysteme welche
Wirkungen hervorrufen, sodass sich der eigentliche Disput auf die normative Frage
reduziert, welche Kriterien mit welcher Priorität behandelt werden sollten. Aufgrund
der unterschiedlichen normativen Orientierungen führt die Konsultation von wissenschaftlichen Experten also keineswegs zu einer eindeutigen Entscheidungsgrundlage
über das Wahlsystemdesign. Experten haben aber in der Regel auch keine politischen
Entscheidungen zu treffen, bestenfalls können sie hoffen, ein offenes Ohr bei denjenigen zu finden, die zu diesen Entscheidungen legitimiert sind.

Gleichwohl können normative Erwägungen in die Arena der politischen Akteure
diffundieren und deren Präferenzen zumindest teilweise beeinflussen. Manchmal
lassen sich die politischen Entscheidungsträger auch von normativen Zielvorstellungen leiten, d. h. sie entscheiden sich für das Wahlsystem, das sie für fair, demokratisch, effizient oder schlicht nur für „das richtige" halten (Blais/Massicotte 1997: 117;
Katz 2005: 68).

Ein illustratives Beispiel dafür ist der Systemwechsel in der Tschechoslowakei von 1989/1990 (Grotz 2005: 34). Wie überall in Osteuropa wurde auch dort nach
der „samtenen Revolution" die Frage virulent, welches Wahlsystem für die ersten
freien Parlamentswahlen angewendet werden sollte. Im Unterschied zu den meisten
anderen post-kommunistischen Staaten fand diese Debatte ausschließlich innerhalb
der ehemaligen Regimeoppositionsbewegungen – dem tschechischen „Bürgerforum"
(OF) und der slowakischen „Öffentlichkeit gegen Gewalt" (VPN) – statt. Dabei gab
es durchaus interessengeleitete Positionen, die sich angesichts der offensichtlichen
Dominanz von OF und VPN für ein Mehrheitswahlsystem aussprachen. Letztlich

---

33 In der neueren Wahlsystemliteratur wird dieser Zielkonflikt zwischen Repräsentation und Regierbarkeit gelegentlich in abgemilderter Form dargestellt. So argumentieren Shugart und Wattenberg
(2001b), dass „*mixed-member electoral systems*" das „Beste beider Welten" hervorbringen würden. Es
ist zwar durchaus möglich, dass ein kombiniertes Wahlsystem ein Kriterium bis zu einem gewissen
Grad besser erfüllt, ohne dadurch zwangsläufig das andere schlechter zu stellen. Ungeachtet solcher
„ausbalancierten" Detailregelungen bleibt aber der grundsätzliche Konflikt bestehen. So gibt es auch
bei kombinierten Systemen zwei Unterklassen, je nachdem, ob sie bei der Gesamtverteilung der Sitze
eher eine mehrheitsfördernde oder eine proportionale Wirkung generieren.

obsiegten aber die Vertreter einer normativen Position zugunsten eines „unverfälschten Pluralismus" und mithin eines Verhältniswahlsystems (Birch et al. 2002: 68ff.). Angesichts des engen Zeitrahmens griff man dann bei der technischen Ausgestaltung des Wahlsystems auf historische Verfahrensregelungen zurück, die bereits in der Zwischenkriegszeit zur Anwendung gekommen waren (Schultze 1969).

Es kann auch strategisch motiviert sein, normative Erwägungen als Beweggründe für das eigene Handeln anzugeben. Auch knallharte Interessenpolitik lässt sich in der Verkleidung von Moral besser verkaufen. Doch selbst „vorgetäuschte" Gründe bekommen eine Eigendynamik ihrer Anerkennung, denn auch derjenige, der sie ursprünglich nur vorschiebt, kommt nicht umhin, sich durch sie mehr oder weniger zu binden, will er nicht seine Glaubwürdigkeit verlieren. So oder so gibt es also plausible Argumente dafür, warum sich Politiker bei Wahlsystemfragen vielleicht nicht ausschließlich oder vornehmlich, aber doch *auch* von normativen Erwägungen leiten lassen (McLean 1987: 34).

Bezüglich der Normen, Werte oder „Ideen" (Farrell 2011: 188), die bei Reformen von Wahlsystemen eine herausgehobene Rolle spielen können, lassen sich mehrere Kategorien bilden, die jeweils den mit diesen Normen hauptsächlich verfolgten Zielen entsprechen (vgl. Renwick 2010: 39). Ganz allgemein kann man Werte, die sich auf die Auswirkungen eines Wahlsystems für die Funktionsweise der Demokratie beziehen, von solchen unterscheiden, die sich auf die Struktur des Wahlsystems selbst richten und auf dieser Basis seine Akzeptanz begründen.

(1) *Demokratiebezogene Werte.* Eine der grundlegenden Meinungsverschiedenheiten über Wahlsysteme besteht darin, welches Ziel mit einer Wahl von Abgeordneten eines nationalen Parlaments verfolgt wird: Soll mit der Wahl die bestmögliche Repräsentation des Souveräns, also des Volkes, im Parlament erreicht werden oder soll die Wahl auch und vor allem als Votum für die Bildung einer bestimmten Regierung angesehen werden? Geht man von der ersten Auffassung aus, so führt dies mehr oder weniger zwangsläufig zu einer Präferenz für Verhältniswahlsysteme (vgl. Pitkin 1967). Auch die Forderung nach einer angemessenen Repräsentation ethnisch-religiöser Minderheiten wird in der Regel mit der nach Verhältniswahl verknüpft, auch wenn es hier weitere Möglichkeiten gibt, dieser Forderung nachzukommen, wie z. B. die Reservierung spezieller Sitzkontingente oder die Herabsetzung von Sperrklauseln für bestimmte Minderheiten.

Einer der wichtigsten Werte, der bei Wahlsystemreformen berücksichtigt werden sollte, ist *Gerechtigkeit* oder *Fairness*. Allerdings können hier ganz unterschiedliche Konsequenzen für das Wahlsystemdesign gezogen werden, je nachdem, worauf das Gerechtigkeitsprinzip bezogen wird. Geht es um die gerechte Verteilung von Sitzen, so entspricht die Verhältniswahl diesem Maßstab am ehesten, wenn man den moralischen Anspruch auf Sitze durch Stimmen bemessen möchte. Auch im Sinne der zwischenparteilichen Chancengleichheit spricht das Fairnessargument für Verhältniswahl. Sieht man das primäre Ziel der Wahl jedoch in der Bildung einer Regierung, stellt sich die Frage, wer denn „gerechterweise" bzw. „verdientermaßen" aufgrund des Wahlergebnisses einen legitimen Anspruch auf die Regierungsbildung anmelden kann. In diesem Zusammenhang stellt sich die Frage, wer denn unter dem Aspekt der Gerechtigkeit als „Wahlsieger" bezeichnet werden kann. Vertreter der Mehrheitswahl sind der Ansicht, dass die größte Partei den legitimen Anspruch auf die Regierungsbildung erheben kann. Die Analogie, die bei dieser Sichtweise bemüht wird, ist die eines Rennens, bei dem ja auch derjenige als Sieger gekürt werden soll, der die Nase vorne hat. In den Augen von jemandem, der diese Ansicht vertritt, führt die angeblich „faire" Transformation von Stimmen in Sitzen gemäß dem Proporzprinzip womöglich zu einer „unfairen" Verhinderung des „verdienten Siegers", der eigentlich die Regierung bilden sollte, z. B., weil kleine Parteien das Zünglein an der Waage spielen (vgl. Blau 2004: 173; Strohmeier 2007). Tatsächlich wird oft nach Wahlen die Ansicht vertreten, dass der stärksten Partei als „Wahlsieger" der Auftrag zur Regierungsbildung zustünde. Üblicherweise kommt diese Forderung allerdings von der stärksten Partei selbst. Während das Fairnessgebot einer proportionalen Verteilung von Sitzen sich auf allgemein übliche Verteilungsgrundsätze zurückführen lässt, ist die Aussage, die größte Partei habe es verdient, die Regierung zu bilden, eher auf anerkannte Tradition und politische Kultur eines Landes zurückzuführen als auf allgemeine Prinzipien. Das Argument setzt letztlich voraus, was es eigentlich begründen will und führt daher zu einem logischen Zirkelschluss. Denn mit der Entscheidung für ein bestimmtes Wahlsystem wird gleichzeitig festgelegt, wer es „verdient" hat, die Regierung zu bilden. Wer sich für ein Verhältniswahlsystem ausspricht, ist eben der Ansicht, dass derjenige der „verdiente Sieger" und zur Regierungsbildung berechtigt ist, der in der Lage ist, eine mehrheitsbildende Koalition von Parteien hinter sich zu vereinen. Während disproportionale Sitzverteilungen das fundamentale Gleichheitsprinzip verletzen und manche Parteien einseitig bevorzugen und andere benachteiligen, wird aus Sicht der Befürworter der Verhältniswahl der stärksten Partei nicht ihr „Sieg" ungerechterweise streitig gemacht, wenn sie nicht automatisch die Regierung bilden darf. Denn wenn sie unter dem Proporzprinzip keine Mehrheit an Sitzen errungen hat, ist sie eben nach dieser Auffassung auch nicht der „Sieger" der Wahl.

Ein anderer Wert, um dessen Verwirklichung es beim Design des Wahlsystems gehen kann, ist der der *Stabilität der Demokratie*. Auch wenn es die großen Parteien nicht „verdient" haben, mit Sitzen überproportional belohnt zu werden, so kann es dennoch gute Gründe geben, eine Konzentration des Parteiensystems mithilfe des Wahlsystems erzielen zu wollen, sodass große Parteien mehr Sitze erhalten, als ihnen nach Proporz zustehen, und kleine Parteien weniger. Je größer die Parteien, desto stärker fällt (idealerweise) die relative Überrepräsentation aus. Der Konzentrationsmechanismus soll die Mehrheitsbildung erleichtern, er führt dazu, dass mehrheitsfähige Koalitionen mit möglichst wenigen Parteien zustande kommen, im Extremfall mit einer einzigen. Die Idee dahinter ist, dass Koalitionen, die weniger Partner haben, weniger durch Politikdifferenzen zerrüttet werden können und somit die Stabilität der von diesen Koalitionen getragenen Regierungen erhöht wird (siehe auch Kapitel 4.2 und 6.1).

Eine weitere wichtige Eigenschaft, die ein Wahlsystem aus demokratietheoretischer Sicht haben sollte, besteht in der Möglichkeit der Bürger, die Regierung zur Rechenschaft für ihre Politik zu ziehen, was im Englischen mit dem Begriff „*accountability*" (siehe Kapitel 6.1) bezeichnet wird, der etwas holprig mit *Verantwortlichkeit* übersetzt werden kann. Damit dieser Mechanismus funktionieren kann, müssen die politischen Handlungen möglichst eindeutig bestimmten Parteien oder Politikern zugerechnet werden können, damit die Wähler zielgenau mit ihrer Wahlhandlung diejenigen belohnen oder bestrafen können, mit deren Handlungen sie besonders zufrieden oder unzufrieden sind. Das Wahlsystem muss daher „responsiv" sein, d. h. Präferenzänderungen der Wähler müssen sich in veränderten Ergebnissen niederschlagen. Je direkter der Zusammenhang zwischen den Wahlhandlungen und der Erlangung eines Sitzes, desto besser sind „*accountability*" und Responsivität gewährleistet. Ein Mehrheitswahlsystem wie das britische verwirklicht das Konzept daher in besonders starkem Maße, da jeder Abgeordnete „direkt" in seinem eigenen Wahlkreis gewählt worden ist. Überdies gibt es für die Regierung als Ganze klare Verantwortlichkeiten, da sie in der Regel nur aus einer Partei besteht. Aber auch kombinierte Wahlsysteme, bei denen ein Teil der Abgeordneten in Einerwahlkreisen direkt gewählt wird, verfügen über diese Eigenschaft im entsprechenden Maß, desgleichen sind offene Listen responsiver als geschlossene Listen.

Damit die *demokratische Willensbildung* effektiv vonstattengehen kann, was in modernen Demokratien immer über den Transmissionsriemen der Parteien passiert, muss das Wahlsystem die *Herausbildung eines effektiven Parteiensystems* begünstigen, bei dem die Parteien nicht nur zur Regierungsbildung beitragen, sondern auch selbst maßgebliche Funktionen bei der demokratischen Interessenartikulation und -aggregation übernehmen. Wahlsysteme sollten daher einerseits die Herausbildung eines stabilen Parteienwettbewerbs begünstigen, ohne andererseits für die Neugründung von Parteien, die neue politische Strömungen aufgreifen, zu hohe Hürden aufzustellen.

(2) *Auf das Wahlsystemdesign bezogene Werte.* Neben den Eigenschaften des Wahlsystems, die zur Funktions- und Leistungsfähigkeit der Demokratie beitragen sollen, gibt es Kriterien, die sich auf das Wahlsystemdesign selbst beziehen. Häufig wird die Forderung aufgestellt, dass Wahlsysteme möglichst einfach und nur so komplex wie notwendig sein sollen. Allerdings gibt es auch hier wieder einen Trade-Off zwischen *Einfachheit* bzw. *Verständlichkeit* (vgl. auch Kapitel 4.2.4) und anderen Kriterien. Zum Beispiel haben die einfachsten Verrechnungsformeln für die proportionale Sitzzuteilung wie d'Hondt oder Hare-Niemeyer bestimmte Nachteile, die den Vorteil der Einfachheit aus Sicht mancher mehr als zunichtemachen können (vgl. Balinski/Young 1982). Ebenso ist die relative Mehrheitswahl in vielerlei Hinsicht das einfachste Wahlverfahren überhaupt; zumindest ist die Gestaltung der Stimmabgabe hier problemlos so durchzuführen, dass dabei kaum Missverständnisse auftreten dürften. Andererseits darf die Einfachheit des Stimmzettels nicht davon ablenken, dass die Wirkungen eines Mehrheitswahlsystems sehr komplex sein bzw. zu sehr komplexen

Überlegungen strategischen Wählens führen können (vgl. Cox 1997; Kapitel 7.5). Komplexe Wahlsysteme können aber nicht nur zu Missverständnissen bei der Stimmabgabe führen (vgl. dazu u. a. Behnke 2015a), sondern auch im schlimmsten Fall die Bürger von der Teilnahme an der Wahl abschrecken. Auch die Praktikabilität eines Wahlsystems stellt eine erwünschte Eigenschaft des Designs dar. Komplexe Wahlsysteme können bei der Auszählung der Stimmzettel zu beachtlichem Aufwand führen, der womöglich vorhandene Ressourcen überbeansprucht.

Schließlich ist es wichtig, dass das Wahlsystem eine bestimmte „Glaubwürdigkeit" bzw. Solidität verkörpert. Nur so kann es die *allgemeine Akzeptanzfähigkeit* finden, die seine *Legitimität* begründet (siehe dazu auch Kapitel 4.2.5). Das Wahlsystem muss den Bürgern auf überzeugende Weise das Gefühl vermitteln, dass es ihnen die Möglichkeit gibt, ihren Willen auf die angemessene Weise auszudrücken und dass es die Ergebnisse hervorbringt, die die Gesamtheit der Stimmen im gewünschten und beabsichtigten Sinn repräsentiert. Wahlsysteme sollten daher keine widersinnigen Elemente enthalten und die Hervorbringung „anomaler" Ergebnisse soweit wie möglich vermeiden.

Die genannten Normen und Werte spielen bei all jenen Akteuren eine zentrale Rolle, die nicht direkt an den „Töpfen der Macht sitzen". Neben den bereits erwähnten Experten und zivilgesellschaftlichen Organisationen sind dies vor allem auch die Bürger. Am stärksten kommen deren normative Orientierungen zum Tragen, wenn ein öffentlicher Diskussionsprozess über die Reform des Wahlsystems organisiert werden kann. Dies ist insbesondere im Vorfeld direktdemokratischer Abstimmungen der Fall. So wurden die Wahlsystemreformen in Hamburg 2004 und in Bremen 2011 durch Volksbegehren bzw. -entscheide geprägt, die maßgeblich vom Verein Mehr Demokratie e.V. initiiert wurden. Auch bei den Wahlsystemreformen in Italien und Neuseeland in den 1990er-Jahren spielten Referenden eine ausschlaggebende Rolle (vgl. Renwick 2010: 169ff.).

Gelegentlich werden Wahlsystemreformen auch in sogenannten Bürgerversammlungen vorbereitet, bei denen nach der Logik der deliberativen Demokratietheorie ausgewählte Bürger über die Vor- und Nachteile verschiedener *policies* diskutieren und schließlich selbst Politikvorschläge formulieren. Zwei der interessantesten Anwendungsfälle gab es Anfang der 2000er-Jahre in den kanadischen Provinzen British Columbia und Ontario, wo Bürgerversammlungen mit der Aufgabe betraut wurden, Vorschläge für eine Wahlsystemreform auszuarbeiten, über die anschließend in einem Referendum entschieden werden sollte (Fournier et al. 2010). In beiden Fällen scheiterten die Referenden allerdings an den hohen Quoren (Renwick 2010: 77), wobei in British Columbia unter den Abstimmenden die vorgeschlagene Reformoption eine Mehrheit erhalten hätte, in Ontario hingegen nicht. Auch wenn die etablierten Parteien durch die Setzung solcher Abstimmungsquoren dem Reformdrang gewisse Zügel anlegen können, so gaben sie doch mit der Einsetzung von Bürgerversammlungen und dem Abhalten von Referenden ihren eigenen Einfluss insofern aus der Hand, als das Ergebnis der Wahlsystemreform nicht mehr allein von ihren machtpolitischen Interessen abhing.

Wie schon erwähnt, sind Politiker zumindest „auch" von Werten und Ideen beeinflusst, obwohl deren Einfluss häufig durch die Wahrnehmung der Interessen gedämpft wird. Je weniger die Politiker daher ihre eigenen Interessen kennen bzw. in der Lage sind, sich über diese ein eindeutiges Bild zu verschaffen, desto größer wird der Einfluss von Werten auf ihre Entscheidungen sein. Wenn nicht mehr klar ist, welchen Nutzen sie von den sich einstellenden Ergebnissen haben werden, sind die „Opportunitätskosten" einer wertbasierten Entscheidung niedrig. Sie stellen gewissermaßen eine „*Low cost–low benefit*"-Situation dar (vgl. Aldrich 1993: 261). Die Unvorhersehbarkeit des eigenen Nutzens ermöglicht es den Akteuren, von diesen bei ihren Entscheidungen zu abstrahieren. Um die normativen Qualitäten einer Institution zu bewerten, kann es daher gerade ein Gütesiegel sein, wenn die Entscheidung für die Institution unter Blindheit gegenüber den eigenen Interessen getroffen wurde; zumindest die wichtige Eigenschaft der Unparteilichkeit der Entscheidung wäre damit hinreichend gewährleistet. Daher wird in diesem Zusammenhang auch häufig die Rawls'sche Denkfigur des „Schleier des Nichtwissens" (Rawls 1975) angeführt, unter dem sich die Urteilenden für Regeln und Institutionen einer Gesellschaft entscheiden sollen, ohne ihre eigene Identität zu kennen, sodass es ihnen faktisch unmöglich ist, die Position zu übernehmen, die am besten ihre Interessen ausdrückt, da sie ja ihre Interessen gar nicht kennen. Natürlich ist der Schleier des Nichtwissens lediglich ein Gedankenexperiment, und die daraus gewonnenen Schlüsse sind rein hypothetischer Natur. Aber die Vorstellung, für welche Art von Regelsystem man sich entscheiden würde, wenn man seine eigene Identität nicht kennen würde, kann hilfreich sein, die eigenen Voreingenommenheit und Befangenheit zu erkennen und somit zu einer Selbstdisziplinierung verhelfen, eben dieser Befangenheit zu entkommen (vgl. Behnke 2015c). Wenn eine Partei einen Vorschlag zur Reform des Wahlsystems macht, sollte sie sich daher immer ehrlich fragen, ob sie ihn auch dann machen würde, wenn sie in den Schuhen der anderen Parteien stecken würde.

8.4 Evolutorische Erklärungsansätze

Wahlsysteme sind wie viele andere politische Institutionen nicht immer das eindeutige und klare Resultat eines bewussten und geplanten Gestaltungsprozesses. Was sich am Schluss eines Reformprozesses als Ergebnis herausschält, ist oft ein inhaltlicher Kompromiss aus vielen substanziell voneinander abweichenden Positionen. Dies ist vor allem dann der Fall, wenn die Wahlsystemreform in einem parteienübergreifenden Konsens verabschiedet werden soll oder muss; Renwick (2010a) bezeichnet dies als „*elite settlement*". Die politischen Entscheidungsträger sind hier also gar nicht in der Lage, ein Wahlsystem „aus einem Guss" zu produzieren, wie es ihnen ursprünglich vorgeschwebt haben mag.

Hinzu kommt, dass die Akteure – wie schon erwähnt – nicht nur ihre Vorschläge unter Unsicherheit über die Folgen entwerfen müssen; sie sind bei Wahlsystemreformen auch in anderer Hinsicht kognitiv beschränkt. Man kann sich immer nur zwischen den Optionen entscheiden, von denen man weiß, dass sie zur Verfügung stehen. Neben der schon erwähnten Manipulation im Sinne der Rikerschen „Häresthetik", bei der der Entscheidungsspielraum von strategisch handelnden Akteuren bewusst geformt und verengt wird, gibt es auch naturwüchsige Beschränkungen des Entscheidungsspielraums. So bleiben bei Wahlsystemreformen in einzelnen Ländern immer wieder bestimmte Handlungsalternativen unberücksichtigt, weil sie schlicht nicht bekannt sind. Darüber hinaus gibt es gleichsam naturwüchsige Vorlieben und Voreingenommenheiten zu Gunsten bestimmter Optionen, die den Akteuren gar nicht bewusst sind, sodass ihnen das, was ihnen als die offensichtlich naheliegende Lösung erscheint, mehr oder weniger „automatisch" in den Sinn kommt (Kahneman 2012).

Hier kommt es zu einer Pfadabhängigkeit aufgrund historischer Präzedenz. Institutionen, die schon existieren bzw. einem als „offensichtliche" institutionelle Lösungen als erstes in den Sinn kommen, besitzen den Vorteil, dass sie gar nicht mehr positiv gerechtfertigt werden müssen. Vielmehr wirkt hier der *Status-quo-Bias* zu Gunsten ihrer empfundenen Legitimität, die von vornherein so sehr außer Frage steht, dass es sehr schwierig ist, diese Institutionen wieder abzuschaffen. Dies kann nur gelingen, wenn die Notwendigkeit ihrer Abschaffung auf überzeugende Weise begründet werden kann.

So haben etwa viele afrikanische Länder, die seit den 1950er-Jahren ihre staatliche Unabhängigkeit erlangten, das Wahlsystem ihrer ehemaligen britischen, französischen oder portugiesischen Kolonialmacht übernommen, ohne dass dies zuvor ausführlich debattiert worden war (Nohlen et al. 1999: 21f.; Hartmann 2007). Darüber hinaus kann bei der Entscheidung über das nationale Wahlsystem auch die Suche nach historischer Identität eine Rolle spielen. Beispielsweise hat Lettland nach der Unabhängigkeitswerdung 1992 wieder seine Verfassungsordnung aus der Zwischenkriegszeit in Kraft gesetzt, darunter auch das traditionelle Verhältniswahlsystem. In anderen jungen Demokratien hat man sich dagegen ganz bewusst von bestimmten Elementen der Verfassungsgeschichte distanziert. So erklärt sich beispielsweise die Einführung der 5 %-Sperrklausel in der jungen Bundesrepublik Deutschland 1949 mit den „historischen Lehren", die man aus der – als problematisch wahrgenommenen – Funktionsweise der reinen Verhältniswahl in der Weimarer Republik gezogen hat (Jesse 1985).

Nicht zuletzt können historische Entwicklungsprozesse sowohl die Stabilität als auch die Reform bestehender Wahlsysteme erklären. Als zentral erweist sich dabei das wechselseitige Verhältnis von machtpolitischen Interessen, normativen Ideen und institutionellem Status quo. Die grundlegenden Zusammenhänge zwischen den drei Komponenten kann man sich wie folgt vorstellen: Wenn die Auswirkungen eines Wahlsystems mit den Nutzenkalkülen der parlamentarischen Parteien und den dominanten Wertvorstellungen in der Gesellschaft übereinstimmen, gibt es keinen Grund, das bestehende Wahlsystemdesign infrage zu stellen. Umkehrt wird der Reformdruck umso stärker, je deutlicher die Wahlsystemeffekte von den Machtinteressen der etablierten Parteien bzw. den vorherrschenden Wertvorstellungen abweichen.

Folgt man nun den Grundannahmen des historischen Institutionalismus (Sanders 2006), so entsteht die Kompatibilität von Interessen, Ideen und Wahlsystemdesign nicht in einem *„big bang"*. Vielmehr ist sie das Ergebnis einer *pfadabhängigen Entwicklung*, in dem die genannten Komponenten zunehmend ineinandergreifen und sich so wechselseitig stabilisieren (Renwick 2010: 69ff.). Idealtypisch kann man diesen Prozess folgendermaßen modellieren. Zunächst korrespondiert die mechanische Funktionsweise eines neu geschaffenen Wahlsystems insofern mit den politischen Machtverhältnissen, als sie die Struktur des Parteiensystems auf Wählerebene akzentuiert, ohne sie grob zu verzerren. Die Mehrheit der parlamentarischen Parteien wird dann den institutionellen Status quo nicht erneut revidieren, sondern versuchen, ihr Kandidatur- und Wahlkampfverhalten dem bestehenden Wahlsystem anzupassen, um künftig von dessen Effekten bestmöglich zu profitieren. Auch die Wähler werden zunehmend mit den Wahlsystemeffekten vertraut und beziehen dieses Wissen bei ihrer Stimmabgabe ein. Durch die Routinisierung des Parteien- und Wählerverhaltens verstetigt sich wiederum die mechanische Funktionsweise des Wahlsystems. Beide Komponenten befördern die Gewöhnung an den institutionellen Status quo und damit seine normative Akzeptanz. Solange es keine schwerwiegenden Gründe gegen diese Institutionen gibt und keine Machtkonstellation, die eine Änderung herbeiführen könnte, kommt es daher zu einem beachtlichen Status-quo-Bias. Selbst wenn das Wahlsystem dann in bestimmten Hinsichten suboptimale Auswirkungen hervorbringen sollte, überwiegt doch insgesamt eine positive Bewertung bzw. der stillschweigende Konsens, die „Risiken und Nebenwirkungen" einer Reform zu vermeiden.

Auch derart fest institutionalisierte Wahlsysteme sind grundsätzlich veränderbar. Reformbedarf entsteht jedoch nur dann, wenn sich die enge Kopplung von Wahlsystemeffekten, wahlpolitischem Verhalten und normativer Bewertung auflöst. Die möglichen Ursachen dafür sind vielfältig: Das Auftreten neuer Parteien kann die aus machtpolitischer Sicht „bewährten" Effekte des Wahlsystems modifizieren; Veränderungen des Kandidatur- und Wählerverhaltens kann die proportionalen bzw. mehrheitsbildenden Auswirkungen des Wahlsystems beeinträchtigen; Wertewandel kann die gesellschaftliche Akzeptanz des Wahlsystems infrage stellen, etc. Hat die Diskrepanz zwischen der Funktionsweise des Wahlsystems einerseits und seiner interessen- bzw. ideenbezogenen Bewertung andererseits eine kritische Größe erreicht, kommt es zu einer Reforminitiative. Auch hier sind diverse Konstellationen denkbar: Entweder wird die Wahlsystemreform von den etablierten Parteien lanciert und bleibt somit elitenzentriert oder sie geht von außerparlamentarischen Akteuren aus, die dann auch den weiteren Willensbildungs- und Entscheidungsprozess in unterschiedlichem Ausmaß beeinflussen. Der Reformverlauf wird indes nicht nur durch den Umfang des Änderungsbedarfs und die Auslöser der Reforminitiative geprägt, sondern auch durch den bisherigen Entwicklungspfad. Da sich die politischen Rahmenbedingungen in etablierten Demokratien nicht komplett verändern, bleiben meist Status-quo-orientierte Interessen und Wertvorstellungen bestehen, die einem tiefgreifenden

Umbau des Wahlsystems entgegenstehen. Ob schließlich das Reformergebnis auch das Ende des Reformprozesses darstellt, hängt davon ab, ob es zu einer neuen Gleichgewichtskonstellation kommt. Wenn die Funktionsweise des neuen Wahlsystems den vorherrschenden Interessenkonstellationen und Wertepräferenzen entspricht, wird sich kaum ein relevanter Akteur finden, der eine „Reform der Reform" anstrengt.

8.5 Fallbeispiel Deutschland: die Reform des Bundestagswahlsystems (1990–2013)

Als exemplarischen Fall für den Prozess einer Wahlsystemreform betrachten wir nun abschließend das Zustandekommen des neuen Wahlgesetzes zum Deutschen Bundestag von 2013 (vgl. auch Dehmel/Jesse 2013; Grotz 2014). Dieses war der vermutlich nur vorläufige Abschluss einer langjährigen Debatte, die bald nach der Wiedervereinigung begonnen hatte.

In der alten Bundesrepublik zeitigte die personalisierte Verhältniswahl eine überwiegend positive Funktionsbilanz, die den internationalen Ruf des „deutschen Modells" begründete und seine normative Akzeptanz verfestigte (Grotz 2009b). Hatte die 5 %-Sperrklausel schon seit den 1950er-Jahren zur Konzentration des Kandidatur- und Wählerverhaltens beigetragen, so perfektionierte sich diese Wirkung in den 1970er-Jahren dergestalt, dass zum Teil weniger als 1 % der Stimmen auf außerparlamentarische Parteien entfiel. Daraus resultierte ein nahezu vollständiger Proporz zwischen Stimmen- und Mandatsanteilen, wie ihn eigentlich nur reine Verhältniswahlsysteme hervorbringen. Da die territorialen Disparitäten des Wählerverhaltens zwischen den Bundesländern auf moderatem Niveau blieben, entstanden nur vereinzelte Überhangmandate, die für die Koalitionsmöglichkeiten, die sich aufgrund der Wahlergebnisse ergaben, irrelevant waren. Auch der Einzug der Grünen in den Bundestag 1983 brachte keine sichtbare Funktionsveränderung der personalisierten Verhältniswahl mit sich. Obwohl die Komplexität des bestehenden Wahlsystems gelegentlich kritisiert wurde (Jesse 1987), stand seine Reform bis zum Ende der alten Bundesrepublik nicht zur Debatte.[34]

Nach der Wiedervereinigung blieb das Bundestagswahlsystem strukturell unverändert. Unter den Bedingungen des gesamtdeutschen Parteiensystems produzierte es jedoch Effekte, die bislang nicht mit der personalisierten Verhältniswahl assoziiert wurden. Dazu zählte auch und gerade das vermehrte Auftreten von Überhangmandaten (Grotz 2000b). Insbesondere bei der Bundestagswahl von 1994 war es mit 16 Überhangmandaten, von denen zwölf auf die CDU und vier auf die SPD entfielen,

---

34 Der Wechsel des Verrechnungsverfahrens von der Methode d'Hondt zu Hare-Niemeyer 1985 wurde allgemein als technische Anpassung gesehen und hatte auch keine politisch signifikanten Konsequenzen.

zu einer vollkommen neuen Größenordnung dieses Phänomens gekommen. Diese zusätzlichen Mandate erhielten nun auch eine machtpolitische Bedeutung, denn ihr Potenzial, das politische Ergebnis einer Wahl verändern zu können, war hier klar ans Tageslicht getreten. Ohne Überhangmandate hätte die schwarz-gelbe Regierungs-koalition nur über eine Bundestagsmehrheit von zwei Sitzen verfügt; so aber wuchs dieser Vorsprung auf zehn Mandate an, die eine machtpolitisch sichere Basis dar-stellten. Dass die Überhangmandate unmittelbare Bedeutung für die Regierungsfä-higkeit hatten, wird durch den Umstand klar, dass Helmut Kohl bei der Kanzlerwahl 1994 mindestens drei Stimmen aus den eigenen Reihen fehlten (Schindler 1999: 1024). Ohne Überhangmandate hätte Kohl also womöglich die notwendige absolute Parla-mentsmehrheit im ersten Wahlgang verfehlt.[35]

Die Überhangmandate stellten somit eine Gefährdung der machtpolitischen Inte-ressen der damaligen Oppositionsparteien dar. Insofern kann es nicht überraschen, dass das Land Niedersachsen unter seinem damaligen Ministerpräsidenten Gerhard Schröder daraufhin ein Normenkontrollverfahren vor dem Bundesverfassungsgericht in Gang brachte. Auch in der Wissenschaft sorgte das Wahlergebnis von 1994 für eine Flut von Publikationen, die das Phänomen der Überhangmandate sowohl aus ver-fassungstheoretischer Sicht (vgl. stellvertretend nur Meyer 1994; Schreckenberger 1995; Nicolaus 1995a; Lenz 1997; Naundorf 1996; Bücking 1998) als auch aus politik-wissenschaftlicher Sicht untersuchten (vgl. u. a. Grotz 2000b; Behnke 2002b, 2003a, 2003b). Mit der Wahl von 1994 war das Wahlsystem in den Fokus der Wissenschaft und der Politik geraten. Die ungewöhnliche Anzahl von Überhangmandaten wurde als Anomalie des Wahlsystems angesehen. Das Wahlergebnis war also ganz im Sinne von Shugarts Theorie über das Entstehen von Reformdruck Ausdruck einer *„poor performance, relative to normative standards for the electoral system in use"* (Shugart 2008: 9) und insofern ein inhärenter Grund, über mögliche Reformen nachzudenken, mit denen diese „Anomalie" beseitigt werden könnte. Vorschläge dazu gab es zuhauf (u. a. Nicolaus 1995b; Mann 1996; Naundorf 1996; Jesse 1998; Behnke 2002b, 2003b). Seitdem erfreut sich das Bundestagswahlsystem einer kaum nachlassenden Aufmerk-samkeit in der rechts- und politikwissenschaftlichen Literatur.

Am 10. April 1997 verkündeten die Karlsruher Richter das bisher umfang-reichste Urteil zur Problematik der Überhangmandate, erklärten sie aber nicht für

---

35 Natürlich ist es theoretisch auch möglich, wenn auch wenig wahrscheinlich, dass die fehlenden drei Stimmen von Abgeordneten stammten, die erst aufgrund der Überhangmandate ins Parlament eingezogen waren. In diesem Fall hätte Kohl die Abstimmung auch ohne Überhangmandate gewon-nen. Außerdem kann es sein, dass die Abweichler diese Möglichkeit, ihrem Kandidaten einen leichten Denkzettel zu verpassen, nur aufgrund der komfortablen Mehrheit wahrgenommen haben und bei einer knapperen Mehrheit diese Option nicht genutzt hätten. Der erste Wahlgang ist allerdings bei der Wahl des Bundeskanzlers wichtiger als bei der Wahl der meisten Ministerpräsidenten in den Ländern. Obwohl Kohl daher immer noch in einem späteren Wahlgang hätte gewählt werden können, so wäre doch der politische Schaden erheblich gewesen.

verfassungswidrig (BVerfGE 95: 335). Das Urteil wurde von vier der acht Richter des Zweiten Senats getragen; die vier anderen Richter dagegen hielten die Überhangmandate für verfassungswidrig und begründeten ihre abweichende Meinung sehr ausführlich. Auf denkbar knappste Weise blieb so das bisherige Wahlgesetz in Kraft, da bei Stimmengleichheit der Verfassungsrichter der Status quo gewahrt bleibt. Allerdings hatte die Urteilsbegründung auf mehrere Umstände hingewiesen, unter denen Überhangmandate sehr wohl problematisch werden könnten, sodass sich daraus ein „Handlungsauftrag" an das Parlament zumindest für den Fall ergab, dass Überhangmandate in der Größenordnung von mehr als 5 % der Mandate anfielen oder dass sie „von Wahl zu Wahl regelmäßig in größerer Zahl" aufträten.[36] Man kann das Urteil von 1997 daher keineswegs so interpretieren, dass damit die Überhangmandate als grundsätzlich unproblematisch einzuschätzen wären. Wie in vielen vorhergehenden Urteilen betonte das Gericht auch hier wieder ganz besonders den „grundsätzlichen Charakter der Verhältniswahl" des bestehenden Wahlsystems.

Infolge der nächsten Bundestagswahl 1998 kam die SPD zusammen mit den Grünen an die Macht. Dabei gewannen die Sozialdemokraten 13 Überhangmandate, während auf die CDU kein einziges entfiel. Damit entstand der bis dahin größte relative Vorteil für eine Partei aufgrund von Überhangmandaten, auch wenn sie keine entscheidende Rolle für die Mehrheitsbildung spielten. In der Regierungsverantwortung hätte die SPD die Überhangmandate abschaffen oder deren Effekte neutralisieren können, doch starb dieses Reformprojekt nun den vorläufigen Tod des politischen Opportunismus. Ganz im Sinne der *Rational-Choice*-Theorie wechselte die SPD ihre Position, als sie ihre Interessenlage bezüglich der Überhangmandate anders wahrnahm. Unter strategischen Gesichtspunkten war dies offensichtlich eine gute Entscheidung, denn auch bei der darauffolgenden Bundestagswahl von 2002 konnten die Überhangmandate bestehende Unsicherheiten bei der parlamentarischen Mehrheitsbildung reduzieren. Ohne Überhangmandate hätte die Koalition aus SPD und Grünen 2002 lediglich 302 von 598 Mandaten erhalten; mithilfe der Überhangmandate erhöhte sich diese sehr knappe Kanzlermehrheit auf immerhin 306 von 603 Mandaten. Für entscheidende Klarheit sorgten die Überhangmandate zudem bei der Besetzung des Bundestagspräsidenten, da dieser nach Parlamentsbrauch von der größten Fraktion gestellt wird (Ismayr 2012: 142). Ohne Überhangmandate wäre hier eine Patt-Situation zwischen SPD und CDU/CSU entstanden.[37] Die gesetzgeberische Lethargie der SPD in Sachen Überhangmandate hatte für sie selbst also durchaus die positiven Konsequenzen, die man sich davon vermutlich auch erhofft hatte.

---

36 BVerfGE 95, 365–366. Zu einer ausführlichen Darstellung der Rechtsprechung zum Wahlrecht vgl. Meyer (2010).

37 Vermutlich wäre auch dann der Kandidat der SPD, Wolfgang Thierse, gewählt worden, da nach § 2 der Geschäftsordnung des Deutschen Bundestags lediglich festgelegt ist, dass der Bundestagspräsident mit der Mehrheit der Mitglieder des Bundestags zu wählen ist.

Für Aufsehen und ein weiteres „anomales Ergebnis", das mit den Überhangmandaten zusammenhing, sorgte die Bundestagswahl von 2005. Hier war es in Dresden bei einer Nachwahl erstmals zu einem für alle sichtbaren Effekt des sogenannten „negativen Stimmgewichts" gekommen. Damit wird das Phänomen bezeichnet, dass eine Partei durch weniger Zweitstimmen in einem Bundesland mehr Mandate gewinnen konnte oder umgekehrt durch einen Stimmenzuwachs Mandate verlieren konnte. Dieser inverse Effekt war schon zuvor von Hans Meyer (1994) beschrieben, aber bis dahin vom Verfassungsgericht in mehreren Entscheidungen nicht behandelt worden. Meyer hatte den Effekt auch schon als Vertreter der SPD in dem Normenkontrollverfahren anlässlich der Bundestagswahl 1994 angeführt, was aber zunächst keinen Eindruck hinterlassen hatte. 2002 trat zusätzlich ein zivilgesellschaftlicher Akteur auf die Bühne, nämlich die Betreiber der Internetseite „wahlrecht.de". Diese strengten anlässlich der Bundestagswahl 2002 eine Wahlprüfungsbeschwerde gegen das mögliche Auftreten von negativen Stimmgewichten an, die allerdings vom Bundesverfassungsgericht 2004 zurückgewiesen wurde. Zu diesem Zeitpunkt wurde das negative Stimmgewicht lediglich als „wahlrechtliche Abstrusität" mit wenig praktischer Relevanz wahrgenommen. Dies änderte sich mit der Nachwahl in Dresden 2005 schlagartig. Da bei dieser Nachwahl die sonstigen Ergebnisse im Land und im Bund bekannt waren, war offensichtlich, dass die CDU ein Mandat weniger erhalten würde, wenn sie „zu viele" Zweitstimmen in Dresden erzielen würde. Damit eröffnete sich die Möglichkeit, das negative Stimmgewicht strategisch zu nutzen. Diese Stimmoption wurde auch medial weit verbreitet, offensichtlich nicht ohne Wirkung. Auf die CDU entfielen auffällig wenige Zweitstimmen, wodurch die Christdemokraten mit dem Dresdner Direktmandat ein weiteres Überhangmandat in Sachsen hinzugewann (vgl. Behnke 2008).

Eine neuerliche Klage – wieder von denselben Beschwerdeführern wie 2002, den Betreibern von „wahlrecht.de" – hatte dieses Mal Erfolg: Mit dem Urteil vom 3. Juli 2008 erklärte das Bundesverfassungsgericht den Effekt des negativen Stimmgewichts für verfassungswidrig. Dieser Meinungswandel des Gerichts in Bezug auf das negative Stimmgewicht, der mit einer sehr strikten Auffassung von Erfolgswertgleichheit begründet wurde, rief mannigfaltige Kritik hervor (vgl. u. a. Nohlen 2009; Roth 2008). Für eine Neuregelung gewährte Karlsruhe dem Gesetzgeber eine großzügige Frist bis zum 30. Juni 2011. Damit fand die Wahl von 2009 nach einem für verfassungswidrig erklärten Wahlgesetz statt.

Allerdings ließen die Bundestagsparteien annähernd drei Jahre verstreichen, bevor sie im Sommer 2011 die ersten Entwürfe für eine Wahlgesetzesänderung vorlegten.[38] Diese unterschieden sich in Bezug auf die in ihnen verfolgten Lösungswege

---

[38] Vgl. BT-Drucksache 17/6290 (Entwurf der CDU, CSU und FDP vom 28. Juni 2011), BT-Drucksache 17/5895 (Entwurf der SPD vom 24. Mai 2011), BT-Drucksache 17/5896 (Entwurf der Linken vom 25. Mai 2011) und BT-Drucksache 17/4694 (Entwurf der Grünen vom 9. Februar 2011).

deutlich. Die eine Gruppe von Parteien wollte das Problem des negativen Stimmgewichts durch die Abschaffung bzw. Neutralisierung der Überhangmandate gewissermaßen „en passant" lösen. Dies schien möglich, da das negative Stimmgewicht im geltenden Bundeswahlgesetz zwangsläufig mit Überhangmandaten zusammenhing und nur über diese vermittelt entstand.[39] Diesen Ansatz verfolgten die SPD, die Grünen und die Linke. Dabei galt zumindest für die beiden letztbenannten Parteien, dass sie – gemäß der Logik des interessenbasierten Erklärungsansatzes – das Urteil des Bundesverfassungsgerichts als Vorlage nutzen konnten, um die Abschaffung der Überhangmandate ins Visier zu nehmen, die ihnen ein Dorn im Auge sein mussten, gegen die man aber eben zugleich gewichtige normative Gründe anführen konnte. Für die SPD war die Interessenlage weniger eindeutig. 2005 hatte es wieder eine hohe Anzahl von Überhangmandaten gegeben, insgesamt 16; da jedoch neun davon auf die SPD entfallen waren, hatte diese keinen unmittelbaren Nachteil dadurch erfahren. Allerdings war nun auch der Vorteil gegenüber der Union sehr ungewiss geworden. Wenn aber die Interessen nicht mehr vordergründig und eindeutig sind, dann schlägt die Stunde von Werten und normativen Argumenten. Die SPD musste nun nicht mehr gegen ihre machtpolitischen Eigeninteressen handeln, wenn sie sich gegen Überhangmandate aussprach, was zudem ihrer alten Position von 1994 entsprach.

Trotz ihres gemeinsamen Fokus' auf die Überhangmandate wählten die drei Oppositionsparteien Grüne, SPD und Linke verschiedene Wege, deren Einfluss zu neutralisieren bzw. den bundesweiten Proporz zwischen den Parteien herzustellen. So sah der Entwurf der Grünen vor, die Überhangmandate einer Partei durch die Streichung von Listenmandaten in den Bundesländern, in denen keine Überhangmandate entstanden waren, zu kompensieren. Die Ausgangsgröße des Bundestags wäre so erhalten geblieben. Da eine Partei durch den Gewinn von Überhangmandaten nicht insgesamt besser dastehen würde, könnte es demnach auch zu keinem negativen Stimmgewicht mehr kommen. Die Kritik an diesem Kompensationsverfahren richtete sich vor allem darauf, dass es durch die „Bezahlung" der Überhangmandate durch Listenmandate in anderen Ländern zu starken Verzerrungen des innerparteilichen Proporzes zwischen den Landesverbänden gekommen wäre. Hätte dieses Modell z. B. schon 2009 Anwendung gefunden, dann wären die insgesamt 21 Überhangmandate der CDU dadurch kompensiert worden, dass die Partei in Nordrhein-Westfalen acht und in Niedersachsen fünf Listenmandate hätten abgeben müssen. Die CDU-Liste von Brandenburg hätte sogar vier der fünf Mandate verloren, die sie überhaupt aufgrund

---

[39] Das 2005 durch zusätzliche Zweitstimmen „gefährdete" Mandat für die CDU in Dresden war eines der Überhangmandate in Sachsen, das durch zusätzliche Zweitstimmen als ein Proporzmandat abgedeckt gewesen wäre, also als ein Mandat, das der CDU aufgrund ihres Zweitstimmenanteils in Sachsen zugestanden hätte. So aber wanderte dieses Proporzmandat im Rahmen der Unterverteilung der Sitze, d. h. der Verteilung der Sitze, die einer Partei bundesweit zustehen, auf die einzelnen Landeslisten, in ein anderes Bundesland.

ihrer Zweitstimmen erhalten hätte. Der Erfolgswert der CDU hätte in Baden-Württemberg das Sechseinhalbfache des Wertes in Brandenburg betragen, d. h. die CDU hätte in Baden-Württemberg für dieselbe Anzahl an Stimmen durchschnittlich sechseinhalbmal so viele Sitze erhalten wie in Brandenburg (vgl. Behnke 2010a, 2010b).

Die SPD sprach sich dagegen für ein Ausgleichsmodell auf der Basis des bestehenden Wahlgesetzes aus. Dabei sollte die Gesamtmandatszahl solange erhöht werden, bis die vorhandenen Überhangmandate in der Sitzzahl aufgegangen wären, die jeder Partei durch ihre bundesweite Anzahl von Zweitstimmen zusteht. Die Überhangmandate wären somit einfach stehen geblieben und durch die Erhöhung der Sitzzahl abgedeckt worden. Die Kritik der CDU an diesem Modell lautete daher, dass es zwar die Konsequenzen des negativen Stimmgewichts beseitigen würde, nicht aber sein Auftreten selbst. Denn weiterhin könnte eine Partei mehr Sitze dadurch erhalten, dass sie weniger Zweitstimmen bekäme. (Sie hätte allerdings keinen Vorteil mehr davon, da dieser Vorteil ja durch die Ausgleichsmandate für die anderen Parteien neutralisiert worden wäre.)

Der Gesetzentwurf der Linken verband beide Modelle geschickt miteinander. Grundsätzlich orientierte er sich am Kompensationsmodell der Grünen, sah aber für den Fall von Überhangmandaten der CSU das Ausgleichsmodell der SPD vor. (Die Grünen hatten dieses Problem durch Nichtzuweisung der Direktmandate der CSU, die nicht durch Zweitstimmen gedeckt gewesen wären, lösen wollen.)

Der zweite Lösungsweg, den die Regierungsparteien CDU/CSU und FDP einschlugen, bestand in dem Versuch, das negative Stimmgewicht zu beseitigen, ohne die Überhangmandate zu tangieren. Rein formaljuristisch schien dies insofern ein gangbarer Weg zu sein, als der verfassungsrechtliche Status der Überhangmandate durch das Urteil von 2008 nicht thematisiert worden war (da gegen sie ja auch nicht explizit geklagt worden war). Union und FDP entschieden sich daher für eine Reform, die die Überhangmandate in vollem Umfang erhalten hätte. Um das negative Stimmgewicht zu vermeiden, sollte die Verrechnung zwischen den Landeslisten im Rahmen der sogenannten Unterverteilung unterbunden werden. Dazu wurden die Sitze in einem ersten Schritt nicht auf die Parteien, sondern entsprechend den jeweiligen Stimmenanteilen auf die Bundesländer verteilt. Auf Basis dieses Entwurfs verabschiedete die Koalition aus CDU, CSU und FDP im Dezember 2011 das neue Wahlgesetz. Zum ersten Mal in der Geschichte der Bundesrepublik wurde damit eine wichtige Wahlrechtsänderung nur mit den Stimmen der Regierungsparteien verabschiedet. Wie in Kapitel 8.2 ausgeführt, sind die an der Macht befindlichen Parteien in der Regel an der Aufrechterhaltung des Status quo interessiert. Da dies aufgrund des Verfassungsgerichtsurteils aber nicht möglich war, mussten „sich die Dinge ändern, damit sie dieselben bleiben", um den berühmten Spruch in Lampedusas „Der Leopard" zu zitieren. Das Verhalten der Regierungsparteien, vor allem der Union, entsprach ganz und gar dem oben dargestellten *„Power-maximizing"*-Ansatz von Benoit (2004). Allerdings ging es hier nicht um die Verabschiedung eines neuen Wahlgesetzes, das einen Sitzvorteil erringen sollte, sondern um ein Wahlgesetz, mit dem der in Form der

Überhangmandate vorhandene Sitzvorteil entgegen dem Erwartungsdruck erhalten bleiben sollte. Der verfahrenstechnische Status quo wurde geändert, um den machtpolitischen Status quo zu erhalten.

Unmittelbar nachdem das neue Gesetz in Kraft getreten war, legten die Oppositionsparteien Verfassungsklage ein. Ein knappes halbes Jahr später wurde das soeben verabschiedete Wahlgesetz mit dem Urteil vom 25. Juli 2012 vom Bundesverfassungsgericht ebenfalls für verfassungswidrig erklärt. Als maßgebliche Gründe führte das Gericht an, dass auch das neue Wahlgesetz das negative Stimmgewicht nicht verhinderte und zudem das Auftreten von Überhangmandaten in unangemessener Höhe ebenfalls nicht ausschloss. Auch wenn die Überhangmandate nicht grundsätzlich für verfassungswidrig erklärt wurden, so wurde nun festgelegt, dass ihre Anzahl eine Höchstgrenze von 15 nicht überschreiten darf, solange es zu keinem Ausgleich derselben kommt.

Nach diesem Urteil verständigten sich die Bundestagsparteien darauf, das neue Wahlgesetz möglichst im Konsens zu verabschieden. Im Laufe der Verhandlungen schälte sich dabei als favorisierte Option heraus, dass die Überhangmandate in ihrer Gesamtheit neutralisiert werden sollten. Auch die CDU/CSU hatte es – offensichtlich, weil ihr die FDP die Gefolgschaft versagt hatte – bald aufgegeben, sich über alternative Lösungen den Kopf zu zerbrechen, die die theoretisch zulässige Obergrenze von 15 unausgeglichenen Überhangmandaten integriert hätten. Schließlich wurde das neue Wahlgesetz am 3. Mai 2013 mit den Stimmen aller Parlamentsparteien – mit Ausnahme der Linken – verabschiedet.

Im Wesentlichen entspricht das neue Gesetz einem Ausgleichsmodell im Sinne des SPD-Entwurfs. Der evolutorische Charakter der Reform bzw. ihre „historische Pfadabhängigkeit" (Behnke 2014: 37) lässt sich allerdings daran erkennen, dass auch das neue Gesetz die Bildung von Ländersitzkontingenten auf der ersten Stufe vorsieht, dieses Mal allerdings auf der Basis der Bevölkerungszahlen, sodass die Gefahr des negativen Stimmgewichts (auf dieser Stufe, nicht beim später folgenden Ausgleich) gebannt ist. Evolutionstheoretisch könnte man hier von „kultureller Invarianz" sprechen, d. h. dem Beibehalten eines Elements in der neuen Generation, das ein Relikt aus vorhergehenden Generationen darstellt, inzwischen aber seine Funktion verloren hat. Denn die Bildung von Ländersitzkontingenten im Gesetz von 2011 war ja genau mit der Intention vorgenommen worden, das negative Stimmgewicht zu beseitigen, ohne die Überhangmandate zu tangieren. Mit der neuen Zielrichtung, die Überhangmandate durch Ausgleich zu neutralisieren, war dieser Umweg eigentlich unnötig geworden. Der Kompromisscharakter lässt sich auch daran erkennen, dass das neue Wahlgesetz Elemente aus fast allen Entwürfen von 2011 enthält. Auch das Kompensationsmodell der Grünen kommt gewissermaßen noch zum Zug. Nachdem nämlich die bundesweiten Sitzkontingente durch den Ausgleich bestimmt sind, kommt es im Rahmen der dann einsetzenden Unterverteilung zu einer Kompensation der immer noch verbliebenen Überhangmandate durch Listenmandate in anderen Bundesländern (siehe die Fallbeschreibung im

Anhang).[40] Dieser Mischcharakter des neuen Gesetzes, der seiner Funktionalität nicht unbedingt zuträglich ist, war wohl der Preis, der für die politische Durchsetzbarkeit bezahlt werden musste, da sich so fast alle Parteien in irgendeiner Weise darin wiederfinden konnten.

Betrachtet man den Prozess der bundesdeutschen Wahlsystemreform seit den 1990er-Jahren, so finden sich nahezu alle Erklärungsansätze für Wahlsystemreformen wieder, die in den vorangegangenen Abschnitten erläutert wurden. Die Klage der SPD gegen die Überhangmandate von 1994, genauso wie die Weigerung der CDU, etwas dagegen zu unternehmen, lassen sich mit den jeweiligen Machtinteressen plausibel erklären. Besonders überzeugend ist dieser Ansatz, wenn es darum geht, den Meinungsumschwung der SPD zwischen 1994 und 1998 zu erklären: Wären die Präferenzen der Sozialdemokraten durchweg von Wertvorstellungen getragen gewesen, hätten sie wohl mehr Stabilität aufgewiesen. Interessenlagen ändern sich schneller als grundlegende, werthaltige Überzeugungen, sodass Änderungen der Handlungspräferenzen eher mit veränderten Interessen als mit veränderten Werten zu erklären sind. Allerdings gibt es einen deutlichen Unterschied zwischen bloßer Untätigkeit bzw. der Unterlassung sinnvoller Reformen einerseits und der aktiven Gestaltung kontraproduktiver Reformen andererseits, bei denen Kosten für das System in Kauf genommen werden, um eigennützige Interessen zu verfolgen. Moralisch ist es weniger verwerflich, der „stillschweigende Nutzer" einer Regel zu sein, die einen in unfairer Weise bevorzugt, als der aktive Erfinder einer ebensolchen Regel. Die gesetzgeberische Untätigkeit der SPD während ihrer eigenen Regierungstätigkeit hat ihre Glaubwürdigkeit in der Wahlsystemfrage sicherlich nicht befördert. Hätte aber die CDU/CSU in dieser Zeit einen Reformvorschlag eingebracht, der die Überhangmandate abgeschafft hätte, dann hätte die SPD jeglichen Rest von Glaubwürdigkeit verloren, wenn sie sich gegen diesen Vorschlag gesträubt hätte. Allerdings hatte die Union ihrerseits kein Interesse an einer solchen Reform, sodass der SPD dieser Glaubwürdigkeitstest erspart blieb.

Man kann allerdings aus dem Umstand, dass sich eine politische Position mit machtpolitischen Eigeninteressen deckt, nicht zwangsläufig schließen, dass ebendiese Interessen auch kausal für die Position verantwortlich sind. Jede Politik wird immer irgendwelchen Interessen entgegenkommen, selbst jene, die ausschließlich aus moralischen Gründen verfolgt wird. Es ist daher müßig zu versuchen, die Glaubwürdigkeit des politischen Gegners damit zu unterminieren, er handle nur aus machtpolitischen Interessen, wenn es tatsächlich überzeugende Argumente für diese Position gibt. Manchmal trifft es sich für die beteiligten Akteure auf glückliche Weise, dass sie die Durchsetzung eigener Interessen mit dem günstigen und starken „Rückenwind" guter moralischer Argumente vertreten können. Während sich die

---

40 Auch im Ausgleichsmodell der SPD von 2011 war bereits die Kompensationslösung auf letztlich dieselbe Weise integriert wie im neuen Gesetz.

Gegner der Überhangmandate immer auf normative Werte wie Fairness und Chancengleichheit berufen konnten, d. h. auf den Umstand, dass durch eine starke Verzerrung des Proporzes die Rechte der Wähler verletzt werden könnten bzw. eine „falsche Mehrheit" entstehen könnte, konnte man umgekehrt die Überhangmandate nie mit überzeugenden Argumenten als wünschenswerte Eigenschaft der personalisierten Verhältniswahl rechtfertigen.[41] Die Verteidigung der Überhangmandate basierte daher gewöhnlich auf dem Hinweis, dass die durch sie verursachte Störung als verfassungsrechtlich nicht schwerwiegend genug einzustufen sei, um gravierende Veränderungen des Wahlsystems zwingend notwendig zu machen. Diese im wörtlichen Sinn defensive Haltung zeigt sich auch dadurch, dass in den verschiedenen rechtlichen Auseinandersetzungen seit 1994 kein einziges Mal von den Befürwortern der Überhangmandate gefordert wurde, dass diese vollkommen unabhängig von dem Ausmaß ihres Vorkommens als unproblematisch zu bewerten seien.

Waren die Interessen der jeweiligen Parteien also auch in unterschiedlichem Maße offensiv mit werthaltigen Argumenten zu vertreten, so war es den Parteien dennoch mehr oder weniger problemlos möglich, ihre Politik von ihren Interessen bestimmen zu lassen. Dies änderte sich grundlegend mit den Verfassungsgerichtsurteilen von 2008 und 2012, die wiederum teilweise von zivilgesellschaftlichen Akteuren und damit „von außen" initiiert worden waren.

Keine Partei begründet ihre Wahlsystempolitik damit, dass sie ihren eigenen Interessen dient. Niemals hätte die Union ihre Präferenz für das Beibehalten der Überhangmandate öffentlich damit begründet, dass sie einen Vorteil davon habe.[42] Die Verfassungsgerichtsurteile zwangen alle Parteien, ihre Interessen nun im Rahmen zulässiger Rechtfertigungsmodelle zu formulieren bzw. schränkten ihre Präferenzen auf solche ein, deren Verfolgung sich mit guten Argumenten noch legitimieren ließ (vgl. Elster 1986). Die bedingungslose Verteidigung von Überhangmandaten war eine

---

[41] Allerdings kommen solche Rechtfertigungsversuche durchaus in der Literatur vor. So werden Überhangmandate gelegentlich als Prämie bezeichnet, die besonders erfolgreiche Parteien als Belohnung dafür erhalten sollen, dass sie besonders attraktive Kandidaten aufgestellt haben (Poschmann 1995; Papier 1996). Das Argument scheitert allerdings an der einfachen Beobachtung, dass Überhangmandate besonders dann anfallen, wenn die großen Parteien *weniger* erfolgreich sind (vgl. Grotz 2000b; Behnke 2003c). Auch ein anderer Rechtfertigungsversuch, der Überhangmandate als Belohnung für eine gelungene Koordination des Wahlverhaltens der Anhänger einer bestimmten Koalition ansieht (Pappi/Herrmann 2010), kann nicht überzeugen: Zum einen setzt er sich über verfassungsrechtliche Grundsätze hinweg (Meyer 2010: 33), zum anderen verletzt er das Prinzip der Chancengleichheit, weil nicht die Anhänger aller Parteien über solche strategischen Koordinationsmöglichen zur Erhöhung ihres Stimmgewichts verfügen (vgl. Behnke/Grotz 2011).

[42] Das faktische Verhalten der Union ließ sich gleichwohl in diese Richtung interpretieren. So gaben sowohl Bundesfinanzminister Wolfgang Schäuble als auch Bundestagspräsident Norbert Lammert (beide CDU) im Frühjahr 2009 ihrem Unbehagen Ausdruck, in die Bundestagswahl 2009 mit einem als verfassungswidrig erklärten Wahlgesetz zu ziehen, stießen aber mit diesen Äußerungen in ihrer eigenen Fraktion auf wenig Begeisterung.

unhaltbare Position; am Ende blieb der CDU/CSU nichts anderes übrig, als ihrer vollständigen Neutralisierung zuzustimmen.

Weiterführende Aufgaben

Deutschland

Behnke, J./Decker, F./Grotz, F./Vehrkamp, R./Weinmann, P. (2016). *Reform des Bundestagswahlsystems. Bewertungskriterien und Reformoptionen.* Gütersloh: Verlag Bertelsmann Stiftung.

Die Studie vergleicht unterschiedliche Handlungsoptionen, die für eine erneute Reform des Bundestagswahlsystems infrage kommen.
1. Warum ist das neue Wahlsystem zum Deutschen Bundestag von 2013 reformbedürftig?
2. Welcher Reformvorschlag erscheint Ihnen am besten geeignet zu sein? Wie realistisch ist es, dass es zu einer erneuten Reform kommt?

Großbritannien

Ahmed, A. (2013). The United Kingdom: Safeguarding the Reform Acts with SMP, in: Ahmed, A. (Hrsg.): *Democracy and the Politics of Electoral System Choice. Engineering Electoral Dominance.* Oxford: Oxford University Press, 117–138.

Das Buchkapitel untersucht die Reform des britischen Wahlsystems von 1884, die die einheitliche Schaffung von Einerwahlkreisen auf dem gesamten Wahlgebiet vorsah und damit den institutionellen Kern des „Westminster-Modells" begründete.
1. Welches Wahlsystem bestand vor 1884 und was waren die wichtigsten Gründe für die Einführung von Einerwahlkreisen?
2. Warum konnte sich das 1884 eingeführte Wahlsystem gegen andere Reformvorschläge durchsetzen? Inwieweit steht die ursprüngliche Intention, die mit der Schaffung der Einerwahlkreise verbunden war, im Gegensatz zu der heutigen Interpretation, die sie als zentrales Merkmal der „Mehrheitsdemokratie" (Arend Lijphart) begreift?

Frankreich

Renwick, A. (2010). France: the Recurrent Game of Electoral Reform, in: ders.: *The Politics of Electoral Reform. Changing the Rules of Democracy.* Cambridge: Cambridge University Press, 89–110.

Das Kapitel befasst sich mit der Wahlsystempolitik in Frankreich seit Ende des Zweiten Weltkriegs.
1. Welches waren die wichtigsten Initiativen zur Reform des französischen Wahlsystems zwischen 1945 und 2008?
2. Welche dieser Reforminitiativen wurden realisiert, welche nicht? Was waren die Bedingungen, dass eine geplante Wahlsystemreform tatsächlich umgesetzt werden konnte?

Polen

Benoit, K./Hayden, J. (2004). Institutional Change and Persistence: the Evolution of Poland's Electoral System, 1989–2001. *Journal of Politics* 66(2): 396–427.

Der Aufsatz untersucht die Gründe für die kontinuierlichen Veränderungen des polnischen Wahlsystems zwischen 1989 und 2001.
1. Welche theoretischen Ansätze führen die Autoren an, um Wahlsystemreformen zu erklären?
2. Welcher Ansatz kann die Wahlsystemreformen in Polen am besten erklären? Trifft er auf alle Reformen seit 1989 gleichermaßen zu? Ist Polen ein typischer Fall für die Wahlsystementwicklung in post-kommunistischen Ländern?

Mexiko

Díaz-Cayeros, A./Magaloni, B. (2004). Mexico: Designing Electoral Rules by a Dominant Party, in: Colomer, J. M. (Hrsg.): *The Handbook of Electoral System Choice*. Basingstoke: Palgrave Macmillan, 145–154.

Der Beitrag stellt die Entwicklung des mexikanischen Wahlsystems von Mitte der 1960er-Jahre bis zum Jahr 2000 dar.

1. Inwiefern kann der interessenbasierte Ansatz den mexikanischen Wahlsystemwechsel von 1994 für die Abgeordnetenkammer erklären? Inwieweit wurden auch wahlsystematische Regelungen für die Wahl des Senats bzw. des Staatspräsidenten in die Reform einbezogen? Welche Akteure konnten ihre Position durchsetzen und warum?
2. Haben sich die Nutzenerwägungen der politischen Akteure bei der Reform des Wahlsystems als zutreffend erwiesen? Welche „Fehlkalkulationen" gab es und wie bedeutsam waren diese für die politische Entwicklung Mexikos?

Südafrika

Reynolds, A. (2004). South Africa: Proportional Representation in the Puzzle to Stabilize Democracy, in: Colomer, J. M. (Hrsg.): *The Handbook of Electoral System Choice*. Basingstoke: Palgrave Macmillan, 440–450.

Der Beitrag stellt die Entstehung und Entwicklung des südafrikanischen Wahlsystems seit der demokratischen Transition von 1994 dar.

1. Aus Sicht des interessenbasierten Ansatzes erscheint der Konsens der politischen Eliten Südafrikas, reine Verhältniswahl einzuführen, als paradox. Worin besteht diese Paradoxie und wie lässt sich das Ergebnis der Wahlsystemgenese stattdessen erklären?
2. Obwohl reine Verhältniswahl in Südafrika nach wie vor unstrittig ist, kam in den 2000er-Jahren eine intensivere Debatte über die Reform des Wahlsystems auf. Welche Funktionsdefizite des Wahlsystems bemängelten die Kritiker und welche Reformoptionen standen diesbezüglich zur Diskussion?

Anhang: ausgewählte Fälle

Großbritannien

Direkt gewähltes Staatsorgan
House of Commons (Unterhaus; 650 Abgeordnete; 5jährige Legislaturperiode, wobei der Premierminister auch jederzeit früher Parlamentswahlen ansetzen kann).

Wahlrecht
Allgemeines, gleiches, direktes und geheimes Wahlrecht für Staatsbürger Großbritanniens, Irlands oder eines Commonwealth-Landes, die ihren Wohnsitz im Vereinigten Königreich haben. Das Mindestwahlalter beträgt 18 Jahre. Britische Staatsbürger, die ihren Wohnsitz seit weniger als 15 Jahren im Ausland haben, dürfen im Wahlkreis ihres letzten inländischen Wohnorts wählen. Häftlinge, Mitglieder des Oberhauses (House of Lords), Erzbischöfe und Bischöfe der Church of England dürfen nicht an der Unterhauswahl teilnehmen. Die Queen und ihre Familie haben das Wahlrecht, machen aber traditionell keinen Gebrauch davon.

Kandidaturbedingungen
Staatsbürger Großbritanniens, Irlands oder eines Commonwealth-Landes über 18 Jahre. Nicht kandidieren dürfen Häftlinge, Angestellte der Krone (Richter, Polizisten, Soldaten etc.) und Bankrotteure. Jeder Kandidat braucht mindestens 10 Unterschriften von im Wahlkreis registrierten Wählern und muss eine Kaution von £500 hinterlegen, die zurückgezahlt wird, wenn er über 5 % der Wahlkreisstimmen erhält.

Wahlsystem
Relative Mehrheitswahl in Einerwahlkreisen.

Quellen: Khadar, A. (2013). *Access to Electoral Rights: United Kingdom*. Florenz: European University Institute, EUDO Citizenship Observatory; Rose, R./Munro, N. (2010). United Kingdom, in: Nohlen, D./Stöver, P. (Hrsg.): *Elections in Europe. A Data Handbook*. Baden-Baden: Nomos, 2001–2034.

Frankreich

Direkt gewählte Staatsorgane
Präsident (5jährige Amtszeit; mehrfache Wiederwahlmöglichkeit bei maximal zwei aufeinanderfolgenden Perioden);
Assemblée Nationale (Erste Parlamentskammer; 577 Abgeordnete, davon 10 für die französischen Überseegebiete [*collectivités territoriales*] und 11 für Auslandsfranzosen; 5jährige Legislaturperiode).

Wahlrecht
Allgemeines, gleiches, direktes und geheimes Wahlrecht für Staatsbürger über 18 Jahre; Wahlmöglichkeit auch bei Wohnsitz im Ausland.

Kandidaturbedingungen
Präsident: Präsidentschaftskandidaten müssen Staatsbürger, über 18 Jahre alt und moralisch integer sein (*„font preuve de dignité morale"*). Erforderlich sind zudem Unterstützungsunterschriften von mindestens 500 Mitgliedern gewählter nationaler bzw. subnationaler Körperschaften aus mindestens 30 verschiedenen Départements bzw. Überseegebieten, wovon höchstens 10 % aus demselben Département bzw. Überseegebiet stammen dürfen.
Assemblée Nationale: Staatsbürger über 18 Jahre. Jeder Bewerber muss einen Ersatzkandidaten benennen. Mehrfachkandidaturen derselben Person in unterschiedlichen Wahlkreisen sind ausgeschlossen. Zudem dürfen Abgeordnete der Nationalversammlung kein anderes Mandat im Senat, im Europäischen Parlament sowie auf regionaler oder kommunaler Ebene innehaben.

Wahlsystem
Präsident: Absolute Mehrheitswahl (mit Stichwahl zwischen den beiden bestplatzierten Kandidaten 14 Tage nach dem ersten Wahlgang).
Assemblée Nationale: Absolute Mehrheitswahl in 577 Einerwahlkreisen. An einer erforderlichen Stichwahl können nur Kandidaten teilnehmen, die im ersten Wahlgang mehr als 12,5 % der Stimmen erhalten haben.

Quellen: Arrighi, J.-T. (2014). *Access to Electoral Rights: France*. Florenz: European University Institute, EUDO Citizenship Observatory; Nohlen, D. (2010c). France, in: Nohlen, D./Stöver, P. (Hrsg.): *Elections in Europe. A Data Handbook*. Baden-Baden: Nomos, 639–721.

Mexiko

Direkt gewählte Staatsorgane
Präsident (6jährige Amtszeit; keine Wiederwahlmöglichkeit);
Cámara de Diputados (Erste Parlamentskammer; 500 Abgeordnete; 3jährige Legislaturperiode; Wiederwahlmöglichkeit nach einer dazwischenliegenden Legislaturperiode);
Senado (Zweite Parlamentskammer; 128 Senatoren; 6jährige Legislaturperiode; Wiederwahlmöglichkeit nach einer dazwischenliegenden Legislaturperiode).
Präsidentschafts- und Parlamentswahlen werden gleichzeitig abgehalten. Die Cámara de Diputados wird zusätzlich in der Mitte der Legislaturperiode neu gewählt.

Wahlrecht
Allgemeines, gleiches, direktes und geheimes Wahlrecht für Staatsbürger über 18 Jahre mit einem „ehrenhaften Lebenswandel" (*„un modo honesto de vivir"*). Häftlinge müssen vom Obersten Wahlgericht rehabilitiert werden, um ihr Wahlrecht wiederzuerlangen. Wähler benötigen einen gesonderten Wahlausweis (*„credencial para votar con fotografía"*), der von der Obersten Wahlbehörde (INE) ausgestellt wird. Staatsbürger mit Wohnsitz im Ausland haben das Recht, an Präsidentschafts- und Senatswahlen teilzunehmen.
In Mexiko herrscht Wahlpflicht (ohne formale Sanktionen bei Nichtbefolgung).

Kandidaturbedingungen
Präsident: Staatsbürger von Geburt an, die mindestens 35 Jahre alt sind und nicht weniger als 20 Jahre in Mexiko gelebt haben, davon mindestens ein Jahr unmittelbar vor den Präsidentschaftswahlen. Priester jedweder Religionsgemeinschaft dürfen nicht kandidieren. Gleiches gilt für Personen im

aktiven Polizei- oder Militärdienst, der bis zu sechs Monate vor den Wahlen ausgeübt wurde, Staatssekretäre und Vizestaatssekretäre, den Generalstaatsanwalt sowie Gouverneure mexikanischer Gliedstaaten.

Cámara de Diputados: Staatsbürger von Geburt an und über 21 Jahre alt, die mindestens ein halbes Jahr unmittelbar vor den Parlamentswahlen in dem mexikanischen Staat bzw. Nachbarstaat gelebt haben, in dem die Kandidatur erfolgt. Priester jedweder Religionsgemeinschaft dürfen nicht kandidieren. Gleiches gilt für Personen im aktiven Polizei- oder Militärdienst, der bis zu sechs Monate vor den Wahlen ausgeübt wurde, Staatssekretäre und Vizestaatssekretäre, den Generalstaatsanwalt sowie Gouverneure mexikanischer Gliedstaaten. Von ein und derselben Partei können maximal 60 Kandidaten sowohl in Einerwahlkreisen als auch auf den regionalen Listen antreten. Unter den Kandidaten einer Partei müssen mindestens 40 % Frauen sein. Dies gilt sowohl für Wahlkreis- als auch für Listenkandidaten. In der Rangfolge einer Parteiliste müssen sich bei jeweils fünf Kandidaten männliche und weibliche Bewerber abwechseln. Von den Gender-Quoten sind diejenigen Parteien ausgenommen, die ihre Kandidaten per Urwahl bestimmen.

Senado: Staatsbürger von Geburt an, über 25 Jahre, die mindestens ein halbes Jahr unmittelbar vor den Parlamentswahlen in dem mexikanischen Staat bzw. Nachbarstaat gelebt haben, in dem die Kandidatur erfolgt. Priester jedweder Religionsgemeinschaft dürfen nicht kandidieren. Gleiches gilt für Personen im aktiven Polizei- oder Militärdienst, der bis zu sechs Monate vor den Wahlen ausgeübt wurde, Staatssekretäre und Vizestaatssekretäre, den Generalstaatsanwalt sowie Gouverneure mexikanischer Gliedstaaten. Parteien treten mit Zweierlisten in den Dreierwahlkreisen und einer nationalen Liste im nationalen Wahlkreis an (s. unten). Unter den Kandidaten einer Partei müssen mindestens 40 % Frauen sein. Dies gilt sowohl für die Wahlkreis- als auch für die Listenkandidaten. In der Rangfolge einer Parteiliste müssen sich bei jeweils fünf Kandidaten männliche und weibliche Bewerber abwechseln. Von den Gender-Quoten sind diejenigen Parteien ausgenommen, die ihre Kandidaten per Urwahl bestimmen.

Wahlsystem
Präsident: Relative Mehrheitswahl.

Cámara de Diputados: Grabensystem. Jeder Wähler verfügt über eine Stimme, mit der sowohl die 300 Wahlkreisabgeordneten nach relativer Mehrheit als auch die 200 restlichen Abgeordneten nach Verhältniswahl mit starren Listen nach dem einfachen Wahlzahlverfahren (Hare mit größtem Überrest) in fünf regionalen Mehrpersonenwahlkreisen (mit jeweils 40 Mandaten) gewählt werden. An der Verteilung der Verhältniswahlmandate werden nur diejenigen Parteien beteiligt, die jeweils in mindestens 200 der 300 Einerwahlkreise Kandidaten aufgestellt und zugleich mehr als 3 % der gültigen Zweitstimmen auf nationaler Ebene erhalten haben. Zusätzlich gibt es zwei Sonderregelungen: (a) Damit eine verfassungsändernde Mehrheit einer Partei verhindert wird, kann keine Partei insgesamt mehr als 300 Abgeordnetensitze erhalten. (b) Zudem darf die Differenz zwischen dem nationalen Stimmenanteil einer Partei und ihrem Anteil an den Gesamtmandaten nicht mehr als acht Prozentpunkte betragen. Sollte es zu einer Mandatsreduktion einer Partei aufgrund dieser Sonderregelungen kommen, so werden die frei werdenden Mandate proportional unter den übrigen Parteien verteilt, die Listenmandate erhalten haben. Die Differenzregel wird nicht angewandt, wenn der erhöhte Anteil an den Gesamtmandaten den Mandatsgewinnen in den Einerwahlkreisen geschuldet ist.

Senado: Mehrheitswahl mit Minderheitenvertretung und nationaler Proporzliste. Jeder Wähler hat eine Stimme. 96 der 128 Senatoren werden in 32 Dreierwahlkreisen gewählt, die mit den 32 mexikanischen Gliedstaaten identisch sind. Jeweils zwei der drei Mandate gehen an die Partei, die die meisten Wahlkreisstimmen gewonnen hat, das dritte Mandat geht an die zweitstärkste Partei. Die restlichen 32 Senatsmandate werden in einem nationalen Wahlkreis proportional nach einfachem Wahlzahlverfahren auf die nationalen Parteilisten verteilt.

Quellen: Nohlen, D. (2005). Mexico, in: Nohlen, D. (Hrsg.): *Elections in the Americas. A Data Handbook*. Vol. 1. Oxford: Oxford University Press, 439–478; Pendroza, L. (2015): *Access to Electoral Rights: Mexico*. Florenz: European University Institute, EUDO Citizenship Observatory; Reynoso Núñez, J. (2015). Das mexikanische Wahlsystem und seine Reformen, in: Schröter, B. (Hrsg.): *Das politische System Mexikos*. Wiesbaden: Springer VS, 215–226.

Deutschland

Direkt gewähltes Staatsorgan
Deutscher Bundestag (598 Abgeordnete; 4jährige Legislaturperiode).

Wahlrecht
Allgemeines, gleiches, direktes und geheimes Wahlrecht für Staatsbürger über 18 Jahre. Politische Straftäter (z.B. Hochverrat, Wahlbetrug) können ihr Wahlrecht für einen begrenzten Zeitraum verlieren, wenn ein Gericht entsprechend entscheidet. Wahlberechtigt sind auch Staatsbürger mit ausländischem Wohnsitz, die nach Vollendung ihres 14. Lebensjahres für mindestens drei Monate ununterbrochen in der Bundesrepublik gelebt haben und dies nicht länger als 25 Jahre zurückliegt oder wenn sie nachweislich aus anderen Gründen persönlich und unmittelbar mit den politischen Verhältnissen in der Bundesrepublik vertraut geworden und von ihnen betroffen sind.

Kandidaturbedingungen
Staatsbürger über 18 Jahre. Straftätern, die zu einer Haft von mehr als einem Jahr verurteilt wurden, wird das passive Wahlrecht für einen Zeitraum von fünf Jahren entzogen. Kandidaturen sind entweder für eine Partei (Einerwahlkreise und Landeslisten) oder als Unabhängige (Einerwahlkreise) möglich. Parallele Kandidaturen als Wahlkreis- und Listenkandidat sind zulässig. Landeslisten können nur von Parteien eingereicht werden. Wahlkreiskandidaturen müssen von mindestens 200 im Wahlkreis registrierten Wählern per eigenhändiger Unterschrift unterstützt werden. Landeslisten benötigen Unterstützungsunterschriften von mindestens 1/1000 der Wahlberechtigten des Landes bei der letzten Bundestagswahl oder mindestens 2.000 Wahlberechtigten. Parteien, die im Deutschen Bundestag oder einem Landtag seit deren letzter Wahl ununterbrochen mit mindestens fünf Abgeordneten vertreten waren, müssen keine Unterstützungsunterschriften vorweisen.

Wahlsystem
Personalisierte Verhältniswahl. Jeder Wähler verfügt über zwei Stimmen, die unabhängig voneinander vergeben werden können und die auch ihrer Bedeutung nach unterschiedlich sind.
Mit der Erststimme kann der Wähler einen der Kandidaten im Wahlkreis wählen. Gewählt ist der Kandidat, der eine relative Mehrheit an Erststimmen erhält. Auf diese Weise werden die Mandate in den insgesamt 299 Wahlkreisen vergeben. Die siegreichen Kandidaten ziehen unmittelbar in den Deutschen Bundestag ein, ihre Sitze werden daher auch als „Direktmandate" bezeichnet.
Die Zweitstimmen, die auf starren Parteilisten vergeben werden, entscheiden dagegen über die parteipolitische Zusammensetzung des gesamten Bundestages, die nach Proporzprinzip auf Bundesebene ermittelt wird. An dieser Mandatsverteilung nehmen nur die Parteien teil, die mehr als 5 % der nationalen Zweitstimmen oder mindestens drei Direktmandate erhalten haben. Parteien nationaler Minderheiten sind von beiden Sperrklauseln ausgenommen. Da die Direktmandate einer Partei auf deren gewonnene Listenmandate angerechnet werden und im Fall von mehr Direkt- als Listenmandaten für eine Partei ein vollständiger Mandatsausgleich für die anderen Parlamentsparteien vorgesehen ist (s. unten), haben die nach Mehrheitswahl vergebenen Direktmandate keinen Einfluss

auf die parteipolitische Zusammensetzung des Parlaments, sondern dienen lediglich der (partiellen) „Personalisierung" der nach Verhältniswahl vergebenen Gesamtmandate.

Die Ermittlung der Mandatsanteile erfolgt in mehreren Schritten.

1. Ausgangsverteilung: Vor der Wahl werden die insgesamt zu vergebenden 598 Bundestagsmandate auf die 16 deutschen Länder nach dem Sainte-Laguë-Verfahren proportional zur jeweiligen Bevölkerung verteilt. Innerhalb dieser „geschlossenen" Länderwahlgebiete werden die Mandate dann nach Zweitstimmenanteilen nach dem Sainte-Laguë-Verfahren denjenigen Parteien zugewiesen, die an der Sitzverteilung teilnehmen. Der Mandatsanspruch einer Partei in einem Bundesland errechnet sich als das Minimum aus der Anzahl der in diesem Bundesland errungenen Direktmandate und der Anzahl der Mandate, die sie nach dem Proporzverfahren erhalten hat. Diese Ausgangszahlen für die weiteren Berechnungen werden daher auch als *Mindestzahlen* bezeichnet. Durch Aufsummierung der Mindestzahlen in den einzelnen Bundesländern ergibt sich die Mandatsanzahl, die die einzelnen Parteien bundesweit *mindestens* erhalten müssen.

2. Oberverteilung: Die zweite Stufe dient der Herstellung des bundesweiten Proporzes zwischen den Parteien in Bezug auf ihre Zweitstimmenergebnisse (Mandatsausgleich). Dazu wird die Gesamtzahl der Sitze so lange erhöht, bis jeder Partei proportional zu ihren Zweitstimmen (ebenfalls nach dem Sainte-Laguë-Verfahren) mindestens so viele Sitze zugewiesen werden, wie ihr nach Schritt (1) bundesweit zustehen. Der Ausgleich orientiert sich somit an der Partei, die in der Ausgangsverteilung am stärksten überrepräsentiert ist.

3. Unterverteilung: Das Sitzkontingent einer Partei aus der Oberverteilung wird nun entsprechend den Zweitstimmen auf die Landeslisten der Partei nach Sainte-Laguë proportional verteilt. Allerdings erhält die Partei in jedem Bundesland mindestens so viele Sitze, wie sie dort Direktmandate errungen hat. Es kann daher sein, dass die Menge der proportional zu vergebenden Sitze vorzeitig erschöpft ist, dass eine Partei also in einem Bundesland mehr Mandate in Form der Direktmandate erhält, als ihr dort nach dem Proporzverfahren zustehen würden, während die Partei in anderen Bundesländern nicht so viele Sitze erhält, wie ihr dort proportional zustehen würden. In Bezug auf die neue Parlamentsgröße, die durch den Ausgleich festgelegt ist, kommt es damit zu einer Art von Überhangmandaten, die gewissermaßen durch die nicht vergebenen Listenmandate in den Bundesländern kompensiert werden, in denen es zu einem vorzeitigen Stopp der Sitzvergabe kommt. Die Listenmandate, die einer Partei in einem Land zustehen, werden entsprechend der Kandidatenreihenfolge auf der Liste vergeben, wobei in Wahlkreisen erfolgreiche Kandidaten übersprungen werden.

Quellen: Behnke, J. (2014). *Das neue Wahlgesetz im Test der Bundestagswahl 2013. Zeitschrift für Parlamentsfragen* 45(1): 17–37. Pendroza, L. (2013). *Access to Electoral Rights: Germany.* Florenz: European University Institute, EUDO Citizenship Observatory.

Polen

Direkt gewählte Staatsorgane
Präsident (5jährige Amtszeit; einmalige Wiederwahlmöglichkeit);
Sejm (Erste Parlamentskammer; 460 Abgeordnete; 4jährige Legislaturperiode);
Senat (Zweite Parlamentskammer; 100 Senatoren; 4jährige Legislaturperiode; gleichzeitige Wahl mit Sejm).

Wahlrecht
Allgemeines, gleiches, direktes und geheimes Wahlrecht für Staatsbürger über 18 Jahre; Wahlmöglichkeit auch bei Wohnsitz im Ausland.

Kandidaturbedingungen
Präsident: Staatsbürger über 35 Jahre; 100.000 Unterschriften von registrierten Wählern.
Sejm: Staatsbürger über 21 Jahre; 5.000 Unterschriften von registrierten Wählern für jede Wahlkreisliste in mindestens 50 % aller Wahlkreise (Ausnahme: nationale Minderheiten); Mehrfachkandidaturen derselben Person in unterschiedlichen Wahlkreisen und bei Senatswahlen sind ausgeschlossen.
Senat: Staatsbürger über 30 Jahre; 2.000 Unterschriften von registrierten Wählern für jeden Kandidaten in mindestens 50 % aller Wahlkreise (Ausnahme: nationale Minderheiten); Mehrfachkandidaturen derselben Person in unterschiedlichen Wahlkreisen und bei Sejmwahlen sind ausgeschlossen.

Wahlsystem
Präsident: Absolute Mehrheitswahl (mit Stichwahl zwischen den beiden bestplatzierten Kandidaten 14 Tage nach dem ersten Wahlgang).
Sejm: Verhältniswahl in 41 mittleren und großen Wahlkreisen (zwischen 7 und 20 Mandaten). An der Sitzverteilung in den Wahlkreisen nehmen nur Parteien teil, die über 5 % der nationalen Stimmen erhalten haben (8 % für Wahlkoalitionen aus mehreren Parteien); Parteien nationaler Minderheiten sind von der Sperrklausel ausgenommen. Wähler haben eine Stimme für einen Listenkandidaten (Personalstimme). Die Mandatszuteilung innerhalb einer Liste erfolgt nach der Anzahl der jeweiligen Personalstimmen.
Senat: Relative Mehrheitswahl in 100 Einerwahlkreisen.

Quellen: Korzec, P./Pudzianowska, D. (2013). *Access to Electoral Rights: Poland.* Florenz: European University Institute, EUDO Citizenship Observatory; Materska-Sosnowka, A. (2010). Poland, in: Nohlen, D./Stöver, P. (Hrsg.): *Elections in Europe. A Data Handbook.* Baden-Baden: Nomos, 1471–1524; Senat Rzeczypospolitej Polskiej (https://www.senat.gov.pl, letzter Aufruf: 16.07.2016).

Südafrika

Direkt gewähltes Staatsorgan
National Assembly (Erste Parlamentskammer; 400 Abgeordnete; 5jährige Legislaturperiode).

Wahlrecht
Allgemeines, gleiches, direktes und geheimes Wahlrecht für Staatsbürger über 18 Jahre. Voraussetzung ist die Eintragung ins nationale Wählerregister, die jeder Bürger bei seiner Kommunalverwaltung vornehmen kann. Bei Umzug ist eine erneute Registrierung erforderlich. Staatsbürger, die ihren Wohnsitz außerhalb Südafrikas haben, dürfen ebenfalls wählen, wenn sie sich zuvor in einer diplomatischen Vertretung registrieren lassen.

Kandidaturbedingungen
Staatsbürger über 18 Jahre. Nicht kandidieren dürfen der Staatspräsident, Mitglieder des Senats, von Provinzparlamenten und Kommunalvertretungen sowie Personen, die im Staatsdienst stehen. Straftäter, die zu einer Haft von mehr als einem Jahr verurteilt wurden, dürfen fünf Jahre lang nicht für die National Assembly kandidieren. Wahllisten können nur von politischen Parteien aufgestellt

werden, die aufgrund des Electoral Act ordnungsgemäß registriert sind. Für eine Wahlteilnahme muss eine Partei eine Kaution von 200.000 Rand hinterlegen, die ihr zurückerstattet wird, wenn sie mindestens einen Sitz gewonnen hat. Parteien können sich für regionale, nationale oder beide Formen von Listen entscheiden. Alle Listen einer Partei dürfen insgesamt nicht mehr Kandidaten haben als Mandate zu vergeben sind (400).

Wahlsystem
Reine Verhältniswahl. Jeder Wähler hat eine Stimme für eine starre Parteiliste. Die Sitzzuteilung erfolgt auf zwei Ebenen. (1) 200 der 400 Mandate werden in 9 Mehrpersonenwahlkreisen (Wahlkreisgröße zwischen 5 und 39 Mandate) vergeben, die territorial mit den Provinzen des Landes identisch sind. Die Verrechnung erfolgt proportional mittels der STV-Droop quota (Stimmen/(Sitze +1) +1) und der Methode des größten Überrestes. (2) Die Gesamtanzahl der Mandate wird auf nationaler Ebene nach demselben Verrechnungsverfahren ermittelt. Die auf der ersten Ebene ermittelten Mandate einer Partei werden dann von ihren nationalen Gesamtmandaten abgezogen. Noch nicht vergebene Mandate werden schließlich durch die nationale Parteiliste besetzt. Sollte eine Partei keine nationale Liste aufgestellt haben, so werden ihre Restmandate durch Kandidaten ihrer regionalen Listen proportional zu Schritt (1) aufgefüllt.

Quellen: Engel, U. (1999). South Africa, in: Nohlen, D./Krennerich, M./Thibaut, B. (Hrsg.): *Elections in Africa. A Data Handbook*. Oxford: Oxford University Press, 817–842; Gouws, A. /Mitchell, P. (2005). South Africa: Party Dominance Despite Perfect Proportionality, in: Gallagher, M./ Mitchell, P. (Hrsg.): *The Politics of Electoral Systems*. Oxford: Oxford University Press, 353–373.

Literaturverzeichnis

Ahmed, A. (2013). *Democracy and the Politics of Electoral System Choice. Engineering Electoral Dominance.* Oxford: Oxford University Press.

Aldrich, J. (1993). Rational Choice and Turnout. *American Journal of Political Science* 37(1): 246–278.

Anderson, M. L. (2000). *Practicing Democracy. Elections and Political Culture in Imperial Germany.* Princeton: Princeton University Press.

Arrighi, J. T. (2014). *Access to Electoral Rights: France.* Florenz: European University Institute, EUDO Citizenship Observatory.

Balinski, M. L./Young, H. P. (1982). *Fair Representation. Meeting the Ideal of One Man, One Vote.* New Haven: Yale University Press.

Barber, B. (1994). *Starke Demokratie. Über die Teilhabe am Politischen.* Berlin: Rotbuch-Verlag.

Barkan, J./Okumu, J. J. (1978). ‚Semi-Competitive' Elections, Clientelism, and Political Recruitment in a No-Party State: The Kenyan Experience, in: Hermet, G. (Hrsg.): *Elections without Choice.* London u.a.: Macmillan, 88–107.

Bauböck, R. (2005). Expansive Citizenship – Voting Beyond Territory and Membership. *PS: Political Science and Politics* 38(4): 683–687.

Behnke, J. (2002a). *„Normale" Überhangmandate und der Kontext ihrer Entstehung.* Bamberger Beiträge zur Politikwissenschaft I–3 (http://www.uni-bamberg.de/fileadmin/uni/fakultaeten/sowi_faecher/politik/BBPI/BBP-I-3.pdf, letzter Aufruf: 14.7.2016).

Behnke, J. (2002b). *Bundestagswahl 2002. Die Bombe tickt weiter: Das immer noch existierende Problem der Überhangmandate und mögliche Lösungen.* Bamberg: Bamberger Beiträge zur Politikwissenschaft (https://www.researchgate.net/publication/270339492_Bundes-tagswahl_2002_Die_Bombe_tickt_weiter_Das_immer_noch_existierende_Problem_der_berhangmandate_und_mgliche_Lsungen, letzter Aufruf: 08.02.2016).

Behnke, J. (2003a). Ein integrales Modell der Ursachen von Überhangmandaten. *Politische Vierteljahresschrift* 44(1): 41–65.

Behnke, J. (2003b). Von Überhangmandaten und Gesetzeslücken. *Aus Politik und Zeitgeschichte* B52: 21–28.

Behnke, J. (2003c). Überhangmandate: Ein (behebbarer) Makel im institutionellen Design des Wahlsystems. *Zeitschrift für Politikwissenschaft* 13(3): 1235–1269.

Behnke, J. (2007). *Das Wahlsystem der Bundesrepublik Deutschland. Logik, Technik und Praxis der Verhältniswahl.* Baden-Baden: Nomos.

Behnke, J. (2008). Strategisches Wählen bei der Nachwahl in Dresden zur Bundestagswahl 2005. *Politische Vierteljahresschrift* 49(4): 695–720.

Behnke, J. (2009). Simulation in der Politikwissenschaft, in: Schnapp, K.-U./Behnke, N./Behnke, J. (Hrsg.): *Datenwelten. Datenerhebung und Datenbestände in der Politikwissenschaft.* Baden-Baden: Nomos, 174–195.

Behnke, J. (2010a). Überhangmandate bei der Bundestagswahl 2009 – das ewige Menetekel. *Politische Vierteljahresschrift* 51(3): 531–552.

Behnke, J. (2010b). Überhangmandate und negatives Stimmgewicht: Zweimannwahlkreise und andere Lösungsvorschläge. *Zeitschrift für Parlamentsfragen* 41(2): 247–260.

Behnke, J. (2013a). Wozu Wahlen?, in: Nassehi, A. (Hrsg.): *Kursbuch 174. Richtig Wählen.* Hamburg: Osburg Verlag, 9–24.

Behnke, J. (2013b). *Entscheidungs- und Spieltheorie.* Baden-Baden: Nomos.

Behnke, J. (2014). Das neue Wahlgesetz im Test der Bundestagswahl 2013. *Zeitschrift für Parlamentsfragen* 45(1): 17–37.

Behnke, J. (2015a). Der Einfluss der Kenntnis des Wahlsystems auf das Wahlverhalten: Weil sie nicht wissen, was sie tun, tun sie, was sie nicht wollen? *Zeitschrift für Parlamentsfragen* 46(3): 588–607.

Behnke, J. (2015b). Strategisches Wählen und Wahlabsprachen unter den Bedingungen des neuen Wahlrechts, in: Münch, U./Oberreuter, H. (Hrsg.): *Die neue Offenheit. Wahlverhalten und Regierungsoptionen im Kontext der Bundestagswahl 2013*. Frankfurt/New York: Campus, 117–136.

Behnke, J. (2015c). Die Spielregeln der Konstruktion von Spielregeln – Das Beispiel der Wahlrechtsdebatte. *Zeitschrift für Politische Theorie* 6(1): 3–18.

Behnke, J./Bader, F. (2013). Sophistiziertes Wählen bei der Bundestagswahl 2009 – gibt es diesbezügliche Anzeichen für Lerneffekte?, in: Weßels, B./Schoen, H./Gabriel, O. W. (Hrsg.): *Wahlen und Wähler. Analysen aus Anlass der Bundestagswahl 2009*. Wiesbaden: VS Verlag, 249–268.

Behnke, J./Baur, N./Behnke, N. (2010). *Empirische Methoden der Politikwissenschaft*. 2. Auflage. Paderborn u.a.: Schöningh.

Behnke, J./Decker, F./Grotz, F./Vehrkamp, R./Weinmann, P. (2016): *Reform des Bundestagswahlsystems. Bewertungskriterien und Reformoptionen*. Gütersloh: Verlag Bertelsmann Stiftung.

Behnke, J./Grotz, F. (2011). Das Wahlsystem zwischen normativer Begründung, empirischer Evidenz und politischen Interessen. Ein Kommentar zu Gerd Strohmeier sowie Franz Urban Pappi und Michael Herrmann. *Zeitschrift für Parlamentsfragen* 42(2): 426–432.

Bendel, P./Croissant, A./Rüb, F. (Hrsg.) (2002): *Zwischen Diktatur und Demokratie. Zur Konzeption und Empirie demokratischer Grauzonen*. Opladen: Leske + Budrich.

Benoit, K. (2004). Models of Electoral System Change. *Electoral Studies* 23(3): 363–389.

Benoit, K./Hayden, J. (2004). Institutional Change and Persistence: the Evolution of Poland's Electoral System, 1989–2001. *Journal of Politics* 66(2): 396–427.

Berg-Schlosser, D. (2009). Long Waves and Conjunctures of Democratization, in: Haerpfer, C./Bernhagen, P./Inglehart, R./Welzel, C. (Hrsg.): *Democratization*. Oxford: Oxford University Press, 41–54.

Birch, S. (2009). *Full Participation: A Comparative Study of Compulsory Voting*. Tokyo u. a.: UN University Press.

Birch, S. (2011). *Electoral Malpractice*. Oxford: Oxford University Press.

Birch, S./Millard, F./Popescu, M./Williams, K. (2002). *Embodying Democracy. Electoral System Design in Post-Communist Europe*. Basingstoke: Palgrave.

Bird, K. (2014). Ethnic Quotas and Ethnic Representation Worldwide. *International Political Science Review* 35(1): 12–26.

Blais, A./Loewen, P. J. (2009). The French Electoral System and its Effects. *West European Politics* 32(2): 345–359.

Blais, A./Massicotte, L. (1997). Electoral Formulas. A Macroscopic Perspective. *European Journal of Political Research* 32(1): 107–129.

Blais, A./Massicotte, L./Dobrzynska, A. (1997). Direct Presidential Elections: A World Summary. *Electoral Studies* 16(4): 441–455.

Blais, A./Massicotte, L./Yoshinaka, A. (2001). Deciding Who Has the Right to Vote: A Comparative Analysis of Elections Laws. *Electoral Studies* 20(1): 41–62.

Bland, G./Green, A./Moore, T. (2013). Measuring the Quality of Election Administration. *Democratization* 20(2): 358–377.

Blatter, J./Janning, F./Wagemann, C. (2007). *Qualitative Politikanalyse. Eine Einführung in Forschungsansätze und Methoden*. Wiesbaden: VS Verlag.

Blau, A. (2004). Fairness and Electoral Reform. *British Journal of Politics and International Relations* 6(2): 165–181.

Bochsler, D. (2012). A Quasi-Proportional Electoral System 'Only for Honest Men'? The Hidden Potential for Manipulating Mixed Compensatory Electoral Systems. *International Political Science Review* 33(4): 401–420.

Boda, M. D. (2005). *Revisiting Free and Fair*. Geneva: Inter-Parliamentary Union.

Bogdanor, V. (1997). First-Past-The-Post: An Electoral System Which is Difficult to Defend. *Representation* 34(2): 80–83.

Boix, C. (1999). Setting the Rules of the Game: The Choice of Electoral Systems in Advanced Democracies. *American Political Science Review* 93(3): 609–624.

Brownlee, J. (2011). Executive Elections in the Arab World: When and How Do They Matter? *Comparative Political Studies* 44(7): 807–828.

Buchanan, J. M. (1984). Politics without Romance: A Sketch of Positive Public Choice Theory and its Normative Implications, in: Buchanan, J. M/Tollison, R. D. (Hrsg.): *The Theory of Public Choice*. Vol II. Ann Arbor: University of Michigan Press, 11–22.

Bücking, H. J. (1998). Der Streit um Grundmandatsklausel und Überhangmandate, in: Jesse, E./Löw, K. (Hrsg.): *Wahlen in Deutschland*. Berlin: Duncker & Humblot, 141–216.

Bundeswahlleiter (2014). *Pressekonferenz „Repräsentative Wahlstatistik zur Bundestagswahl 2013" am 28. Januar 2014 in Berlin. Statement des Bundeswahlleiters Roderich Egeler* (http://www.bundeswahlleiter.de/de/bundestagswahlen/BTW_BUND_13/veroeffentlichungen/repraesentative/BTW13_reprStat_Pressestatement.pdf, letzter Aufruf: 22.07.2016).

Bytzek, E. (2013). Koalitionspräferenzen, Koalitionswahl und Regierungsbildung, in: Weßels, B./Schoen, H./Gabriel, O.W. (Hrsg.): *Wahlen und Wähler. Analysen aus Anlass der Bundestagswahl 2009*. Wiesbaden: VS Verlag, 231–248.

Caciagli, M. (2010). Italy, in: Nohlen, D./Stöver, P. (Hrsg.): *Elections in Europe. A Data Handbook*. Baden-Baden: Nomos, 1027–1100.

Calingaert, D. (2006). Election Rigging and How to Fight It. *Journal of Democracy* 17(3): 138–151.

Caramani, D. (2003). The End of Silent Elections: The Birth of Electoral Competition, 1832-1915. *Party Politics* 9(4): 411–443.

Caramani, D./Grotz, F. (2015). Beyond Citizenship and Residence? Exploring the Extension of Voting Rights in the Age of Globalization. *Democratization* 22(5): 799–819.

Clark, W. R./Golder, M./Golder, S. N. (2013). *Principles of Comparative Politics*. 2. Auflage. Los Angeles: Sage/CQ Press.

Collard, S. (2013). The Expatriate Vote in the French Presidential and Legislative Elections of 2012: A Case of Unintended Consequences. *Parliamentary Affairs* 66(1): 213–233.

Collier, P. (2009). *Gefährliche Wahl. Wie Demokratisierung in den ärmsten Ländern der Erde gelingen kann*. München: Siedler.

Colomer, J. M. (Hrsg.) (2004a). *Handbook of Electoral System Choice*. Houndmills: Palgrave Macmillan.

Colomer, J. M. (2004b). The Strategy and History of Electoral System Choice, in: Colomer, J. M. (Hrsg.): *Handbook of Electoral System Choice*. Houndmills: Palgrave, 3–78.

Colomer, J. M. (Hrsg.) (2011). *Personal Representation. The Neglected Dimension of Electoral Systems*. Colchester: ECPR Press.

Commonwealth Observer Group (1993). *The Presidential, Parliamentary and Civic Elections in Kenya, 29 December 1992. The Report of the Commonwealth Observer Group*. London: Commonwealth Secretariat.

Cox, G. W. (1997). *Making Votes Count. Strategic Coordination in the World's Electoral Systems*. Cambridge: Cambridge University Press.

Curtice, J. (2015). A Return to Normality? How the Electoral System Operated. *Parliamentary Affairs* 68 (Supplement 1): 25–40.

Dahl, R. A. (1971). *Polyarchy: Participation and Opposition*. New Haven: Yale University Press.

Dahl, R. A. (1989). *Democracy and its Critics*. New Haven: Yale University Press.

Davies-Roberts, A./Carroll, D. J. (2014). Assessing Elections, in: Norris, P./Frank, R. W./Martinez I Coma, F. (Hrsg.): *Advancing Electoral Integrity*. Oxford: Oxford University Press, 18–33.

De Visser, J./Steytler, N. (2016): *Electing Councillors. A Guide to Municipal Elections*. Cape Town: Dullah Omar Institute (http://www.fes-southafrica.org/fes/electing-councillors-a-guide-to-municipal-elections/, letzter Aufruf: 15.07.2016).

Decker, F. (2016). Ist die Fünf-Prozent-Sperrklausel noch zeitgemäß? Verfassungsrechtliche und -politische Argumente für die Einführung einer Ersatzstimme bei Landtags- und Bundestagswahlen. *Zeitschrift für Parlamentsfragen* 47(2): 460–471.

Dehmel, N./Jesse, E. (2013). Das neue Wahlgesetz zur Bundestagswahl 2013. Eine Reform der Reform der Reform ist unvermeidlich. *Zeitschrift für Parlamentsfragen* 44(1): 201–213.

Díaz-Cayeros, A./Magaloni, B. (2001). Party Dominance and the Logic of Electoral Design in Mexico's Transition to Democracy. *Journal of Theoretical Politics* 13(3): 271–293.

Díaz-Cayeros, A./Magaloni, B. (2004). Mexico: Designing Electoral Rules by a Dominant Party, in: Colomer, J. M. (Hrsg.): *The Handbook of Electoral System Choice*. Basingstoke: Palgrave Macmillan, 145–154.

Donno, D./Roussias, N. (2011). Does Cheating Pay? The Effect of Electoral Misconduct on Party Systems. *Comparative Political Studies* 45(5): 575–605.

Downs, A. (1957). *An Economic Theory of Democracy*. New York: Harper & Brothers.

Dummett, M. (1997). *Principles of Electoral Reform*. Oxford: Oxford University Press.

Dunleavy, P./Margetts, H. (2004). How Proportional are the ‚British AMS' Systems? *Representation* 40(4): 316–328.

Duverger, M. (1959). *Die politischen Parteien*. Tübingen: Mohr (frz. zuerst 1951).

Eisenstadt, T. (2004). Catching the State Off Guard: Electoral Courts, Campaign Finance and Mexico's Separation of State and Ruling Party. *Party Politics* 10(6): 723–745.

Electoral Institute of Southern Africa (2008). *EISA Election Observer Mission Report Zimbabwe 2008*. Johannesburg: EISA.

Electoral Task Team (2003). *Report of the Electoral Task Team*. Cape Town: Government Printer (http://www.gov.za/documents/electoral-task-team-report, letzter Aufruf: 05.06.2016).

Elgie, R. (2005). France: Stacking the Deck, in: Gallagher, M./Mitchell, P. (Hrsg.): *The Politics of Electoral Systems*. Oxford: Oxford University Press, 119–136.

Elklit, J./Reynolds, A. (2005). A Framework for the Systematic Study of Election Quality. *Democratization* 12(2): 147–162.

Elklit, J./Svensson, P. (1997). What Makes Elections Free and Fair? *Journal of Democracy* 8(3): 32–46.

Elster, J. (1986). The Market and the Forum: Three Varieties of Political Theory, in: Elster, J./Hylland, A. (Hrsg.): *Foundations of Social Choice Theory*. Cambridge: Cambridge University Press, 103–132.

Elster, J. (1999). Accountability in Athenian Politics, in: Przeworski, A./Stokes, S. C./Manin, B. (Hrsg.): *Democracy, Accountability, and Representation*. Cambridge: Cambridge University Press, 253–278.

Engel, U. (1999). South Africa, in: Nohlen, D./Krennerich, M./Thibaut, B. (Hrsg.): *Elections in Africa. A Data Handbook*. Oxford: Oxford University Press, 817–842.

Esping-Andersen, G. (1990): *The Three Worlds of Welfare Capitalism*. Princeton: Princeton University Press.

European Commission (2008a). *Compendium of Standards for Elections*. London: NEEDS.

European Commission (2008b). *Handbook for Europe Union Election Observation*. 2nd Edition. London: NEEDS.

Evrensel, A. (2010). *Voter Registration in Africa: A Comparative Analysis*. Johannesburg: EISA.

Faas, T./Huber, S. (2015). Haben die Demoskopen die FDP aus dem Bundestag vertrieben? Ergebnisse einer experimentellen Studie. *Zeitschrift für Parlamentsfragen* 46(4): 746–759.

Falter, J. W./Schoen, H. (Hrsg.) (2014). *Handbuch Wahlforschung*. 2. Auflage. Wiesbaden: VS Verlag.

Farrell, D. M. (2011). *Electoral Systems. A Comparative Introduction*. Houndmills: Palgrave.

Faure, M./Venter, A. (2003). Electoral Systems and Accountability: A Proposal for Electoral Reform in South Africa, in: Konrad-Adenauer-Stiftung (Hrsg.): *Electoral Models for South Africa*. Johannesburg: KAS (http://www.kas.de/wf/doc/kas_4851-544-2-30.pdf, letzter Aufruf: 23.06.2016).

Ferrara, F./Herron, E. S./Nishikawa, M. (2005): *Mixed Electoral Systems. Contamination and its Consequences*. New York: Palgrave Macmillan.

Fiorina, M. P. (1981). *Retrospective Voting in American National Elections*. New Haven/London: Yale University Press.

Fisher, S. L. (1973). The Wasted Vote Thesis. *Comparative Politics* 5: 293–299.

Fortin-Rittberger, J. (2014). The Role of Infrastructural and Coercive State Capacity in Explaining Different Types of Electoral Fraud. *Democratization* 21 (1): 95–117.

Fournier, P./van der Kolk, H./Blais, A./Carty, K./Rose, J. (2010). *When Citizens Decide: Lessons from Citizen Assemblies on Electoral Reform*. Oxford: Oxford University Press.

Fox, G. H. (1992). The Right to Political Participation in International Law. *Yale Journal of International Law* 17(2): 539–607.

Franck, T. M. (1992). The Emerging Right to Democratic Governance. *American Journal of International Law* 86(1): 46–91.

Gallagher, M. (1991). Proportionality, Disproportionality and Electoral Systems. *Electoral Studies* 10(1): 33–51.

Gallagher, M./Mitchell, P. (Hrsg.) (2005). *The Politics of Electoral Reform*. Oxford: Oxford University Press.

Gandhi, J./Lust-Okar, E. (2009). Elections under Authoritarianism. *Annual Review of Political Science* 12: 403–422.

Ganghof, S. (2016). Reconciling Representation and Accountability: Three Visions of Democracy Compared. *Government and Opposition* 51(2): 209–233.

Gebethner, S. (1996). Proportional Representation versus Majoritarian Systems: Free Elections and Political Parties in Poland, 1989-1991, in: Lijphart, A./Waisman, C. H. (Hrsg.): *Institutional Design in New Democracies*. Boulder, Col.: Westview Press, 59–75.

Geddes, B. (1999). What Do We Know About Democratization After Twenty Years? *Annual Review of Political Science* 2: 115–144.

Gibbard, A. (1973). Manipulation of Voting Schemes: A General Result. *Econometrica* 41(4): 587–601.

Gouws, A./Mitchell, P. (2005). South Africa: One Party Dominance despite Perfect Proportionality, in: Gallagher, M./Mitchell, P. (Hrsg.): *The Politics of Electoral Systems*. Oxford: Oxford University Press, 353–373.

Grotz, F. (1998). „Dauerhafte Strukturprägung" oder „akrobatische Wahlarithmetik"? Die Auswirkungen des ungarischen Wahlsystems in den 90er Jahren. *Zeitschrift für Parlamentsfragen* 29(4): 624–647.

Grotz, F. (2000a). *Politische Institutionen und post-sozialistische Parteiensysteme in Ostmitteleuropa. Polen, Ungarn, Tschechien und die Slowakei im Vergleich*. Opladen: Leske + Budrich.

Grotz, F. (2000b). Die personalisierte Verhältniswahl unter den Bedingungen des gesamtdeutschen Parteiensystems. Eine Analyse der Entstehungsursachen von Überhangmandaten seit der Wiedervereinigung. *Politische Vierteljahresschrift* 41(4): 707–729.

Grotz, F. (2005). Die Entwicklung kompetitiver Wahlsysteme in Mittel- und Osteuropa: post-sozialistische Entstehungsbedingungen und fallspezifische Reformkontexte. *Österreichische Zeitschrift für Politikwissenschaft* 34(1): 23–38.

Grotz, F. (2009a). Reform nach deutschem Vorbild? Zum Modellcharakter kombinierter Wahlsysteme, in: Poier, K. (Hrsg.): *Demokratie um Umbruch? Perspektiven einer Wahlrechtsreform*. Wien u.a.: Böhlau, 87–98.

Grotz, F. (2009b). Verhältniswahl und Regierbarkeit. Das deutsche Wahlsystem auf dem Prüfstand. *Zeitschrift für Politikwissenschaft* 19 (Sonderheft): 155–181.

Grotz, F. (2013). Vergleichende Regierungslehre: institutionelle Bedingungen des Regierens im demokratischen Staat, in: Schmidt, M. G./Wolf, F. /Wurster, S. (Hrsg.): *Studienbuch Politikwissenschaft*. Wiesbaden: VS Verlag, 237–263.

Grotz, F. (2014). Happy End oder endloses Drama? Die Reform des Bundestagswahlsystems, in: Jesse, E./Sturm, R. (Hrsg.): *Bilanz der Bundestagswahl 2013. Voraussetzungen, Ergebnisse, Folgen*. Baden-Baden: Nomos, 113–140.

Grotz, F./Müller-Rommel, F. (Hrsg.) (2011). *Regierungssysteme in Mittel- und Osteuropa*. Wiesbaden: VS Verlag.

Grotz, F./Weber, T. (2016). Wahlsysteme und Sitzverteilung im Europäischen Parlament, in: Schoen, H./Weßels, B. (Hrsg.): *Wahlen und Wähler. Analysen aus Anlass der Bundestagswahl 2013*. Wiesbaden: Springer VS, 493–515.

Gschwend, T. (2007): Ticket-Splitting and Strategic Voting under Mixed Electoral Rules: Evidence from Germany. *European Journal of Political Research* 46(1): 1–23.

Gunther, R. (1989). Electoral Laws, Party Systems, and Elites: The Case of Spain. *American Political Science Review* 83(3): 835–858.

Hammerstad, A. (2004). *African Commitments to Democracy in Theory and Practice*. Pretoria: African Human Security Initiative.

Handley, L./Grofman, B. (Hrsg.) (2008). *Redistricting in Comparative Perspective*. Oxford: Oxford University Press.

Hartmann, C. (1999). *Ethnizität, Präsidentschaftswahlen und Demokratie. Ein Beitrag zur Rolle von politischen Institutionen in den Demokratisierungsprozessen Afrikas*. Hamburg: Institut für Afrikakunde.

Hartmann, C. (2001). Fiji Islands, in: Nohlen, D./Grotz, F./Hartmann, C. (Hrsg.): *Elections in Asia and the Pacific. A Data Handbook*. Vol. II. Oxford: Oxford University Press, 643–672.

Hartmann, C. (2006). Amtszeitbeschränkungen, Machtwechsel und Demokratisierung in vergleichender Perspektive, in: Pickel, G./Pickel, S. (Hrsg.): *Demokratisierung im internationalen Vergleich. Neue Erkenntnisse und Perspektiven*. Wiesbaden: VS Verlag, 237–250.

Hartmann, C. (2007). Paths of Electoral Reform in Africa, in: Basedau, M./Erdmann, G./Mehler, A. (Hrsg.): *Votes, Money and Violence. Political Parties and Elections in Sub-Saharan Africa*. Uppsala: Nordiska Afrikainstitutet, 144–167.

Hartmann, C. (2015). Expatriates as Voters? The New Dynamics of External Voting in Sub-Saharan Africa. *Democratization* 22(5): 906–926.

Hartmann, C./Hassall, G./Santos, S. M. (2001). Philippines, in: Nohlen, D./Grotz, F./Hartmann, C. (Hrsg.): *Elections in Asia and the Pacific. A Data Handbook*. Vol. II. Oxford: Oxford University Press, 185–238.

Haug, V. M. (2014). Muss wirklich jeder ins Europäische Parlament? Kritische Anmerkungen zur Sperrklausel-Rechtsprechung aus Karlsruhe. *Zeitschrift für Parlamentsfragen* 45(2): 467–487.

Hermens, F. (1968). *Demokratie oder Anarchie. Untersuchung über die Verhältniswahl*. Köln: Westdeutscher Verlag.

Hermet, G. (Hrsg.) (1978). *Elections without Choice*. London u.a.: Macmillan.

Herrmann, M. (2015): *Strategisches Wählen*. Berlin: VS Springer.

Herrmann, M./Munzert, S./Selb, P. (2016). Determining the Effect of Strategic Voting on Election Results. *Journal of the Royal Statistical Society Series A* (Statistics in Society) 179(2): 583–605.

Holtmann, E./Rademacher, C. (2015). Kommunalpolitik, in: Nohlen, D./Grotz, F. (Hrsg.): *Kleines Lexikon der Politik*. 6. Auflage. München: Beck, 317–322.

Horowitz, D. L. (1991). *A Democratic South Africa? Constitutional Engineering in a Divided Society*. Berkeley: University of California Press.

Horowitz, D. L. (1993). Democracy in Divided Societies. *Journal of Democracy* 4: 18–38.

Hrbek, R. (2013). Deutsche Europawahlen künftig ohne Sperrklausel? Das Urteil des Bundesverfassungsgerichts vom November 2011 und seine Folgen. *Integration* 36(4): 259–278.

Huntington, S. (1991). *The Third Wave: Democratization in the Late Twentieth Century.* Norman: University of Oklahoma Press.

Hyde, S. (2011). *The Pseudo-Democrat's Dilemma.* Ithaca, NY: Cornell University Press.

Hyde, S./Marinov, N. (2012). Which Elections Can Be Lost? *Political Analysis* 20(2): 191–210.

International IDEA (2006). *Electoral Management Design: The International IDEA Handbook.* Stockholm: IDEA.

International IDEA (2010). *Electoral Justice: The International IDEA Handbook.* Stockholm: IDEA.

Ismayr, W. (2012). *Der Deutsche Bundestag.* 3. Auflage. Wiesbaden: VS Verlag.

Jesse, E. (1985). *Wahlrecht zwischen Kontinuität und Reform. Eine Analyse der Wahlsystemdiskussion und der Wahlrechtsänderungen in der Bundesrepublik Deutschland 1949–1983.* Düsseldorf: Droste.

Jesse, E. (1998). Grundmandatsklausel und Überhangmandate: Zwei wahlrechtliche Eigentümlichkeiten in der Kritik, in: Kaase, M./Klingemann, H.-D. (Hrsg.): *Wahlen und Wähler: Analysen aus Anlass der Bundestagswahl 1994.* Opladen: Westdeutscher Verlag, 15–41.

Kahneman, D. (2012). *Thinking, Fast and Slow.* London: Penguin.

Kaiser, A. (2002). *Mehrheitsdemokratie und Institutionenreform. Verfassungspolitischer Wandel in Australien, Großbritannien, Kanada und Neuseeland im Vergleich.* Frankfurt/New York: Campus.

Katz, R. S. (1980). *A Theory of Parties and Electoral Systems.* Baltimore: John Hopkins University Press.

Katz, R. S. (1997). *Democracy and Elections.* New York/Oxford: Oxford University Press.

Katz, R. S. (2000). Functions of Elections, in: Rose, R. (Hrsg.): *International Encyclopedia of Elections.* Washington, D.C.: *Congressional Quarterly*, 135–141.

Katz, R. S. (2005). Why Are There So Many (Or So Few) Electoral Reforms?, in: Gallagher, M./Mitchell, P. (Hrsg.): *The Politics of Electoral Reform.* Oxford: Oxford University Press, 57–76.

Kedar, O./Harsgor, L./Sheinerman, R. A. (2016). Are Voters Equal under Proportional Representation? *American Journal of Political Science* 60(3): 676–691.

Kellam, M. (2013). Suffrage Extensions and Voting Patterns in Latin America: Is Mobilization a Source of Decay? *Latin American Politics and Society* 55(4): 23–46.

Kelley, J. (2012). *Monitoring Democracy. When International Election Observation Works and Why it Often Fails.* Princeton: Princeton University Press.

Kelley, J./Kiril, K. (2010). *Election Quality and International Observation 1975–2004: Two New Datasets.* Duke University, (http://ssrn.com/abstract=1694654, letzter Aufruf: 09.03.2016).

Kendall, M.G./ A. Stuart (1950): The Law of Cubic Proportion in Election Results. *British Journal of Sociology* 1(3): 183–197.

Kerevel, Y. (2010). The Legislative Consequences of Mexico's Mixed-Member Electoral System, 2000–2009. *Electoral Studies* 29(4): 691–703.

Key, V. O. Jr. (1966). *The Responsible Electorate. Rationality and Presidential Voting 1936–1960.* Cambridge, Mass.: Harvard University Press.

Khadar, A. (2013). *Access to Electoral Rights: United Kingdom.* Florenz: European University Institute, EUDO Citizenship Observatory.

Klein, M./Ballowitz, J./Holderberg, P. (2014). Die gesellschaftliche Akzeptanz einer gesetzlichen Wahlpflicht in Deutschland. Ergebnisse einer repräsentativen Bevölkerungsumfrage. *Zeitschrift für Parlamentsfragen* 45(4): 812–824.

Klokočka, V./Ziemer, K. (1986). Wahlen, in: Ziemer, K. (Hrsg.): *Sozialistische Systeme. Politik – Wirtschaft – Gesellschaft* (= Wörterbuch zur Politik Bd. 4). München: Piper, 531–538.

Klopp, J. M./Zuern, E. (2007). The Politics of Violence in Democratization. Lessons from Kenya and South Africa. *Comparative Politics* 39(2): 127–146.

Korzec, P./Pudzianowska, D. (2013). *Access to Electoral Rights: Poland*. Florenz: European University Institute, EUDO Citizenship Observatory.

Kost, A./Wehling, H. G. (Hrsg.) (2010). *Kommunalpolitik in den deutschen Ländern: Eine Einführung*. Wiesbaden: VS Verlag.

Krennerich, M. (1996). *Wahlen und Antiregimekriege in Zentralamerika*. Opladen: Leske + Budrich.

Kreuzer, M. (1996). Democratization and Changing Methods of Electoral Corruption in France from 1815 to 1914, in: Little, W./Posada-Carbó, E. (Hrsg.): *Political Corruption in Europe and Latin America*. Basingstoke: Macmillan, 97–114.

Krook, M. L. (2010). Women's Representation in Parliament: A Qualitative Comparative Analysis. *Political Studies* 58(5): 886–908.

Kunovich, S. (2012). Unexpected Winners: The Significance of an Open-List System on Women's Representation in Poland. *Politics & Gender* 8(2): 153–177.

Laakso, M./Taagepera, R. (1979). "Effective" Number of Parties. *Comparative Political Studies* 12(1): 3–27.

Lafleur, J. M. (2013). *Transnational Politics and the State. The External Voting Rights of Diasporas*. London: Routledge.

Laver, M./Benoit, K./Sauger, N. (2006). Policy Competition in the 2002 French Legislative and Presidential Elections. *European Journal of Political Research* 45(4): 667–697.

Lawson, S. F. (1976). *Black Ballots. Voting Rights in the South, 1944–1969*. New York: Columbia University Press.

Lehoucq, F. (2003). Electoral Fraud: Causes, Types, and Consequences. *Annual Review of Political Science* 6: 233–256.

Lenz, C. (1997). Grundmandatsklausel und Überhangmandate vor dem Bundesverfassungsgericht. *Neue Juristische Wochenschrift* 50: 1534–1537.

Levitsky, S./Way, L. (2010). *Competitive Authoritarianism*. Cambridge: Cambridge University Press.

Lijphart, A. (1977). *Democracy in Plural Societies*. New Haven: Yale University Press.

Lijphart, A. (1990). Electoral Systems, Party Systems, and Conflict Management in Segmented Societies, in: Schrire, R. A. (Hrsg.): *Critical Choices for South Africa: An Agenda for the 1990s*. Cape Town: Oxford University, 2–13.

Lijphart, A. (1994). *Electoral Systems and Party Systems. A Study of Twenty-Seven Democracies 1945–1990*. Oxford: Oxford University Press.

Lijphart, A. (2012). *Patterns of Democracy*. 2. Auflage. New Haven: Yale University Press.

Linhart, E. (2007). Rationales Wählen als Reaktion auf Koalitionssignale am Beispiel der Bundestagswahl 2005. *Politische Vierteljahresschrift* 48(3): 461–484.

Linz, J. J. (2000). *Totalitäre und Autoritäre Regime*. Berlin: Berliner Debatte Wissenschaftsverlag (engl. Originalausgabe 1975).

Lopez-Pintor, R. (2010). *Assessing Electoral Fraud in New Democracies: A Basic Conceptual Framework*. Washington: International Foundation for Electoral Systems.

Lust-Okar, E. (2009). Legislative Elections in Hegemonic Authoritarian Regimes: Competitive Clientelism and Resistance to Democratization, in: Lindberg, S. (Hrsg.): *Democratization by Election: A New Mode of Transition*. Baltimore: Johns Hopkins University Press, 226–245.

Mackie, J. L. (1980). *The Cement of the Universe. A Study of Causation*. Oxford: Oxford University Press.

Magaloni, B. (2006). *Voting for Autocracy: Hegemonic Party Survival and its Demise in Mexico*. Cambridge: Cambridge University Press.

Mainwaring, S./Tocal, M. (2006).Party System Institutionalization and Party System Theory after the Third Wave of Democratization, in: Katz, R. S./Crotty, W. J. (Hrsg.): *Handbook of Party Politics*. London: Sage, 204–227.

Mann, G. H. (1996). Die unumgängliche Umkehr bei der Berechnung von Überhangmandaten: Reformvorschläge. *Zeitschrift für Parlamentsfragen* 27(3): 398–404.

Manow, P. (2010). Dimensionen der Disproportionalität – Erststimmen und Direktmandate in den Bundestagswahlen von 1953 bis 2009. *Politische Vierteljahresschrift* 51(3): 433–455.

Mansbridge, J. (1999). Should Blacks Represent Blacks and Women Represent Women? A Contingent ‚Yes'. *The Journal of Politics* 61(3): 628–657.

Massicotte, L./Blais, A. (1999). Mixed Electoral Systems: A Conceptual and Empirical Survey. *Electoral Studies* 18(3): 341–366.

Materska-Sosnowka, A. (2010). Poland, in: Nohlen, D./Stöver, P. (Hrsg.): *Elections in Europe. A Data Handbook.* Baden-Baden: Nomos, 1471–1524.

Matland, R. E. (2005). Enhancing Women's Political Participation: Legislative Recruitment and Electoral Systems, in: Ballington, J./Karam, A. (Hrsg.): *Women in Parliament: Beyond Numbers.* Stockholm: International IDEA, 93–111.

McLean, I. (1987). *Public Choice: An Introduction.* Oxford: Oxford University Press.

Meyer, H. (1994). Der Überhang und anderes Unterhaltsames aus Anlaß der Bundestagswahl 1994. *Kritische Vierteljahresschrift für Gesetzgebung und Rechtswissenschaft* 77(4): 312–362.

Meyer, H. (2010). *Die Zukunft des Bundestagswahlrechts. Zwischen Unverstand, obiter dicta, Interessenkalkül und Verfassungsverstoß.* Baden-Baden: Nomos.

Mitchell, P. (2005). Plurality Rule under Siege, in: Gallagher, M./Mitchell, P. (Hrsg.): *The Politics of Electoral Reform.* Oxford: Oxford University Press, 157–184

Molinar Horcasitas, J./Weldon, J. A. (2001). Reforming Electoral Systems in Mexico, in: Shugart, M. S./Wattenberg, M. P. (Hrsg.): *Mixed-Member Electoral Systems: the Best of Both Worlds?* Oxford: Oxford University Press, 209–230.

Moser, R. G./Scheiner, E. (2012). *Electoral Systems and Political Context. How the Effects of Rules Vary Across New and Established Democracies.* Cambridge: Cambridge University Press.

Mozaffar, S./Schedler, A. (2002). The Comparative Study of Electoral Governance – Introduction. *International Political Science Review* 23(1): 5–27.

Naundorf, C. (1996). Der überflüssige Überhang: Reformvorschläge. *Zeitschrift für Parlamentsfragen* 27(3): 393–397.

Ndletyana, M. (2015). The Making of the Independent Electoral Commisison, 1993–1997, in: Ndletyana, M. (Hrsg.): *Institutionalising Democracy. The Story of the Electoral Commission of South Africa.* Johannesburg: AISA, 26–74.

Nelson, M. H. (2001). Thailand, in: Nohlen, D./Grotz, F./Hartmann, C. (Hrsg.): *Elections in Asia and the Pacific. A Data Handbook.* Vol. II. Oxford: Oxford University Press, 261–314.

Nicolaus, H. (1995a). Wahlgesetzwidrigkeit der 16 Überhangmandate im 13. Bundestag, *Neue Juristische Wochenschrift* 48: 1001–1004.

Nicolaus, H. (1995b). *Demokratie, Verhältniswahl & Überhangmandate. Eine Studie zum Wahlverfassungsrecht.* Heidelberg: Manutius.

Nohlen, D. (1978). *Wahlsysteme der Welt. Daten und Analysen.* München/Zürich: Piper.

Nohlen, D. (1984). Changes and Choices in Electoral Systems, in: Lijphart, A./Grofman, B. (Hrsg.): *Choosing an Electoral System: Issues and Alternatives.* New York: Praeger, 217–224.

Nohlen, D. (1996). *Elections and Electoral Systems.* New Delhi: Macmillan India.

Nohlen, D. (2004). Wie wählt Europa? Das polymorphe Wahlsystem zum Europäischen Parlament. *Aus Politik und Zeitgeschichte* B 17: 29–37.

Nohlen, D. (2005). Mexico, in: Nohlen, D. (Hrsg.): *Elections in the Americas. A Data Handbook.* Vol. 1. Oxford: Oxford University Press, 439–478.

Nohlen, D. (2009). Erfolgswertgleichheit als fixe Idee oder: Zurück zu Weimar? Zum Urteil des Bundesverfassungsgerichts über das Bundeswahlgesetz vom 3. Juli 2008. *Zeitschrift für Parlamentsfragen* 40(1): 179–195.

Nohlen, D. (2010a). Vergleichende Methode, in: Nohlen, D./Schultze, R.-O. (Hrsg.): *Lexikon der Politikwissenschaft*. 4. Auflage. München: Beck, 1151–1161.

Nohlen, D. (2010b). Typologie, in: Nohlen, D./Schultze, R.-O. (Hrsg.): *Lexikon der Politikwissenschaft*. 4. Auflage. München: Beck,1113–1115.

Nohlen, D. (2010c). France, in: Nohlen, D./Stöver, P. (Hrsg.): *Elections in Europe. A Data Handbook*. Baden-Baden: Nomos, 639–721.

Nohlen, D. (2014). *Wahlrecht und Parteiensystem. Zur Theorie und Empirie der Wahlsysteme*. 7. Auflage. Opladen: Barbara Budrich.

Nohlen, D./Grotz, F./Krennerich, M./Thibaut, B. (1999). Appendix: Electoral Systems in Independent Countries, in: Rose, R. (Hrsg.): *The International Encyclopedia of Elections*. Washington D.C.: Congressional Quarterly, 353–379.

Nohlen, D./Kasapovic, M. (1996). *Wahlsysteme und Systemwechsel in Osteuropa. Genese, Auswirkungen und Reform politischer Institutionen*. Opladen: Leske + Budrich.

Nohlen, D./Krennerich, M./Thibaut, B. (1999). Elections and Electoral Systems in Africa, in: Nohlen, D./Krennerich, M./Thibaut, B. (Hrsg.): *Elections in Africa. A Data Handbook*. Oxford: Oxford University Press, 1–40.

Norris, P. (2004). *Electoral Engineering. Voting Rules and Political Behavior*. Cambridge: Cambridge University Press.

Norris, P. (2013). Does the World Agree About Standards of Electoral Integrity? Evidence for the Diffusion of Global Norms. *Electoral Studies* 32(4): 576–588.

Norris, P. (2014). *Why Electoral Integrity Matters*. Cambridge: Cambridge University Press.

Norton, P. (1997). The Case for First-Past-The-Post. *Representation* 34(2): 84–88.

Nugent, P. (2004). *Africa since Independence*. Houndmills/New York: Palgrave.

Nuscheler, F. (1969). Großbritannien, in: Sternberger, D./Vogel, B. (Hrsg.): *Die Wahl der Parlamente*. Bd. I: Europa. Berlin/New York: de Gruyter, 605–650.

Olson, D. M. (1993). Compartmentalized Competition: The Managed Transitional Election System of Poland. *The Journal of Politics* 55 (2): 415–441.

Opitz, C./Fjelde, H./Höglund, K. (2013). Including Peace: the Influence of Electoral Management Bodies on Electoral Violence. *Journal of Eastern African Studies* 7(4): 713–731.

Organization for Security and Cooperation in Europe, Office for Democratic Institutions and Human Rights (2003). *Existing Commitments for Democratic Elections in OSCE Participating States*. Warsaw: OSCE/ODIHR.

Organization of American States (2007). *Methods for Election Observation: A Manual for OAS Electoral Observation Missions*. Washington, DC: OAS.

Papier, H. J. (1996). Überhangmandate und Verfassungsrecht. *Juristen Zeitung* 51: 265–274.

Pappi, F. U./Herrmann, M. (2010). Überhangmandate ohne negatives Stimmgewicht: Machbarkeit, Wirkungen, Beurteilung. *Zeitschrift für Parlamentsfragen* 41(2): 260–278.

Pastor, R. /Tan, Q. (2000). The Meaning of China's Village Elections. *China Quarterly* 162: 490–512

Pendroza, L. (2013). *Access to Electoral Rights: Germany*. Florenz: European University Institute, EUDO Citizenship Observatory.

Pendroza, L. (2015): *Access to Electoral Rights: Mexico*. Florenz: European University Institute, EUDO Citizenship Observatory.

Phillips, A. (1995). *The Politics of Presence*. Oxford: Oxford University Press.

Pickles, D. (1958). *France: The Fourth Republic*. Westport: Praeger.

Pitkin, H. F. (1967). *The Concept of Representation*. Berkeley: University of California Press.

Poier, K. (2010). Austria, in: Nohlen, D./Stöver, P. (Hrsg.): *Elections in Europe. A Data Handbook*. Baden-Baden: Nomos, 169–232.

Poschmann, T. (1995). Wahlrechtsgleichheit und Zweistimmensystem. *Bayerische Verwaltungsblätter* 41: 299–302.

Powell, G. B. Jr. (2000). *Elections as Instruments of Democracy. Majoritarian and Proportional Visions*. New Haven: Yale University Press.

Przeworski, A. (2009). Conquered or Granted? A History of Suffrage Extensions. *British Journal of Political Science* 39(2): 291–321.

Pukelsheim, F. (2015). *Sitzzuteilungsmethoden. Ein Kompaktkurs über Stimmenverrechnungs-verfahren in Verhältniswahlsystemen*. Heidelberg: Springer.

Rae, D. W. (1967). *The Political Consequences of Electoral Laws*. New Haven/London: Yale University Press.

Ramírez González, V./Delgado Márquez, B. L./López Carmona, A. (2015). Electoral System in Poland: Revision and Proposal of Modification Based on Biproportionality. *Representation* 51(2): 187–204.

Rawls, J. (1975). *Eine Theorie der Gerechtigkeit*. Frankfurt/M.: Suhrkamp (engl. zuerst 1971).

Reed, S. R./Thies, M. K. (2001). The Causes of Electoral Reform in Japan, in: Shugart, M. S./Wattenberg, M. P. (Hrsg.): *Mixed-Member Electoral Systems. The Best of Both Worlds?* Oxford: Oxford University Press, 152–172.

Rehfeld, A. (2011). The Child as Democratic Citizen. *Annals, AAPSS* 633: 141–166.

Reilly, B./Reynolds, A. (1999). *Electoral Systems and Conflict in Divided Societies*. Washington, D.C.: National Academies Press.

Renwick, A. (2010). *The Politics of Electoral Reform. Changing the Rules of Democracy*. Cambridge: Cambridge University Press.

Reynolds, A. (2004). South Africa: Proportional Representation in the Puzzle to Stabilize Democracy, in: Colomer, J. M. (Hrsg.): *The Handbook of Electoral System Choice*. Basingstoke: Palgrave Macmillan, 440–450.

Reynolds, A. (2011). *Designing Democracy in a Dangerous World*. Oxford: Oxford University Press.

Reynolds, A./Reilly, B./Ellis, A. (2005). *Electoral System Design: The New International IDEA Handbook*. Stockholm: IDEA.

Reynoso Núñez, J. (2015). Das mexikanische Wahlsystem und seine Reformen, in: Schröter, B. (Hrsg.): *Das politische System Mexikos*. Wiesbaden: Springer VS, 215–226.

Riker, W. H. (1982a). The Two-party System and Duverger's Law. *American Political Science Review* 76(4): 753–766.

Riker, W. H. (1982b): *Liberalism against Populism*. Prospect Heights, Ill.: Waveland Press.

Riker, W. H. (1983). Political Theory and the Art of Heresthetics, in: Finifter, A. (Hrsg.): *Political Science: the State of the Discipline*. Washington, D.C.: The American Political Science Association, 47–67.

Riker, W. H. (1986). *The Art of Political Manipulation*. New Haven: Yale University Press.

Riker, W. H./Ordeshook, P. C. (1973). *An Introduction to Positive Political Theory*. Englewood Cliffs: Prentice-Hall.

Rose, R./Munro, N. (2010). United Kingdom, in: Nohlen, D./Stöver, P. (Hrsg.): *Elections in Europe. A Data Handbook*. Baden-Baden: Nomos, 2001–2034.

Roth, D. (2008). *Empirische Wahlforschung. Ursprung, Theorien, Instrumente und Methoden*. Wiesbaden: VS Verlag.

Roth, G. (2008). Negatives Stimmgewicht und Legitimationsdefizite des Parlaments. *Neue Zeitschrift für Verwaltungsrecht* 27(11): 1199–1201.

Ruedin, D. (2013). *Why Aren't They There? The Political Representation of Women, Ethnic Groups and Issue Positions in Legislatures*. Colchester: ECPR Press.

SADC (2003). *Principles for Election Management, Monitoring and Observation in the SADC Region, adopted on 6 November 2003 in Benoni*. Johannesburg, South Africa (http://www.eisa.org.za/EISA/publications/pemmo.htm, letzter Aufruf: 05.01.2016).

Samuels, D./Snyder, R. (2001). The Value of a Vote: Malapportionment in Comparative Perspective. *British Journal of Political Science* 31(3): 651–671.

Sanders, E. (2006). Historical Institutionalism, in: Rhodes R. A. W./Binder, S. A./Rockman, B. A. (Hrsg.): *The Oxford Handbook of Political Institutions*. Oxford: Oxford University Press, 39–55.

Satterthwaite, M. A. (1975). Strategy-Proofness and Arrow's Conditions: Existence and Correspondence Theorems for Voting Procedures and Social Welfare Functions. *Journal of Economic Theory* 10(2): 187–217.

Schäfer, A. (2015). *Der Verlust politischer Gleichheit. Warum die sinkende Wahlbeteiligung der Demokratie schadet*. Frankfurt/New York: Campus.

Schedler, A. (2002). The Menu of Manipulation. *Journal of Democracy* 13(2): 36–50.

Schindler, P. (1999). *Datenhandbuch zur Geschichte des Deutschen Bundestages 1949 bis 1999*. Baden-Baden: Nomos.

Schmedes, H. (2010). Wahlen im Blick Europas. Die Beobachtung der Bundestagswahl 2009 durch die OSZE. *Zeitschrift für Parlamentsfragen* 41(1), 77–91.

Schoen, H. (1999). Split-Ticket Voting in German Federal Elections, 1953–90: An Example of Sophisticated Balloting? *Electoral Studies* 18(4): 473–496.

Schoen, H. (2009). Wenn ich mich recht erinnere – Zur Validität von Rückerinnerungsfragen, in: Schoen, H./Rattinger, H./Gabriel, O. W. (Hrsg.): *Vom Interview zur Analyse. Methodische Aspekte der Einstellungs- und Wahlforschung*. Baden-Baden: Nomos, 259–279.

Schreckenberger, W. (1995). Zum Streit über die Verfassungsmäßigkeit der Überhangmandate. *Zeitschrift für Parlamentsfragen* 26(4): 678–683.

Schröder, V. (2015). Fremdverwertung und Personenstimmenparadox: Negatives Stimmgewicht im Bremer und Hamburger Bürgerschaftswahlrecht. *Zeitschrift für Parlamentsfragen* 46(3): 561–577.

Schultze, R. O. (1969). Tschechoslowakei, in: Sternberger, D./Vogel, B. (Hrsg.): *Die Wahl der Parlamente. Band I: Europa*. Berlin/New York: de Gruyter, 1285–1330.

Shugart, M. S. (2001a). "Extreme" Electoral Systems and the Appeal of the Mixed-Member Alternative, in: Shugart, M. S./Wattenberg, M. P. (Hrsg.): *Mixed-Member Electoral Systems. The Best of Both Worlds?* Oxford: Oxford University Press, 25–51.

Shugart, M. S. (2001b). Electoral "Efficiency" and the Move to Mixed-Member Systems. *Electoral Studies* 20(2): 173–193.

Shugart, M. S. (2008). Comparative Electoral Research: The Maturation of a Field and New Challenges Ahead, in: Gallagher, M./Mitchell, P. (Hrsg.) (2005). *The Politics of Electoral Reform*. Oxford: Oxford University Press, 25–56.

Shugart, M. S./Wattenberg, M. P. (Hrsg.) (2001a). *Mixed-Member Electoral Systems: the Best of Both Worlds?* Oxford: Oxford University Press.

Shugart, M. S./Wattenberg, M. P. (2001b). Conclusion: Are Mixed-Member Systems the Best of Borth Worlds?, in: Shugart, M. S./Wattenberg, M. P. (Hrsg.): *Mixed-Member Electoral Systems. The Best of Both Worlds?* Oxford: Oxford University Press, 571–596.

Sternberger, D. (1964). *Die große Wahlreform. Zeugnisse einer Bemühung*. Köln/Opladen: Westdeutscher Verlag.

Strohmeier, G. (2007). Ein Plädoyer für die „gemäßigte Mehrheitswahl": optimale Lösung für Deutschland, Vorbild für Österreich und andere Demokratien. *Zeitschrift für Parlamentsfragen* 38(3): 578–590.

Strohmeier, G. (Hrsg.) (2009). *Wahlsystemreform. ZPol-Sonderheft*. Baden-Baden: Nomos.

Taagepera, R. (2002). Nationwide Threshold of Representation. *Electoral Studies* 21(3): 383–401.

Taagepera, R./Shugart, M. S. (1989). *Seats and Votes*. New Haven: Yale University Press.

Tiefenbach, P. (2015). Das Bremer Bürgerschaftswahlrecht in der Kritik. *Zeitschrift für Parlamentsfragen* 46(3): 578–588.

Tsebelis, G. (1990). *Nested Games. Rational Choice in Comparative Politics*. Berkeley: University of California Press.

van Ham, C. (2015). Getting Elections Right? Measuring Electoral Integrity. *Democratization* 22(4), 714–737.

Vehrkamp, R./Im Winkel, N./Konzelmann, L. (2015). *Wählen ab 16. Ein Beitrag zur nachhaltigen Steigerung der Wahlbeteiligung*. Gütersloh: Bertelsmann Stiftung (http://www.ljrberlin.de/sites/default/files/Studie_Waehlen_ab_16_2015.pdf, letzter Aufruf: 02.03.2016).

Venice Commission (European Commission for Democracy through Law) 2002: *Code of Good Practice in Electoral Matters. Guidelines and Explanatory Report*. CDL-AD (2002) 23 rev. Strasbourg: Council of Europe.

Wilks-Heeg, S. (2009). Treating Voters as an Afterthought? The Legacies of a Decade of Electoral Modernisation in the United Kingdom. *The Political Quarterly* 80(1): 101–110.

Woodward, J. (2003). *Making Things Happen. A Theory of Causal Explanation*. Oxford: Oxford University Press.

Ziblatt, D. (2009). Shaping Democratic Practice and the Causes of Electoral Fraud: The Case of Nineteenth-Century Germany. *American Political Science Review* 103(1): 1–21.

Index

accountability 13, 164
Afghanistan 16
Afrika 11, 30, 51, 64, 75, 150, 167
Afrikanische Union 41
Aggregation 49
Ägypten 15
Akzeptanz 59, 65
Alabama-Paradox 84
Albanien 141, 142
Alternative Vote 9, 78, 80
Alternativstimmgebung *siehe* Alternative
    Vote 80
arabische Welt 23, 30
Argentinien 30, 75
Asien 11, 30, 64, 75, 150
Äthiopien 40
Ausgeglichene Methode 82
Auslandsbürger 35
Australien 27, 75, 78, 123

Baden-Württemberg 174
Bayern 79
Belgien 24, 27, 75, 123
Bildung 23, 30
Binominales System
Block Vote 78
Bolivien 30, 31
Brandenburg 24, 173
Brasilien 30, 75
Bremen 24, 65, 165
Bundestagswahl 32, 65, 75, 76, 79, 82, 106,
    113, 129, 131, 137, 140, 144, 160, 169
Bürgerbeteiligung 6
Burundi 9

Chile 75
Côte d'Ivoire 15
cube law *siehe* Kubus-Regel 128

d'Hondt-Verfahren 82, 84, 164, 179
Dänemark 81, 123
DDR 16
Dekolonisation 30, 31
Demokratie 5, 10, 59, 66, 70, 72, 122,
    162, 163
Demokratisierung 11, 12, 28, 31, 53, 149

Deutschland 23, 27, 32, 50, 53, 59, 65, 72, 81,
    83, 84, 85, 86, 121, 123, 125, 127, 130, 131,
    137, 140, 154, 158, 160, 167, 169, 183
Diktatur 10
Disproportionalität 106, 109, 112, 116, 118, 127,
    131, 157, 177
Disproportionalitätsmaß 109
Disproportionalitätsmaß, Gallaghers Index 110,
    112, 115
Disproportionalitätsmaß, Loosemore-Hanby
    Index 110, 112
Disproportionalitätsmaß, Raes Index 110, 112,
    115
Divisorverfahren 82
Droop-Quota 83
Duvergersches Gesetz 134, 138

effective threshold *siehe* Effektive Hürde
Effektive Hürde 99, 101, 104, 116
Effektive Parteienzahl 130, 132, 133
Effizienz 59, 62
Einerwahlkreis 60, 64, 73, 77, 78, 85, 137
Einfachheit 58, 59, 164
Einhegung von Konflikten 13, 15
Einkommen 23, 30
Einparteiregierung 59, 63, 133
Einwanderer 34
Einzelkandidatur 77
Einzelstimmgebung 76
electoral governance 44
electoral integrity 44, 47
elektoraler Autoritarismus 11
Erfolgswertgleichheit 172
Europäische Union 42
Europäisches Parlament 9, 72
Europarat 41, 52, 72
Europawahl 32, 78, 115, 116, 117, 127

Fallbeileffekt 139
Finnland 123
first-past-the-post *siehe* Mehrheitswahl,
    relative 80
Fragmentierung 64, 130, 139, 144
franchise *siehe* Wahlrecht 22
Frankreich 21, 28, 35, 51, 75, 77, 123, 150, 154,
    159, 180

Frauenanteil im Parlament 123
Frauenquote 63, 124
Frauenrepräsentation 122, 124
Frauenwahlrecht 23, 29
frei und fair 11, 39, 46
Funktionalität 58

Gallaghers Index 115
Gemeinwohl 152
Generalisierung 61
Gerechtigkeit 59, 62, 66, 162
gerrymandering 73
Gleichheit 6
Grabensystem 113, 151
Griechenland 81, 123, 129, 150
Großbritannien 23, 29, 50, 75, 77, 123, 125, 129,
    131, 133, 137, 138, 143, 145, 149, 156, 180

Haiti 40
Hamburg 24, 65, 79, 165
Hare quota 79, 83, 84
Hare-Niemeyer-Verfahren 83, 84, 164, 179
Herrschaftszugang 6
Hessen 32
Heterogenität 14
historischer Institutionalismus 168
Hochburg 48, 81, 133, 139

Indonesien 27
instant run-off *siehe* Alternative Vote 81
Interparteien-Effizienz 156
Intraparteien-Effizienz 157
Iran 34
Irland 79, 121, 123
Island 76, 123
Israel 75, 123
Italien 27, 76, 123, 129, 150, 155, 165

Japan 76, 78, 123, 151, 157
Jemen 40
Jordanien 30, 78

Kanada 75, 123, 165
Kandidatenstimme 77
Kandidaturform 64, 70, 76, 85
Karibik 30, 75, 150
Kausalität 60, 74, 105, 111, 119, 148, 159, 176
Kenia 9, 15, 65
Klientelismus 18

Kolumbien 30
Kommunalwahlen 10
kompetitiver Autoritarismus 11
Kompetitivität 11, 26
Komplexität 65
Konsensdemokratie 91
Konsolidierung 9, 64
Kontextualisierung 61
Konzentration 59, 62, 64, 67, 81, 84, 109, 127,
    129, 132, 133, 134, 160, 163
Konzentrationseffekt 74, 106
Konzentrationsmaß 130
Kooperation 90
Kooptation 17
Kuba 34
kubisches Wahlsystem 129
Kubus-Regel 128
kumulieren *siehe* kumulierte Präferenz-
    stimmgebung 76
kumulierte Präferenzstimmgebung 76, 79
Kuwait 30

Lateinamerika 11, 27, 30, 64, 75, 150
legal threshold *siehe* Sperrklausel 81
Legitimation 7, 66, 90, 155
Legitimierung 13
Legitimität 12, 16, 17, 40, 54, 58, 65, 66, 155,
    165, 167
Leihstimme 140
Lesotho 141
Lettland 75, 167
Libanon 78
Liberia 16
Liechtenstein 79
limited vote 97
Listen, geschlossene 164
Listen, lose gebundene 77
Listen, offene 77, 164
Listen, starre 63, 77
Listenkandidatur 77
Listenstimme 78
Litauen 85
Luxemburg 27, 123

Machtinteressen 58, 67, 127, 151, 153, 157, 159,
    170, 173, 174, 176
Machtwechsel 14, 15
Majorzregel 80
malapportionment 72

Malta 72, 79, 121
Mandatsverteilung 73
Manipulation 39, 45, 48, 49, 73, 155, 158, 167
manufactured majorities 129
Mauritius 78
Mehrfachstimmgebung 76, 79
Mehrheit, qualifizierte 8
Mehrheitsbildung 62
Mehrheitsdemokratie 90, 178
Mehrheitsregel 80
Mehrheitswahl 59, 119, 123, 127, 131, 134, 138,
    163, 164
Mehrheitswahl, absolute 8, 60, 80
Mehrheitswahl, relative 60, 113, 133, 137, 164
Mehrpersonenwahlkreis 73, 74, 78
Meinungsumfragen 140
Mexiko 23, 24, 30, 76, 181
Minderheitenrepräsentation 63, 122, 126, 128,
    162
Minderheitenschutz 6, 25, 73, 81
Mittel- und Osteuropa 11, 16, 31, 64, 125, 150
mixed system siehe Wahlsystem, kombiniertes
mixed-member proportional system siehe
    Verhältniswahl, personalisierte
Mosambik 40

Namibia 30, 40
natürliche Hürde 129
Neuseeland 34, 123, 141, 150, 156, 165
Nicaragua 34, 40
Niederlande 75, 123
Niedersachsen 170, 173
Nigeria 9, 51
Nordkorea 11, 34
Nordrhein-Westfalen 173
Norwegen 120, 123

Oppositionsparteien 12, 17, 49, 154, 170, 173,
    175
Organisation Amerikanischer Staaten 38, 41,
    42
Österreich 24, 32, 50, 76, 79, 123
OSZE 39, 41, 42

panaschieren 79
Paraguay 75
parallel system siehe Grabensystem
Parlament 5, 7, 59, 122, 128, 130, 139

Parteiensystem 7, 54, 57, 58, 60, 62, 64, 115,
    125, 127, 129, 131, 134, 144, 164
Partizipation 6, 47, 59, 64
Personalisierung 64, 79
Personalstimmgebung 79
Peru 75
Pfadabhängigkeit 160, 167, 168, 175
Philippinen 34
Pluralismus 11
plurality 8
Polen 21, 31, 75, 79, 81, 149, 184
Politikwechsel 89
politische Beteiligung 48
Portugal 75, 123, 150
Präferenzbildung 48, 64, 78, 80
Präferenzen 107
Präferenzen, Bildung von 107
Präferenzstimmgebung 79
Proportionalität 59, 62, 67, 73, 74, 75, 108, 160,
    169
Proportionalität, Messung 109
Proportionalitätsgrad 63
Proporzregel 80, 81
Protestwähler 145

Qualität von Wahlen 38, 42, 44
qualitativ-vergleichend 60
quantitativ-vergleichend 60
queue-voting 65
Quotenverfahren 83

Rational-Choice-Ansatz 151
redistricting 73
Reformdruck 156, 159, 160, 167, 172, 175, 177
Regierbarkeit 62, 63, 105, 160, 163, 170
Regierungsbildung 162
Regime 5
Regime, autoritäre 10, 17
Regime, hybride 11
Rekrutierung politischer Eliten 13, 14
Repräsentation 9, 13, 14, 25, 63, 64, 66, 72,
    105, 108, 160, 162
Repräsentation, deskriptive 122, 123, 126
Repräsentation, proportionale 63
Repräsentation, substanzielle 122, 126

Sachsen 172
Sainte-Laguë/Schepers-Verfahren 82

Sainte-Laguë-Verfahren 82, 84, 120
Sambia 15
sample bias 121
Schleswig-Holstein 24, 25
Schweden 76, 120, 123
Schweiz 29, 75, 123
segmented system *siehe* Grabensystem
selection bias 121
Selektion 66
Single Non-Transferable Vote 78, 151
Single Transferable Vote 78, 121
Sitzmaximierungsmodell 153
Skandinavische Methode *siehe* Ausgeglichene
    Methode 82
Slowakei 75, 79
Slowenien 75
Southern African Development Community 42
Spanien 75, 81, 84, 123, 150
Sperrklausel 57, 75, 81, 85, 106, 115, 127, 129,
    132, 139, 140, 144, 162, 169
Sperrklausel, mechanische Wirkung 81
Sperrklausel, psychologische Wirkung 81
Staatsbürgerschaft 23
Stabilität 12
Stichwahl 80
Stimmen, ungültige 65
Stimmen, verlorene 81, 137, 140, 144
Stimmenauszählung 49
Stimmensplitting 137, 138, 141
Stimmenverrechnung 57, 85
Stimmgebungsform 70, 76, 85
Stimmgewicht, negatives 172, 174, 175
Strafgefangene 23
strategisches Wählen 107, 135, 143, 165
Südafrika 12, 30, 52, 75, 128, 185
Südpazifik 30
suffrage *siehe* Wahlrecht 22

Taagepera-Formel 101
Taagepera-Lijphart-Formel 101
Taiwan 27, 78
Tansania 15
Thailand 23
threshold insurance *siehe* Leihstimme 140
threshold of exclusion 116
threshold of representation 116
ticket-balancing 125
totalitäre Regime 10, 11
Trade-off 58, 67, 160

Tschechoslowakei 161
Türkei 81
Typologie 88, 93

Überhangmandate 115, 141, 145, 158, 160, 169,
    171, 172, 173, 175, 177, 179
UdSSR 10
Ungarn 31, 59, 76
Uruguay 30
USA 9, 23, 24, 26, 50, 75, 123, 131, 133, 149

Vereinte Nationen 38
Verhältnisregel 80
Verhältniswahl 59, 72, 75, 123, 131, 162
Verhältniswahl, personalisierte 125, 141, 151,
    169, 177
Verrechnungsverfahren 58, 70
Verständlichkeit 65
Völkerrecht 42
Volksherrschaft 31
Volkssouveränität 5
Volkswahl 5, 6
VR China 5, 15

Wahl, allgemeine 22
Wahl, direkte 26
Wahl, freie 27
Wahl, geheime 26, 65
Wahl, gleiche 24
Wahlalter 24, 32
Wahlbehörde 47, 50, 51, 53
Wahlbeobachtung 38, 42, 45, 49
Wahlbeteiligung 16, 65
Wahlbetrug 45, 53
Wahlen, Funktionen 13, 48
Wahlen, kompetitive 5
Wahlen, nicht-kompetitive 5
Wahlen, rechtliche Überprüfung 50, 53
Wahlen, semi-kompetitive 5, 12, 17
Wahlenthaltung 6, 16, 65, 108
Wählerregistrierung 50
Wählerzuweisung 71
Wahlfälschung 45
Wahlgebiet 71
Wahlkreis 70, 71, 85
Wahlkreis, national 75
Wahlkreis, subnational 75
Wahlkreiseinteilung 25, 71
Wahlkreisgröße 73, 116, 118, 125

Wahlkreishomogenität 129, 138, 139
Wahlkreisstruktur 75, 94, 95, 96, 98, 99, 101
Wahlkreiszuschnitt 73
Wahlorganisation 38, 45
Wahlpflicht 27
Wahlrecht 22, 57
Wahlsystem 57, 79
Wahlsystem, Bewertung 57, 62
Wahlsystem, gemischtes *siehe* Wahlsystem,
    kombiniertes 76
Wahlsystem, kombiniertes 76, 85, 122, 141,
    142, 164, 179
Wahlsystem, kompensatorisches 96, 150
Wahlsystemdebatten 58, 62, 156, 158,
    165, 172
Wahlsystemeffekte, mechanische 105, 106, 118,
    134, 143

Wahlsystemeffekte, psychologische 105, 106,
    134, 143
Wahlsystempolitik 148, 177
Wahlsystemreform 59, 61, 66, 113, 142, 148,
    150, 156, 160, 165, 166, 168, 169, 176
Wahlzahlverfahren 78, 82, 83, 84
Wahlzyklus 45
wasted votes *siehe* Stimmen, verlorene 137
Weimarer Republik 127, 149, 167
Wettbewerb 12, 47, 64
Wiederwahlbeschränkung 9
Wohnsitz 23

Zählwertgleichheit 25
Zimbabwe 30, 40, 41, 42
Zuweisung von Herrschaft 13
Zweiparteiensystem 134

www.ingramcontent.com/pod-product-compliance
Lightning Source LLC
Chambersburg PA
CBHW081739270326
41932CB00020B/3328